Aidez votre enfant à réussir

UN GUIDE À L'USAGE DES PARENTS

+ de 200 conseils et méthodes

- **pour l'école**
- **pour le collège**

Varinia OBERTO

Alain SOTTO

Préface de André Giordan

HACHETTE

LES AUTEURS

→ **VARINIA OBERTO** est pédagogue et écrivain. Elle est responsable depuis plus de quinze ans du suivi méthodologique d'enfants en difficulté scolaire. Elle est également auteur de cédéroms ludo-éducatifs et animatrice d'ateliers d'écriture et de créativité

→ **ALAIN SOTTO** est psychopédagogue, spécialisé dans les stratégies d'apprentissages concernant aussi bien les enfants — dits surdoués ou en difficulté scolaire — que les adultes (bilans pédagogiques, profils de compétences). Il participe à des programmes de formation pour enseignants. Il travaille également à la conception d'outils pédagogiques pour le multimédia éducatif. Il préside l'Association de recherches en neuropédagogie (ARN) et anime le site http://www.cancres.com

Cet ouvrage a été précédemment publié dans une première édition par l'ARN sous le titre *Le Dico de l'école*

Varinia Oberto et Alain Sotto ont également publié *Dénouer l'échec scolaire* en 2004 chez Desclée de Brouwer

CONCEPTION GRAPHIQUE ET EXÉCUTION : Sylvie Creuze Milliet

ILLUSTRATIONS : Maxence Marthouret, Geneviève Oberto et Marjolaine Raynaut

www.hachette-education.com

ISBN : 2.01.17.0954.7

PRÉFACE

Réussir à l'école n'a rien à voir avec ce que l'on croit être l'intelligence ! Bien au contraire, les jeunes qui réfléchissent vraiment n'ont aucune chance de parvenir au succès à l'école... La grammaire n'y a rien de très logique, l'orthographe requise est des plus aléatoires, les mathématiques enseignées sont réduites à une mécanique de type « mixer » où l'histoire des idées n'a pas sa place ! L'histoire n'est toujours qu'une « pensée unique » sur le monde à des fins identitaires... et les sciences un amoncellement de détails non situés et d'implicites !
Exemples : qu'y a-t-il de logique dans l'analyse dite « logique » de la phrase : « Mon père veut qu'on le laisse tranquille pendant qu'il regarde la télévision ». « Mon père veut » : proposition principale, mais affirmation difficile à admettre et c'est loin d'être l'idée principale ; « qu'on le laisse tranquille » : proposition subordonnée conjonctive, introduite par la conjonction de subordination « que », complément d'objet du verbe de la proposition principale ; « pendant qu'il regarde la télévision » : proposition subordonnée conjonctive, introduite par la locution conjonctive de subordination pendant que, complément circonstanciel de temps du verbe laisser[1].
Une telle réponse est reconnue exacte à l'école, en fait, elle est loin d'être très satisfaisante : le complément de « veut » n'est point « qu'on le laisse tranquille », ce père n'exige point la tranquillité à toute heure ! Le véritable complément du verbe « veut » est toute la fin de la phrase : « qu'on le laisse tranquille pendant qu'il regarde la télévision ». Où l'on voit que la phrase n'est point une suite de propositions qu'on peut décomposer à souhait, mais bien un enchâssement de phrases transformées...
Et tout est à l'identique dans les rituels de l'école. L'important est de savoir les repérer, les décoder et en user pour plaire à l'enseignant ! Pourquoi charrette possède deux « r » et chariot un seul ? Pourquoi l'accent circonflexe de cime est tombé dans l'abîme ? Pourquoi n'enseigne-t-on pas que Jeanne d'Arc n'était au moment où elle fut arrêtée qu'un petit chef de bande qui guerroyait avec quelques mercenaires piémontais et qu'elle fut vendue par les Parisiens ? Et pourquoi ne dit-on que Charles VII ne fit rien pour la sauver ou encore que l'université de Paris a cherché à l'acheter pour la condamner comme hérétique ? Mais qu'était donc la France en ces temps sans Paris, sans la Bourgogne ou la Normandie ?
Et la plante qui est censée se nourrir de gaz, d'eau et de lumière... Est-ce vraiment se nourrir... ainsi ? Et ce gaz, le dioxyde de carbone (le gaz carbonique du commun des mortels), que tous croient toxique et que l'on trouve à la concentration de trois pour dix mille dans l'air comment peut-il faire croître des végétaux et en autant de quantité !
Comment un élève peut-il accepter d'enregistrer béatement de telles connaissances ? Normalement toute personne devrait se poser quelques bonnes questions ? Rien d'étonnant que le questionnement baisse dramatiquement au cours de la scolarité...

En fait, un élève n'a aucune chance de réussir s'il n'a pas acquis le métier d'élève... c'est-à-dire plutôt mémoriser pour « faire plaisir » au prof. sans surtout trop chercher à vraiment comprendre ! Mais où apprend-t-on à être un « bon » élève ? Sûrement pas à l'école[2]... Cela... on se l'inculque quand on a été un cancre et que l'on a cherché des astuces pour s'en sortir !

Mais la probabilité de découvrir les bonnes pistes par soi-même dans son coin est tellement faible qu'il vaut mieux anticiper. C'est là que le parent a un « super » rôle à jouer... Bien sûr, en faisant du lobbying pour exiger une école de qualité préparant à son temps. À quoi bon vouloir que son chérubin réussisse à tout prix au bac si les savoirs importants pour comprendre notre époque ne sont pas dans les programmes ! Il aura réussi à en fait quoi ?...

En attendant la mise en place d'un tel projet collectif, le parent peut apprendre à son fils ou à sa fille à apprendre à apprendre comment on peut faire pour ne pas échouer à l'école !... Il peut l'accompagner pour comprendre ce qu'on attend de lui, il peut faire le point sur ses résultats, prendre le temps de réfléchir à la conduite à tenir avec chaque type d'exercice dans les semaines qui suivent.

C'est sur tous ces plans que le livre d'Alain Sotto et Varinia Oberto propose tout à la fois des outils et des ressources propices pour éclairer le parent. Car accompagner un jeune pour qu'il réussisse à l'école, c'est lui permettre la relecture des semaines écoulées, la clarification de sa situation actuelle et la projection de ce qu'il envisage pour l'avenir, à court et à moyen terme. C'est également lui donner les moyens de discerner ce qu'il a fait. En quelque sorte, c'est donner du sens à ce qu'il fait ou peut faire et, pour commencer, tisser des liens entre tous les éléments d'information et d'évaluation dispersés sous forme de remarques, d'annotations, d'évaluation et de commentaires.

Mais accompagner un jeune, c'est autant prendre le temps de l'écouter, de l'entendre, c'est-à-dire de le comprendre en tant que personne. C'est sentir son niveau de confiance pour lui en redonner éventuellement, par exemple en faisant de ses erreurs, non pas des fautes, mais de simples « faux pas » à reprendre et à dépasser.

C'est surtout lui donner le désir d'apprendre vraiment... Car apprendre ce n'est pas toujours « anchi » comme se plaisent à le dire en chœur les jeunes ; ce peut être une découverte, un étonnement, une émotion, un enrichissement de potentialités, voire même une grande... aventure !

André Giordan

ancien cancre, ancien instituteur, animateur pour des jeunes en difficulté dans les ZEP est actuellement professeur à l'université de Genève et directeur du Laboratoire de Didactique et Épistémologie des sciences.[3]

[1] À partir de Eveline Charmeux, Avril 2006, http://education.devenir.free.fr/grammaire.htm

[2] L'école oublie souvent d'enseigner l'essentiel ! Dans quels livres scolaires dit-on que la parenthèse n'a pas le même sens en mathématiques et en français... que l'hypothèse de maths n'a rien à voir avec une hypothèse de sciences, que l'eau pure ne l'est pas de la même façon en biologie et en chimie, ou même que l'ananas ou la fraise ne sont pas un fruit pour le biologiste, alors que les tomates ou les haricots le sont !...

[3] Dernières publications d'André Giordan : *Apprendre !* Belin (2004) ; *Une autre école pour nos enfants*, Delagrave (2004).

SOMMAIRE

INTRODUCTION

« Il n'y a personne qui ne désire réussir à l'école, mais beaucoup n'en savent pas le moyen », écrivait Descartes en 1646. Rien n'a changé en trois cent soixante ans. Tous les enfants aimeraient faire de bonnes études, mais certains n'y parviennent pas, souvent faute de savoir s'y prendre correctement. Et leurs parents, qui désirent les aider, y renoncent pour la plupart : comment faire bien ce à quoi ils n'ont pas été formés ?

J'ai été l'un de ces parents. Pourquoi travailler avec ma fille ? Comment ? Était-ce nécessaire ? Que lui apporter que ne lui donnait déjà son enseignant ? Ces questions que je me posais quand elle était en primaire n'auraient sûrement pas trouvé de réponse si je n'avais décidé un jour de m'occuper d'enfants en difficulté scolaire. Ce sont ces enfants, et d'autres dont on disait qu'ils étaient doués, qui m'ont apporté ce que je sais.

Dans les ateliers organisés à mes débuts, il me semblait que le climat ludique et joyeux faisait que les enfants venaient volontiers, étaient attentifs, efficaces. Mais, peu à peu, je me suis interrogée. Pourquoi, s'ils étaient performants au cours de nos séances, l'étaient-ils moins à l'école ? Devais-je n'être qu'une répétitrice ? À quoi servait de redire, de refaire, à l'identique ? Pouvais-je travailler différemment des enseignants sans perturber leur travail et celui des enfants ? Que leur apporter qui n'était pas enseigné à l'école et qui était un manque ?

Devais-je m'intéresser à la pédagogie, aux méthodes de travail et ignorer l'aspect psychologique inhérent à l'apprentissage, aux relations enseignant-élèves et parents-enfant ? Très vite, il me parut évident que cet aspect ne pouvait être dédaigné. Il ne servait à rien d'enseigner des méthodes si des verrous, des empêchements intérieurs existaient.

Les années passées en compagnie de bons et de mauvais élèves, les conclusions que j'ai pu tirer en me fondant sur leur épanouissement intellectuel, ou leurs difficultés grandissantes, ou leur rejet de tout apprentissage, m'amènent à penser que le rôle des parents ne peut se limiter à l'éducation des enfants et qu'ils se doivent d'être présents tout au long de leur scolarité.

Une chose est sûre : dans leur grande majorité, les élèves qui réussissent à l'école sont aidés à la maison. Mais attention, aider ne veut nullement dire mettre sous pression, ce que, pensant bien faire, font beaucoup de parents angoissés. Une règle à ne jamais oublier est qu'il faut laisser le travail scolaire à sa place et prendre garde qu'il n'occupe tout l'espace ni surtout investisse l'espace affectif.

Épauler un enfant signifie que l'on s'intéresse à ce qui l'intéresse et pas seulement à ses études. Ils sont nombreux à se plaindre de ce que l'école seule importe à leurs parents.

Seconder un enfant dans sa scolarité, c'est montrer de l'enthousiasme à faire bien ce que l'on fait (son métier ou une activité) ainsi qu'à travailler avec lui. Il doit ressentir l'allant que l'on a à mener jusqu'au bout une tâche difficile tout autant qu'à lire, à « plancher » avec lui sur un problème de mathématiques ou un exercice d'anglais. Le plaisir est communicatif. Ce qui fait le bon élève est cette capacité à prendre du plaisir à l'apprentissage, mais aussi à y trouver du sens. Et pour qu'il en trouve, il ne faut pas que les connaissances restent cloisonnées, confinées à l'école. Le rôle des adultes est de relier les acquis scolaires au réel, au vécu de l'enfant.

L'aider, c'est être positif, croire en lui, en ses possibilités, c'est valoriser ses performances plutôt que pointer ses échecs. Cela, tous les parents en sont capables, quelles que soient leur instruction, leurs préoccupations, leur disponibilité.

Soutenir, c'est être attentif. Manque de confiance en soi, stress, problèmes relationnels à l'école ou à la maison, choc psychologique, et l'enfant n'est pas à la tâche. Il est en état de distraction. Il n'est pas motivé. Les exhortations, les menaces, voire les punitions ou même les cours particuliers n'y peuvent rien changer. La condition première pour qu'il travaille bien à l'école est qu'il se sente en sécurité. Importent la qualité du rapport qu'il entretient avec les siens, la richesse de la communication, la joie, sans oublier l'ouverture au monde qui lui est offerte, la possibilité qui lui est donnée de se projeter dans l'avenir.

La démarche qui informe le plus sur les raisons des réussites et des échecs de l'enfant est une réflexion commune sur son travail. Qu'est-ce qu'apprendre une leçon d'histoire pour lui ? Comment sait-il qu'il s'en souviendra ? Apprend-il de la même façon la géographie ? Qu'est-ce qu'être attentif ? Suit-il une démarche précise quand il lit un énoncé ? Comment mémorise-t-il des propriétés géométriques ou l'orthographe d'un mot ? On s'aperçoit que, souvent, l'enfant ignore ce que veut dire savoir une leçon ou être attentif, et quand ce travail de réflexion n'a pas été mené, un dialogue de sourds s'établit : ses parents lui demandent de se concentrer, de faire davantage attention ou tout simplement de faire des efforts, de travailler, ce qu'il tente sans y parvenir car il ne sait pas ce que ces tâches requièrent de lui, il n'en connaît pas les modes d'emploi. On l'aide donc à s'interroger, à rechercher des solutions, des tactiques nouvelles, au lieu de le laisser face à ses échecs ou à son impuissance.

On peut apprendre à un enfant à apprendre, c'est-à-dire à lire un énoncé correctement, à mémoriser une leçon, une carte de géographie ou du vocabulaire étranger, à résoudre un problème, faire une rédaction et même à cultiver son imagination ; on peut lui apprendre à travailler vite, à se relaxer afin d'être plus efficace et de récupérer pour lui temps et énergie. À acquérir de bonnes habitudes, à s'organiser et devenir autonome.

Nous avons reçu, Alain Sotto et moi-même, plusieurs centaines d'enfants. Si chaque cas est particulier, on retrouve des constantes.

Reviennent les mêmes questions des parents : comment travailler avec mon enfant sans drame ? Que doit-il faire pour

être attentif ? Doit-il redoubler, faire du latin, apprendre par cœur ?
Reviennent les mêmes fautes des enfants, erreurs dues à une mauvaise lecture de l'énoncé, fautes d'orthographe à des mots qu'ils utilisent régulièrement, difficulté à se souvenir des leçons pourtant apprises la veille, fautes dans un exercice alors que la règle est sue...
Reviennent les mêmes causes à ces difficultés : connaissances erronées ou privées de sens, savoir-faire imprécis, manque de projet de restitution des connaissances, absence de correction personnelle, problème de vocabulaire, approche inappropriée de la note tout autant que de l'erreur, méthode de travail inexistante...

Ce livre se présente sous forme alphabétique afin que l'on puisse facilement le consulter. Il propose des fiches de méthode détaillées qui s'adressent aux enfants. À ces fiches en correspondent d'autres destinées aux parents. Elles complètent les premières, apportent des indications sur ce qui est conseillé, elles en donnent les raisons.
Il s'y trouve également des articles plus généraux, là où il ne serait pas sérieux d'apporter des réponses précises. Mais ceux-ci rendent compte du résultat de recherches en neuropédagogie et en psychologie cognitive, de travaux d'enseignants, exposent des cas qui permettent une mise en évidence des problèmes et de leur remédiation. Grâce à ces éléments, ils facilitent la réflexion, suggèrent différentes approches.
D'autres articles encore établissent des repères pour l'apprentissage de la grammaire, du calcul, bases nécessaires à une bonne scolarité tout autant en primaire qu'au collège. Enfin, deux dossiers s'intéressent aux plus petits et aux plus grands, avec l'apprentissage de la lecture pour les premiers, et des conseils méthodologiques adressés aux lycéens.

C'est en partageant nos expériences qu'Alain Sotto et moi-même avons avancé dans notre travail. Cependant, celui-ci n'aurait pas trouvé son aboutissement sans les travaux et les recherches menés par ailleurs, que ce soit en neurosciences, en pédagogie ou en psychologie cognitive. C'est à lire ou à entendre Alain Bentolila, Stella Baruk, Alain Lieury, Philippe Meirieu, Antoine de La Garanderie, Britt-Mari Barth, Hélène Trocmé-Fabre, Linda Williams, André Giordan et bien d'autres que nous avons trouvé confirmation de certaines de nos intuitions qui ont guidé, au fil des années, notre travail avec les élèves en souffrance scolaire.
Mais cet ouvrage doit surtout aux enfants venus nous consulter et qui nous ont donné leur confiance. Ce sont eux qui nous ont appris ce que nous tentons de transmettre aujourd'hui.

VARINIA OBERTO

P.-S. : Dans les articles, nous avons employé indifféremment le *je* et le *nous*.

A (ou les lettres de l'alphabet)

Ah ! le plaisir qu'ont les enfants à apprendre la lettre *a*, à réciter l'alphabet, à écrire leur prénom !
Ils ont plaisir, alors qu'ils n'ont pas 2 ans, à faire des tracés horizontaux, ou obliques, ou circulaires, et dès l'âge de 2-3 ans, ils donnent une explication à leur production. Ils associent un sens à leurs savants gribouillages : ils font des « ronds », et ces ronds symbolisent des objets.
À 4 ans, ils différencient le dessin et l'écriture. Il y a les bonshommes qu'ils aiment dessiner et l'écriture qui imite celle de l'adulte. Imitation et non copie, cela ressemble vaguement à une écriture mais on n'y reconnaît pas de lettres.
À 5 ans, ils aiment écrire leur prénom. Ils s'appliquent à le faire. C'est une occupation ludique.
À l'école, à 5-6 ans, commence l'apprentissage de l'alphabet, travail qui est de faire correspondre le son d'une lettre avec une graphie. Les enfants apprennent les lettres, ils doivent savoir les lire, les écrire, les identifier à l'intérieur d'un mot. Quand ils les écrivent, ils ne maîtrisent pas tout à fait le tracé, qui est maladroit.
Mais comment un enfant peut-il mémoriser les lettres ? Assez facilement si l'on se sert de leur circuit verbal pour les lui apprendre. On prononce la lettre, puis on montre comment la dessiner, c'est-à-dire on l'écrit.
Asseyez-vous à côté de lui (surtout pas en face), prononcez la lettre et écrivez gros et lentement tout en lui « parlant » le chemin de la lettre, du point de départ jusqu'au point d'arrivée. Dites : « a », puis : « Quand j'écris le *a*, je mets mon crayon en haut et je dessine un rond. » Ensuite, s'il connaît sa droite, sa gauche, vous poursuivez : « Je vais à droite et je dessine une petite queue au rond, je pose mon crayon au milieu de..., etc. » S'il ne possède pas encore les repères spatiaux, prenez un repère dans la pièce où vous vous tenez, le mur, la fenêtre...
Aidez-le en le guidant verbalement : « Je mets mon crayon, etc. » jusqu'à ce qu'il ait mémorisé la lettre. Vérifiez qu'il se redit la trajectoire de la lettre dans sa tête, qu'il la voit, qu'il saura donc la refaire.
Il y a d'autres méthodes pour aider un petit à mémoriser quand il a des difficultés : lui faire dessiner avec l'index la lettre dans l'espace ou sur la table, lui en faire faire le parcours sur le sol ; ainsi, il « marche » la lettre.
De même qu'on apprend à dessiner une lettre, on apprend à accrocher deux lettres ensemble. C'est pour n'avoir pas appris suffisamment à le faire que Raïssa écrit à l'intérieur des mots des *n* à trois jambages et des *m* à quatre, que les *o* et les *a* de Lucie se ressemblent étrangement, et qu'Anton écrit des *r* aussi grands que des *h*.

→ VOIR LIRE AU CP (LES LETTRES)

ABSTRACTION
(ou pensée complexe)

Que vit un enfant en difficulté mathématique ? Avant même d'entrer en classe, il a la certitude qu'il ne comprendra rien. En cours, il a une impression de noir absolu. Il regarde une figure géométrique, une équation, lit l'énoncé d'un problème, sans que cela évoque autre chose que l'information telle qu'elle est présentée. Bloqué, il ne va pas chercher dans sa mémoire ce qu'il connaît peut-être et qui lui permettrait de se saisir du sens, les connaissances nécessaires auxquelles confronter, accrocher la chose à comprendre. Il regarde le tableau, il entend les mots du professeur, mais rien ne prend forme dans son esprit. Cela a quelque chose d'un peu effrayant, l'effort pour se saisir du sens et ce noir en retour. Un jour arrive où l'enfant ne fait plus l'effort de comprendre. Cette réaction est logique : il est insupportable d'être sans arrêt confronté à des échecs. Il ne prend plus la peine d'écouter en cours, il n'apprend plus ses leçons, et les lacunes s'accumulent, qui seront un empêchement à la compréhension d'une autre leçon, voire d'une leçon l'année suivante. Il s'enferme dans un cercle vicieux : pas de compréhension, donc pas de mémorisation ; pas de prérequis[1] donc pas de compréhension, et ainsi de suite.

Quand on aborde des sujets abstraits ou présentant des points complexes, l'enfant comprend dans la mesure où il peut s'en faire des représentations concrètes. Ainsi, il saisit ce qui lui est enseigné en physique en visualisant, par exemple, le parcours de l'électricité dans un courant alternatif et dans un courant continu. Mais plus tard, dans le cours, confronté à des notions telles que les watts, les volts et les ampères, il se peut qu'il ne parvienne pas à les appréhender. Il n'y a pas en lui de reconnaissance d'une forme familière sur laquelle s'appuyer pour un travail de compréhension.

À partir du moment où il ne se saisit pas intuitivement de l'information ou ne peut s'en faire une représentation, le sens reste hors de sa portée. De plus, il suffit qu'il bute sur cette notion abstraite pour que devienne impossible toute saisie des informations qui en découlent.

Il est essentiel, si vous voulez communiquer une information à votre enfant, de savoir s'il possède les connaissances pour s'en emparer, de savoir sur quel degré de compréhension vous pouvez naviguer avec lui.

Vous ne pouvez lui donner quelque chose à comprendre ou le faire réfléchir à un sujet, à un problème, sans avoir soupesé ses connaissances. Ce que vous lui donnez lui est-il accessible ? Va-t-il pouvoir l'accueillir ? A-t-il les bases nécessaires pour s'en emparer ? A-t-il la syntaxe et le vocabulaire suffisants ? A-t-il le sens figuré des mots, sans lequel beaucoup d'éléments risquent de ne pas être compris ? Possède-t-il les emboîtements de sens, les liens, pour la compréhension finale de ce qui est à saisir ?

Un autre problème d'importance que l'on doit prendre en compte est le recul devant l'obstacle, refus qui est naturel : « l'apprenant » (l'enfant mais tout aussi bien l'adulte) renâcle quand il est placé devant un obstacle qu'il n'est pas certain de pouvoir franchir. Alors il faut lui en donner l'envie et l'aider à le faire : **on l'aide en travaillant avec lui le savoir-faire** (apprentissage des équations), **ou en ramenant les choses abstraites dans le domaine du concret grâce aux métaphores** (comparaison du cœur avec une pompe), **ou en passant par l'expérimentation** (connaissance de l'oxygène et du gaz carbonique en enfermant une bougie chauffe-plat allumée sous un pot de confiture vide et retourné).

(1) Les prérequis sont les connaissances nécessaires que doit avoir « l'apprenant » pour réussir à s'emparer d'une nouvelle connaissance.

On demande à l'enfant d'expliquer ce qu'il comprend et, si nécessaire, on corrige, on complète, puis on poursuit ainsi jusqu'à ce que le sens prenne forme. On lui dit qu'il est normal qu'il ne comprenne pas tout de suite l'information proposée : l'enfant a souvent l'impression d'être fautif quand les choses ne lui sont pas évidentes au premier abord.

→ VOIR ACQUIS ET PRÉREQUIS ; MÉTAPHORE ; CONCEPT ET STRUCTURE

ACQUIS ET PRÉREQUIS

Isabelle (CM1) est incapable de souligner correctement les noms dans un exercice de grammaire : elle ne connaît pas la différence entre un mot et un nom.
Aurore (5e) s'est trompée dans un problème de géométrie car elle a confondu la médiatrice sur laquelle portait son cours avec la médiane qu'elle avait apprise l'année précédente.
Rémi (CM2) a toujours cru qu'un nom est quelque chose que l'on peut dessiner. Alors, pour lui, *courir* est un nom et *vacances* ne l'est pas, car s'il peut représenter un garçon qui court, comment dessiner le mot vacances ? Bien entendu, ne sachant pas différencier les noms et les verbes, il se trompe quand, dans un exercice de grammaire, il lui est demandé de trouver la fonction des noms.

Acquis et prérequis sont des facteurs dont l'enseignement ne tient pas souvent compte. Ils sont pourtant à la base même de l'apprentissage, et cela pour plusieurs raisons, la première étant que **le savoir se mémorise, se construit, en prenant appui sur d'autres savoirs déjà constitués.** L'enfant a appris des choses dans la vie tout autant qu'à l'école, et c'est grâce à ces savoirs qu'il peut s'approprier une information nouvelle. Il n'est pas raisonnable d'aborder une leçon d'histoire, de géographie ou de sciences naturelles sans la relier à ce que l'enfant a découvert dans son quotidien — en se promenant à la montagne, en regardant un documentaire, en observant le ciel.
Une information n'est jamais isolée. Elle peut être rattachée à un grand nombre d'autres informations. Alors pourquoi la servir telle quelle à l'enfant sans se préoccuper de ce qu'il connaît déjà ? Pourquoi ne pas faire du savoir un tout cohérent ?
Une autre raison de s'appuyer sur des acquis est le fait que « l'apprenant » a peur de l'inconnu, de la chose nouvelle. Aussi, partir de ce que l'on connaît et rattacher l'inconnu au connu permet au cerveau limbique (le cerveau des émotions) de ne pas bloquer l'apprentissage et même de le favoriser.

QU'EST-CE QUE LES PRÉREQUIS ?

Ce sont les savoirs nécessaires à un apprentissage, les connaissances antérieures sans lesquelles celui-ci ne peut se faire. Ce sont les fondations d'une maison. Si l'on bâtit une maison sans fondations, si on la pose tout simplement sur du sable, il est plus que probable qu'à un moment ou à un autre elle s'effondrera, quels que soient les matériaux employés pour sa construction. Ainsi, il est absurde d'expliquer ce qu'est l'adjectif qualificatif à l'enfant tant qu'il ne sait pas parfaitement ce qu'est un nom et n'est pas capable de l'identifier dans une phrase (l'adjectif qualificatif précise une qualité, une caractéristique du nom). On ne peut lui enseigner l'attribut s'il ne sait pas ce que sont, entre autres, un nom, un adjectif qualificatif, un sujet. Il importe de vérifier qu'il comprend le sens du mot pronom avant de lui faire apprendre les pronoms possessifs ou relatifs.

Quand vous abordez une notion nouvelle avec l'enfant, liez-la à ce qu'il connaît déjà, mais prenez garde de ne pas confondre ce que vous pensez qu'il connaît et ce qu'il connaît vraiment — qui n'a peut-être plus grand-chose à voir avec ce qu'il a appris. Faites-lui expliquer ce qu'il sait à ce sujet, vérifiez-en la justesse, puis partez de là et créez des connexions avec ce qu'il découvre. Ainsi, quand votre enfant apprend les pronoms indéfinis, revenez sur le sens du mot pronom et évoquez les autres pronoms déjà étudiés : les pronoms personnels, les pronoms possessifs… Quand votre enfant apprend la symétrie centrale (symétrie par rapport à un point), comparez avec ce qu'il a appris sur la symétrie orthogonale (symétrie par rapport à une droite). Bien entendu, n'y passez pas des heures !

AFFECTIVITÉ

TRAVAIL ET AFFECTIVITÉ

Votre enfant n'est pas une représentation sociale de vous-même. Travail scolaire et affectivité n'ont rien de commun.
Ne dites pas que c'est une évidence. Interrogez-vous. Êtes-vous certain de bien différencier l'amour qu'il vous porte, l'amour que vous lui portez et les résultats de son travail ? Avez-vous accepté que votre enfant ne soit pas vous et qu'il ne vous doive rien, et l'idée qu'il sera un jour lui-même, loin de vous, sans vous ?
L'attention que vous lui donnez, votre affection lui permettent de se construire, d'être heureux. Rigueur et bienveillance l'aident à faire émerger ce qu'il y a de meilleur en lui, à se structurer psychologiquement et intellectuellement.
Le travail scolaire doit être laissé à la place qui est la sienne, et ce malgré les enjeux sociaux, malgré votre inquiétude de l'avenir. **Quand affectivité et travail sont mêlés, la moindre difficulté scolaire devient un drame alors qu'elle devrait n'être qu'un problème,** résolu d'autant plus facilement qu'on a tenu éloignés angoisse, culpabilité et chantage affectif.

DELPHINE OU L'AFFECTIVITÉ DÉVIÉE

Delphine est une enfant d'apparence triste et sérieuse. Elle a 9 ans quand sa mère, madame B., l'amène en consultation en raison de « très grosses difficultés scolaires » : elle a 10 de moyenne en mathématiques, 8 en français !
Au cours du bilan, qui révèle une élève angoissée, Delphine m'apprend qu'elle a été privée de cadeaux à Noël et, à mon étonnement, elle ne s'en plaint pas : sa mère l'en avait menacée. « Elle est sage, plutôt obéissante », commente madame B. « Je n'ai rien à dire de ce côté-là. Mais elle se refuse à nous faire plaisir. Et je l'avais prévenue que, dans le cas où ses notes ne remonteraient pas, elle ne recevrait rien de nous ni de ses grands-parents. »

J'aborde de façon détournée le problème de l'affectivité avec madame B. Je fais valoir que sa fille n'est en rien responsable de ses échecs et j'évoque le manque de méthode, le stress et les rapports difficiles avec son instituteur, qui la suit depuis deux ans. Dès cette première séance, j'apporte des remédiations simples qui rassurent la mère tout autant que la fille.
En résumé, disons que Delphine a étonnamment progressé en quelques mois, bien plus vite que je ne l'espérais. Elle a terminé l'année avec un 13 de moyenne. Je ne l'ai pas revue pendant deux ans. Jusqu'à ce matin de janvier, dans un supermarché. Delphine, très fière, m'a appris qu'elle s'était stabilisée à ce 13 de moyenne. Madame B. a ajouté : « Bien sûr, c'est mieux qu'à l'époque où nous sommes venues vous consulter. Mais elle fait encore trop de fautes en dictée ou lorsqu'elle copie. Elle est inattentive. Quand je pense au temps que je lui consacre ! » Puis madame B. a eu ces mots incroyables : « Je me demande si elle nous aime, son père et moi. » Un an plus tard, Delphine a terminé son année avec des notes pour la plupart au-dessous de la moyenne.

L'AFFECTIVITÉ DANS L'APPRENTISSAGE

Pour réussir, l'enfant doit avoir confiance en ses possibilités. Il faut également que ses parents croient en lui et le lui fassent savoir.
Bon nombre d'enfants pensent, pendant toute leur scolarité, qu'ils sont nuls dans une matière, quand ce n'est pas en tout, et cela en raison d'échecs en début d'apprentissage. Ils ont acquis la conviction de n'être pas doués. Ils subissent l'échec. Henri Laborit a étudié ce comportement passif, dû à des expériences passées négatives, et parle de l'inhibition de l'action à l'origine du blocage de la pensée[1].
Pour défaire ces structures d'échec, il suffit la plupart du temps de porter un regard positif et bienveillant sur l'enfant et de l'aider à avoir ses premiers succès. Le fait de croire en ses possibilités est l'un des facteurs primordiaux de sa réussite.
J'aimerais signaler une expérience intéressante menée par Robert Rosenthal, psychologue américain. En début d'année scolaire, il renseignait les professeurs sur les résultats obtenus par les élèves à des tests d'intelligence ; mais ces résultats étaient tout à fait fantaisistes : les scores avaient été choisis au hasard. Or, en fin d'année, ceux qui à leur insu avaient été notés comme étant doués avaient progressé et, à l'inverse, ceux dont on avait dit qu'ils avaient un faible Q.I. avaient eu une année très moyenne, voire avaient régressé. Cette expérience, nommée Pygmalion, a été renouvelée ailleurs. Il ne s'agissait plus de donner aux enseignants de faux Q.I. mais de faux bulletins scolaires. Là encore, on a démontré que ce que pense le professeur de ses élèves influence son comportement à leur égard et se répercute sur leurs performances.

Il n'y a pas — à ma connaissance — d'expérience de ce type réalisée à la maison, mais je sais, pour travailler avec des élèves performants et d'autres en difficulté scolaire, que les croyances positives ou négatives des parents permettent à l'enfant d'exploiter ses possibilités ou au contraire l'installent dans l'impuissance et l'échec.

(1) Henri Laborit, *L'Inhibition de l'action*, éd. Masson, 1981.

J'aimerais insister sur l'influence du ressenti, du jugement des parents. S'il n'y a pas confiance dans les capacités de l'enfant, s'il n'y a pas bienveillance, attente positive, stimulation rassurante et sécurisante, il ne sert à rien de lui apporter de l'aide dans son travail scolaire, de lui conseiller des méthodes. Croire en lui est le premier pas pour le placer en situation de réussite.

Aidez votre enfant à se créer une image positive de lui-même en favorisant des succès : le fait de réussir et le plaisir qui en découle sont essentiels pour lever certains blocages, pour lui donner confiance en ses possibilités. Valorisez ses progrès et intéressez-vous à toutes ses réussites, si minimes soient-elles (ne méprisez pas les activités extra-scolaires). S'il a fait comme d'habitude de nombreuses fautes à sa dictée, au lieu de soupirer ou de lui dire qu'il aurait pu, pour une fois, penser à ses accords, félicitez-le pour celui auquel il a pensé ou pour un mot difficile écrit correctement. Puis vous pourrez analyser ses fautes avec lui.
Pendant longtemps, quand ma fille me montrait ses contrôles, je la félicitais car elle est une bonne élève, sérieuse et plutôt enthousiaste, puis nous analysions ensemble ses erreurs. Jusqu'au jour où elle m'a dit que cela seul m'importait. Or je lui répétais, à longueur de journée, ce que je pensais, à savoir qu'elle est belle, intelligente, qu'elle travaille bien et qu'elle est mon bonheur. Je pensais qu'elle n'avait pas de doute quant à mon jugement. J'ai compris que tout enfant, qu'il soit doué ou non, a besoin qu'on analyse le pourquoi et le comment de ses réussites, qu'on en parle, qu'on s'y attarde. Depuis, lorsque ma fille me montre un contrôle, je passe toujours un moment à parler avec elle des choses qu'elle a su faire et je trouve qu'elle n'a plus de réticence à examiner ses fautes, qu'elle a même à le faire un certain allant.

À CHACUN SON PARCOURS

Ne jouez jamais sur la rivalité qui existe dans une fratrie. **Ne comparez pas vos enfants, valorisez plutôt ce qui fait l'identité de chacun**, leurs caractéristiques propres, leur énergie, l'intérêt qu'ils portent à un sujet, une discipline.
Intéressez-vous à leurs expériences, à leur ressenti, à leurs jugements — toujours différents, même chez les jumeaux.
Qu'ils sachent que vous importent les progrès qu'ils font par rapport à leur propre désir et à leur rythme, des progrès que l'on ne peut comparer à ceux des autres.
N'opposez pas votre enfant à son aîné, brillant en mathématiques, ou à son cousin, élève bosseur, travaillant maintenant dans un grand cabinet d'avocats, ou à qui que ce soit d'autre d'ailleurs. Chacun a son parcours. Les réussites ne sont parfois qu'apparentes. À l'inverse, des difficultés ne présagent pas d'un échec dans la vie professionnelle.

De même, cessez de croire que votre enfant vous ressemble et qu'il a hérité de vos problèmes en physique ou de votre dyslexie. Les croyances négatives l'engluent dans les difficultés. Si dès le départ, dès le moindre échec, vous lui mettez une étiquette sur le dos, comment peut-il croire en lui, acquérir la confiance nécessaire à faire des efforts ? Parce qu'il en faut pour travailler.

Ainsi, Noëlle (CM1) ne pouvait s'en sortir puisqu'elle était comparée à sa mère qui n'avait pas été une bonne élève et avait arrêté ses études en 3e. Elle disait être « nulle » et que jamais elle n'y « arrivera ». « Depuis quand crois-tu cela ? » À cette question, elle répondait : « Depuis toujours. » Et sa mère d'ajouter que Noëlle avait un frère de trois ans plus âgé, garçon brillant. « Il tient de son père. Ma fille est plutôt comme moi : je n'étais pas bonne en classe[2]. »

Bien entendu, Noëlle avait de grosses difficultés à l'école ; à l'inverse, son frère réussissait sans beaucoup travailler. Celui-ci avait hérité de son père ingénieur l'intelligence des mathématiques, et Noëlle les yeux bleus et les non-performances scolaires de sa mère. Et cette croyance se révélait être un blocage puissant malgré la bonne volonté de la famille, les efforts de Noëlle, les visites chez l'orthophoniste et les cours particuliers. Comment aurait-il pu en être autrement ?

(2) Varinia Oberto et Alain Sotto, *Dénouer l'échec scolaire*, éd. Desclée de Brouwer, 2004.

Analyse logique

FICHE **ÉLÈVE** COLLÈGE

COMMENT FAIRE UNE ANALYSE LOGIQUE

Pour faire une analyse logique, je suis un mode d'emploi très précis.
Attention, je ne saute aucun des points mentionnés.

1. **Je cherche les verbes conjugués.**
   Je les souligne.

2. **Je m'arrête aux infinitifs et aux participes passés.**
   Les infinitifs et les participes passés équivalent à des verbes conjugués quand ils ont un sujet propre, grammaticalement indépendant de la proposition principale.

L'extraterrestre (S) *ayant effrayé* (V) *toute la ville, il* (S) *partit* (V) : deux verbes conjugués

Après avoir effrayé toute la ville, l'extraterrestre (S) *partit* (V) : un verbe conjugué

3. **J'entoure les mots de subordination.**
   La soucoupe volante / [que] Léon a aperçue / semblait recouverte de brume.

4. **Je sépare les différentes propositions avec des traits.** Je les numérote.
   La soucoupe volante (1) */ [que] Léon a aperçue* (2) */ semblait recouverte de brume* (1).

FICHE **PARENT**

ÊTRE BON EN ANALYSE LOGIQUE

Faire une analyse logique, c'est passer par le sens.

→ L'enfant apprend les mots subordonnants, les propositions. Il les apprend, c'est-à-dire il comprend.
Il comprend le sens des mots eux-mêmes (ce qu'est une proposition interrogative indirecte, subordonnée, participiale, complétive...).
Il comprend le sens des phrases. Il comprend la « logique » qui lie deux propositions ensemble.

→ Pour les mots subordonnants pouvant prêter à confusion, il compare le sens des propositions qu'ils entraînent.
Il se demande comment il va faire pour les reconnaître, quelles questions il va se poser.
Il s'exerce à le faire.

→ Il fait des fiches.

APPRENDRE

« Apprendre est tout autre chose que recevoir une information[1]. » C'est, « d'une certaine manière, modifier sa lecture du monde », « C'est changer[2] ». Voilà ce que disent André Giordan et Gérard de Vecchi, deux chercheurs en sciences de l'éducation.
Apprendre, c'est accepter d'être déséquilibré, de se mettre en danger, de passer par une succession de ruptures et de reconstructions. C'est remanier son monde intérieur en permanence.

Il ne s'agit donc pas d'emplir simplement sa mémoire de connaissances. D'être discipliné, d'écouter l'enseignant en silence, puis de réviser le cours et d'exécuter le travail demandé. Il ne s'agit pas d'attendre passivement du professeur, des parents, qu'ils apportent leur savoir. L'enfant se sert de la vie, de ce qu'il est, de ce qu'il sait, pour faire des liens avec ce qui lui est enseigné, pour donner du sens à tout ce savoir. Ce faisant, il se construit. Il est dans un jeu de construction, sa propre construction : il lui faut apporter des pièces, des pièces qu'il cherchait (parfois sans même le savoir) et d'autres dont il ne sait que faire. Il lui faut les assembler, les monter, en déplacer, mettre de côté certaines devenues inutiles pour laisser place à d'autres plus adaptées, il lui faut déconstruire, passer des obstacles, pour aller plus loin.

APPRENDRE : LES BONS ÉLÈVES ET LES ÉLÈVES EN DIFFICULTÉ

Apprendre, c'est cultiver son intelligence en passant par la curiosité, la recherche, l'intérêt. Tout ce qui ne prend pas cette voie est une base fragile. On peut certes réussir des examens ; mais la force intellectuelle, l'équilibre, ne s'acquièrent qu'à travers un travail personnel, une quête. On en a l'exemple quand l'enfant, pour une raison ou une autre, est motivé : il est

alors à l'écoute de ce que dit l'adulte pour obtenir des réponses aux questions qu'il s'est posées. Il comble les vides dans ses connaissances, corrige ses erreurs. L'apprentissage est alors diablement plus intéressant, plus efficace.
Que peut-on noter chez la plupart des élèves en difficulté ? Ils restent en travail réflexe et passent rarement par un travail pensé. Il faut veiller à ce que jamais ils ne fassent un apprentissage — leçon ou devoir — sans que cela soit réfléchi :

AVANT *Qu'est-ce que cela signifie ? Qu'est-ce que je sais déjà ? Que dois-je faire pour réussir ? À quoi dois-je penser ? À quoi dois-je faire attention ? Etc.*

APRÈS *Sur quoi suis-je revenu ? Qu'est-ce que je sais de nouveau maintenant ? Quand vais-je m'en servir ? Quelle erreur dois-je éviter désormais ? Qu'est-ce que je dois modifier la prochaine fois pour réussir ? Quand, où, puis-je utiliser cette bonne démarche ? Etc.*

Selon une étude menée par des sociologues[3], les élèves en difficulté « ont tendance à se focaliser sur les règles et les rituels, à s'en remettre entièrement à l'enseignant qu'ils désignent comme celui qui apprend », tandis que les élèves en réussite, pensant « qu'il faut comprendre et réfléchir, se positionnant plus facilement sur le registre métacognitif, [...] font la distinction entre exercices et objets d'apprentissage, [...] peuvent préciser ce qu'ils savent et ce qu'ils ne savent pas ».
Mais qu'est-ce qu'être dans le registre du métacognitif ? Pour Anne-Marie Doly, maître de conférences en sciences de l'éducation à l'IUFM d'Auvergne, « c'est être à la fois celui qui fait et celui qui surveille ce qu'il fait afin de le faire de façon plus efficace et transférable, et, pour cela, de savoir ce que l'on fait et ce que l'on sait[4] ».

Anne-Marie Doly a fait travailler des classes sur des cours de biologie. Quelque temps après l'apprentissage, trois questions étaient posées :
Que savais-tu au départ sur le sujet ? L'enfant prend conscience qu'il connaît des choses (incomplètes, incertaines, à vérifier).
Que sais-tu maintenant ? L'enfant est capable d'expliquer ce qu'il sait, il peut compléter, ou effacer entièrement, ou corriger ce qu'il savait au départ sur le sujet.
Comment as-tu fait pour le savoir ? Les prises de conscience sur son travail, pendant qu'il le fait et après, lui permettent de « comprendre ce qu'il fait, d'en évaluer le sens et le bénéfice par relations procédure/but et performance ».

« DIS-MOI, COMMENT FAIS-TU POUR APPRENDRE ? »

Interrogez un enfant. Il hésite puis dit répéter ses leçons jusqu'à ce qu'il les sache, mais que parfois, le lendemain, il les a oubliées.
Questionné sur la compréhension, il reste muet, puis il dit qu'il comprend en maths mais pas en français, ou le contraire. Et si vous lui posez la même question quant au fait de réfléchir, il répond qu'il sait fort bien

(1) André Giordan, *Apprendre*, Belin, 1998.
(2) Gérard de Vecchi, *Aider les élèves à apprendre*, Hachette, 1992, 2000.
(3) Elisabeth Bautier, Bernard Charlot et Jean-Yves Rochex, *École et savoir... dans les banlieues et ailleurs*, Armand Colin, 1993.
(4) Anne-Marie Doly, « Métacognition et transfert des apprentissages à l'école », dossier « Savoir, c'est pouvoir transférer ? », *Les Cahiers pédagogiques*, 2002.

le faire s'il s'agit de sujets qu'on aborde à la maison, mais qu'il ne sait pas réfléchir à l'école, ou encore qu'il ne sait pas le faire dans toutes les matières scolaires.

Pour les enfants, comprendre, réfléchir, mémoriser, imaginer sont des actes magiques qui dépendent des apprentissages. Or telle n'est pas la réalité. On comprend, on réfléchit de la même manière quels que soient l'apprentissage ou le domaine abordé, on se sert des mêmes outils. La différence étant que, selon ce à quoi on réfléchit, on n'utilise pas les mêmes matériaux et pas forcément les mêmes stratégies.

Quand les enfants apprennent une leçon, quand ils font un devoir, c'est la plupart du temps au petit bonheur la chance, ce sont des poètes glanant une information par-ci, une autre par-là, rêvant une grande partie du temps. Ils n'ont pas de concentration, pas de stratégie. Mais savent-ils simplement être attentifs ? Pour eux, il faut être sage, bien écouter, éviter de penser à autre chose. Ce qui, bien sûr, n'est pas suffisant.

ON AIME APPRENDRE QUAND ON SAIT POURQUOI ET COMMENT ON LE FAIT

On aime apprendre, dit André Giordan, professeur à l'université de Genève, quand les apprentissages sont « désirables », et ils le sont s'ils « présentent de la nouveauté plutôt que de l'habitude, donnent l'occasion de faire des choix, conduisent à des questions plutôt qu'à des réponses ». Il évoque également des situations où l'enfant « se sent largement autonome[5] ».

De nombreux élèves sont en souffrance scolaire, d'autres font leur travail correctement mais sans éprouver de joie. Ils manquent de motivation. Comment feront-ils, au sortir de l'adolescence, bac en poche ou non, pour poursuivre des études ou pour conquérir le monde du travail ? Il serait illusoire de croire qu'ils vont soudain aimer travailler, faire les efforts nécessaires pour mémoriser ou réfléchir. Bien entendu, il y a les heureux qui, grâce à une rencontre, quelle qu'elle soit, trouvent à un moment dans leur scolarité le déclic transformant le pensum scolaire en un apprentissage, lequel requiert certes des efforts, mais apporte de la joie. De la joie ?

Mais oui, il y a de la joie à travailler, il y a de la joie à réussir. Il y a de la joie à réussir quelque chose qui a demandé des efforts. Encore faut-il savoir pourquoi on doit les faire, savoir où les porter.

Quelles sont les raisons pour lesquelles on n'aime pas une activité ? Dans la plupart des cas, c'est parce que l'on n'y est guère performant. Il en est de même dans le domaine scolaire. Mais rien ne sert de gaver « l'apprenant » de savoirs : il est des élèves qui répètent chaque année la même règle de grammaire et qui, cinq ou six ans plus tard, ne la comprennent pas, ne savent pas l'appliquer. Ne vaut-il pas mieux les responsabiliser, leur apprendre à penser, à mémoriser, leur apprendre à apprendre ? Et si on leur disait comment réfléchir face à des situations, des exercices, des problèmes différents ?

Alors que faire concrètement avec l'enfant ? On l'incite à se pencher sur lui-même, en l'amenant à décrire son cheminement intellectuel, ses stratégies au cours des apprentissages afin qu'elles deviennent conscientes. Qu'est-ce qui dans ma démarche a été utile à ma réussite ? Qu'est-ce qui a été responsable de ma lenteur ?

(5) Dossier n° 431 des *Cahiers pédagogiques - CRAP.*

Pourquoi ai-je buté sur un obstacle insurmontable ? Comment pourrai-je dépasser la prochaine fois les difficultés rencontrées ? Qu'ai-je exploité qui a bien fonctionné et que je vais transférer dans une autre sorte d'activité ? Le résultat de ce travail est-il à la hauteur de mes objectifs, du temps passé ?

On le pousse à tester d'autres stratégies en cas de difficulté, on met en avant la pertinence de certaines méthodes qu'il a utilisées, on lui fait prendre conscience qu'il peut les capitaliser et les transférer dans d'autres tâches.
On l'aide à se sentir concerné, on reconnaît ses efforts, on exprime sa confiance en sa capacité à réussir, on montre de l'enthousiasme quand on travaille avec lui. Mais on s'intéresse aussi à ce qu'il est, ce qu'il fait, et pas seulement à son travail scolaire ; on lui apprend à regarder, écouter, à penser par lui-même ; on lui apprend à s'approprier le monde, à devenir curieux.

APPRENDRE SELON SES PRÉFÉRENCES

Nous ne sommes pas tous identiques, et c'est vrai aussi dans une situation d'apprentissage. S'il est bon de connaître ses propres tendances et celles de son enfant, pour le prendre en compte dans ce qu'il a d'original, mieux le comprendre et l'aider, il ne s'agit pas de tenter de définir un comportement pédagogique qui lui correspondrait : **il a simplement des préférences, des habitudes, et elles peuvent être différentes selon les tâches.** Et ses préférences n'étant pas définitives, on peut tout simplement, quand il ne réussit pas dans un apprentissage, lui indiquer d'autres façons de faire, peut-être celles qu'il utilise là où il réussit, d'autres façons qui l'aideront à sortir de ses difficultés.
Un élève est plus naturellement à l'aise dans la synthèse. Il s'empare d'un sens global, d'un tout, comme s'il construisait un puzzle. Il a plus de mal quand il s'agit de passer par une chronologie, une séquentialité, de tenir un raisonnement bien structuré dans le temps.
Un deuxième a une préférence pour la démarche analytique. Il dit premièrement, deuxièmement, suit une logique temporelle efficace, mais arrive plus tardivement que le premier à l'idée générale.
Un troisième a besoin d'avoir connaissance de la règle exacte avant d'en arriver à l'exemple, lequel lui sert essentiellement d'illustration et d'argument. Il résout un problème de géométrie en retrouvant dans sa mémoire les théorèmes et non les exercices faits en classe. Son intérêt va au pourquoi des choses.
Un quatrième élève part des exemples pour connaître la règle, l'idée générale. Il réussit son problème de géométrie en retrouvant les exercices plutôt que les propriétés et les théorèmes. Son intérêt porte sur le « comment ».
Un autre, sensible au relationnel, est particulièrement influencé par l'ambiance de la classe, la qualité des liens avec son enseignant, ses camarades, et il ne travaille que si elles lui conviennent. Il se peut donc qu'une année il le fasse volontiers et qu'une autre le voie en difficulté parce que dans l'incapacité de s'y mettre. Il est plus dépendant du professeur que de la matière.
À l'inverse, un autre est davantage sensible à la matière. Son travail dépend peu de ses rapports avec l'enseignant. Ses résultats sont plutôt réguliers.

Un élève a tendance à suivre à la lettre ce qu'on lui dit. Il a besoin d'indications précises, et les évaluations fréquentes lui servent à savoir où il en est. Il est perdu si lui manquent quelques mots dans les notes prises en classe, ne sait pas faire un travail si les consignes données sont vagues. Il n'a pas l'esprit d'initiative.
Un autre ne suit pas vraiment les consignes et aime faire « à sa façon ». Quand il se sent brimé par trop d'indications, il a du mal à être efficace. Il trouve davantage de motivation à étudier que son camarade, mais, ponctuellement, son travail ne correspond pas à l'attente de l'enseignant.
Un élève a besoin de dire « mais... » et « pourtant, l'autre fois vous aviez dit... » Il cherche le contre-exemple, le différent. C'est dans l'opposition, les contradictions qu'il se construit. Ce qui est nouveau l'intéresse : il mémorise mieux ce qui le surprend et va à l'encontre de ce qu'il pensait. A contrario, un autre s'appuie sur ce qui le rassure, ce qu'il connaît. Il mémorise ce qui va dans son sens. Il part de lui, du connu pour se construire, s'instruire. Il préfère être conforté que surpris.
Il y a encore l'élève impulsif. Il est entreprenant mais se précipite dans l'action sans vraiment réfléchir. Il prend la parole facilement, ce qui n'est pas sans risque : sa pensée se formant souvent au fil des mots, il lui arrive de se tromper. Il en est de même pour un travail écrit.
Quant au réflexif, il prend le temps de réfléchir, d'où une certaine lenteur ; de peur de se tromper, il participe moins que d'autres aux débats, à l'oral en classe, alors même qu'il se rend compte que souvent il savait.
Si ces comportements présentent des points forts, ils ne sont pas exempts d'inconvénients. Ainsi, les élèves sensibles au relationnel pourront se trouver lourdement handicapés dans le cas d'une mésentente avec l'enseignant ou simplement d'indifférence de sa part. Le dépendant au « maître » aura du mal à être acteur, il amassera les connaissances plutôt que de se construire intellectuellement. Celui qui préfère passer par la règle aura du mal à développer des arguments, à donner des raisons aux choses. Les comportements d'apprentissage pouvant devenir dans certaines situations des obstacles à surmonter, il est essentiel d'aider l'enfant à développer les comportements opposés pour un juste équilibre.

→ VOIR AFFECTIVITÉ ; MOTIVATION ;
TRAVAIL À LA MAISON

APPRENTISSAGE CLOISONNÉ

Aucune connaissance n'est indépendante et ne peut être séparée des autres sans perdre une partie de son sens. Et il n'est pas question seulement d'histoire ou de géographie, où les liens entre deux leçons paraissent évidents, ces liens existent aussi entre différentes matières. On peut facilement faire des ponts entre l'histoire (Louis XIII et Richelieu) et la littérature (*Les Trois Mousquetaires*, d'Alexandre Dumas) ; entre la physique (cours sur l'électricité) et la géographie (politique énergétique française). Chaque matière également forme un tout, et on ne peut se dispenser de faire des ponts entre les savoirs, d'inclure un savoir dans un autre, d'en déduire un troisième, d'en comparer certains, de les opposer.

LES MÉFAITS DE L'APPRENTISSAGE CLOISONNÉ

La grammaire forme un tout, et on ne peut l'enseigner sans en tenir compte. Combien de fois vous est-il arrivé d'expliquer une règle à votre enfant, qui, dans la foulée, a réussi correctement un exercice d'application, et de vous apercevoir une semaine, voire deux jours plus tard, qu'il ne l'avait pas vraiment intégrée puisque vous relevez des fautes dans ses devoirs.
Si, après avoir travaillé sur l'adjectif qualificatif attribut du sujet, vous lui donnez un exercice, il sait, grâce à l'énoncé, qu'il lui faut le reconnaître. Il vient d'apprendre que l'attribut est introduit par un verbe, aussi peut-il très facilement réussir son exercice d'application. Pourtant si, deux semaines plus tard, vous lui demandez de trouver les fonctions de tous les mots d'une phrase (parmi lesquels se cache un adjectif attribut), il va falloir qu'il sache différencier correctement la nature et la fonction, identifier les adjectifs qualificatifs, et enfin qu'il se pose les bonnes questions pour reconnaître ceux qui sont peut-être attributs.

Une règle est intégrée lorsque l'enfant a compris qu'elle est utilisable dans toute une série d'exercices différents et qu'il sait lesquels, qu'il sait comment appliquer cette règle dans chacun de ces exercices, au milieu de beaucoup d'autres règles.
Il faut travailler sur le processus de transfert, afin que ce qui est acquis dans une situation puisse l'être dans d'autres. Où et comment utiliser ce savoir[1] ? **Un savoir est acquis quand l'enfant se l'est approprié, peut l'utiliser dans une situation nouvelle sans qu'on le lui demande : il reconnaît que dans cette situation il a à l'utiliser, et il sait comment faire.**
Une deuxième raison de ne pas cloisonner les connaissances est que ce sont l'ancrage à des acquis et la répétition qui installent l'information dans la mémoire à long terme. On ne construit pas dans le vide. On ne construit pas une pièce d'une maison sans tenir compte des autres. On imagine ses ouvertures en fonction d'autres que l'on veut créer, on prévoit les communications entre cette pièce et le reste de la maison. Il en est de même des connaissances. **On apprend des choses nouvelles en partant de choses que l'on sait déjà, en les accrochant ensemble, en les comparant, en les opposant, en les structurant**[2]. Quant à la répétition, elle ne signifie pas rabâchage pendant une semaine avant de passer à un nouvel apprentissage[3]. On apprend quelque chose, à quoi on revient régulièrement (au fil des semaines, des mois) et différemment, pour éviter l'ennui tout autant que pour le présenter dans tous les contextes possibles. On crée de nouveaux ponts.

On ne cloisonne pas les connaissances, on rattache l'inconnu au connu pour mieux le mémoriser, on mêle les acquis aux nouvelles connaissances, et l'enfant a toujours l'esprit en éveil. Ce qu'il apprend dans un cours, dans un documentaire, grâce à une expérience vécue, il le transfère dans d'autres cours, d'autres matières, dans sa vie.

(1) Voir Projet (Le projet de restitution)
(2) Voir Mémoire (Les règles de la mémoire à long terme) ; Concept et structure
(3) Voir Mémoire (Nécessité de la répétition)

DES COURS DE MATHS ET DE FRANÇAIS EN TANDEM

Dans un collège, deux professeurs proposent un cours de maths-français pour des 4e en grande difficulté[4]. Un défaut de maîtrise de la langue pouvant bloquer des élèves ayant de bonnes connaissances en mathématiques, ils leur font travailler la grammaire à la lecture des énoncés. Que veut dire *une droite* ? Est-ce que cela a la même signification que *la droite* ? Apprentissage des déterminants, mais aussi des indicateurs à l'œuvre dans la logique d'un texte (français) ou d'un raisonnement géométrique (maths). Si le but premier de ce cours en duo est de faire progresser les élèves dans la maîtrise de la langue écrite afin qu'ils réussissent en mathématiques, ces enseignants espèrent décloisonner les savoirs. « Notre cours vise à donner une cohérence à tous ces savoirs scolaires qui en manquent parfois pour des élèves en difficulté... ils doivent mobiliser toutes leurs connaissances s'ils veulent réussir. » Et les élèves sont convaincus par l'expérience. « C'est sûr que ça m'aide. Je ne fais plus les maths de la même manière. Ni le français d'ailleurs », dit Patrice.

(4) *Le Monde de l'éducation*, mars 2005.

→ VOIR APPRENTISSAGE PROFOND, APPRENTISSAGE SUPERFICIEL ; FRANÇAIS : UN EXEMPLE DE TRAVAIL NON CLOISONNÉ

APPRENTISSAGE PASSIF

(élève en primaire)

Avant 7 ou 8 ans, l'enfant exprime généralement son désir d'apprendre en se conformant à celui de ses parents et de son enseignant, c'est-à-dire qu'il réussit ses apprentissages. Il apprend « normalement » à lire, écrire, compter, réciter.

Ce désir peut se manifester de façon passive. L'enseignant a alors l'impression que ces élèves ne font rien, ne s'intéressent pas à ce qui se passe pendant les cours. Pourtant, ils vont volontiers à l'école. Ils ont, selon Françoise Dolto[1], une vie intellectuelle secrète qui, après la résolution œdipienne, devient généralement plus conforme à ce que l'on attend d'eux. Ce qui est passif dans leur attitude à l'école doit être valorisé, dit-elle. Les motivations, dans un premier temps d'ordre émotionnel et affectif, deviennent, après l'âge de 8 ans, plus logiques et raisonnables. C'est le moment où les enfants peuvent alors commencer à faire le choix d'étudier.

Mais, après cet âge, certains élèves sont dans l'incapacité de prendre des initiatives et d'agir sans qu'on leur ait dit qu'il fallait le faire et comment, ce qui est dommage parce que la construction de savoirs est alors plus lente, moins solide. Pourtant, un enfant qui semble inactif peut être actif dans sa tête (Einstein construisait sa vie intellectuelle de façon si passive que ses maîtres le pensaient attardé). Et ce n'est pas en le bousculant qu'on pourra le faire changer d'attitude face à l'apprentissage.

Ce ne sont surtout pas les notes ou encore les progrès apparents qui doivent être pris en compte, mais ce qui l'intéresse, les mouvements créés par cet intérêt. On peut, par ce biais, arriver à le motiver, c'est-à-dire à faire qu'il ne reste pas dans le désir de « faire plaisir à maman » ou « au maître » en exécutant simplement ce qui lui est demandé, mais qu'il soit dans son propre désir. Qu'il décide de faire.

(1) Françoise Dolto, *L'Échec scolaire*, éd. Ergo Press, 1989

APPRENTISSAGE PROFOND, APPRENTISSAGE SUPERFICIEL

Il y a deux approches différentes de l'acte d'apprendre.
L'une est celle utilisée par la plupart des élèves : ils obéissent à la consigne qui leur est donnée, font un exercice ou apprennent une leçon avec pour seule intention, dans le meilleur des cas, de réussir et de mémoriser ; mais ils ne font pas de lien avec d'autres connaissances, ils ne font pas un travail de réflexion autour de cette connaissance qu'ils doivent s'approprier.
Ils font leur travail mécaniquement, même si le résultat est bon. Résultat immédiat bien entendu, car à long terme cet apprentissage se révèle mal maîtrisé. Les élèves ne sont pas responsables de cet état de fait. On leur demande en général un travail d'application. Ils ont rarement à passer par la réflexion : à quoi ce cours sur les fractions vous fait-il penser ? De quoi peut-on rapprocher la Révolution russe ? Si l'on utilisait une métaphore, à quoi compareriez-vous l'article défini et l'article indéfini ? À quoi vous fait penser le mot complément ?
Cet apprentissage superficiel est dangereux pour deux raisons : la première est que l'information, manquant de points d'ancrage dans la mémoire, finit par s'effacer rapidement ; la seconde est que les élèves se lassent, à juste titre, de revenir sans cesse sur les mêmes données. Il n'est qu'à voir ce qu'en classe de 5e ils savent, par exemple, au sujet de la nature et de la fonction des mots, points sur lesquels ils se sont penchés quatre ans durant. Qu'est au juste la nature d'un mot, qu'est-ce que la fonction ? Combien ont compris que la nature était l'identité d'un mot et la fonction son rôle dans la phrase ?
À l'opposé de cette approche mécanique de l'apprentissage, il existe une autre approche du savoir. L'apprentissage profond implique davantage les élèves. Ceux-ci font des liens avec le passé (ils recherchent ce qu'ils savent) et avec le futur (à quoi cela va-t-il leur servir ?) ; ils rapprochent des situations différentes et ne restent pas aux seules similitudes superficielles liées au contexte. Ils explorent différentes directions pour comprendre cette nouvelle information et mieux la maîtriser. C'est un acte volontaire de réflexion, d'appropriation.

→ VOIR APPRENTISSAGE CLOISONNÉ (LES MÉFAITS DE L') ; MÉMOIRE

Attention et concentration

L'attention et la concentration sont deux mécanismes mentaux interdépendants et essentiels à l'apprentissage.
Être attentif, c'est mobiliser ses cinq sens pour recevoir, chercher, sélectionner et traiter les informations pertinentes dont on a besoin.
Être concentré, c'est réduire le champ de l'attention, fermer la conscience à tout ce qui peut distraire l'esprit de cet apprentissage.

Être attentif

On ne peut être attentif sans une adhésion de tout son être à la tâche à accomplir. C'est une attitude mentale mais aussi corporelle.

Regardez un enfant rêveur à sa table de travail. Il est mal assis, souvent avachi, son regard est flou. Son esprit vagabonde à la moindre occasion. Regardez encore un enfant agité (ou sensori-moteur). Il ne se tient pas tranquille sur sa chaise. On dit de lui qu'il a trop d'énergie. Ces deux-là ont des difficultés à être attentifs. Leur attitude corporelle est celle d'enfants non concernés par l'objet sur lequel leur attention doit se porter.

L'enfant attentif a une posture tonique, un regard présent. Son corps est partie prenante de l'acte d'attention. Car il s'agit bien d'un acte : acte mental, acte volontaire. Son corps est éveillé, tout comme son esprit. Il est dans un état d'éveil actif, une démarche maîtrisée. Il tend vers un objectif, vers un état de fusion avec l'objet regardé, lu ou écouté.
Pour cela, il a fait le vide dans son esprit, s'est focalisé sur la tâche à accomplir. Il est attentif mais sans tension, détendu mais dans un acte de volonté.

Si votre enfant a du mal à être attentif, travaillez avec lui sur ce que cela signifie. Être attentif veut-il dire être calme ? être en attente ? écouter le professeur ? Si telle est son attitude, on peut en déduire alors qu'il est sage, de bonne volonté ; pourtant, cela n'est pas suffisant et n'a pas grand-chose à voir avec l'attention. **Il est en attente de quoi ? Pourquoi ? Comment va-t-il s'approprier la connaissance ? Dans quel but ?**
Être attentif est un processus qui dépend du travail à accomplir. Cela nécessite une anticipation. C'est un processus en trois temps. Tout d'abord, il faut se rendre disponible, s'ouvrir à l'information ; ensuite, il faut l'accueillir ; enfin, il faut se fermer à toute autre information, c'est-à-dire se focaliser sur elle seule. C'est là que peut commencer la concentration.
Un élève attentif écoute le professeur dans le but de mémoriser, de comprendre une règle de grammaire, de prononcer correctement des mots anglais, d'utiliser un théorème de géométrie dans un exercice. Il est dans une intention d'apprendre au moment où le cours commence, quand il s'installe à sa table de travail. Il sait ce qu'il a à faire de la connaissance qui va lui être communiquée par l'enseignant, comment la faire sienne, dans quel but.

Selon le biologiste Henri Laborit[1], certains neurones d'attention ne répondraient pas à des stimuli répétés, ils ne seraient sensibles qu'à un son nouveau ou à une information visuelle différente, d'où l'importance d'éviter les répétitions à l'identique et de renouveler la forme sous laquelle on présente les connaissances.

Il ne faut pas oublier que l'attention est aussi fonction de la motivation, d'une disposition intérieure, de ses rythmes, et que l'enfant a d'autant plus de chances d'être attentif que la connaissance l'intéresse ou qu'il en comprend l'utilité[2].

COMMENT ÊTRE ATTENTIF ?

Mais que faut-il faire pour être attentif ? Suffit-il de le vouloir ? Non, être attentif, ce n'est pas seulement se dire : « Je veux lire ou écouter sans penser à autre chose. » **Être attentif, c'est savoir que faire de son attention.**
Si l'enfant apprend une leçon d'histoire, il la lit pour la comprendre et la mémoriser. Il est donc attentif pour comprendre et mémoriser. S'il apprend des tables de multiplication, il les lit, les répète pour les savoir par cœur, dans le désordre, c'est-à-dire pour être capable de les utiliser dans des multiplications et des divisions. Il est attentif pour répéter et mémoriser.
Il ne suffit pas de dire à un enfant : « Sois attentif », il faut lui dire comment faire.

LES QUATRE ATTENTIONS

LA VIGILANCE OU LE GUET

C'est l'attention du pêcheur, du chasseur, du soldat qui monte la garde, de tous ceux qui pour une raison ou une autre font le guet. On peut croire que le pêcheur rêve, mais une partie de lui est attentive. Il attend que morde le poisson. Il guette le mouvement du fil, prêt à agir dès qu'un poisson s'accrochera à sa ligne. C'est l'attention que doit avoir un enfant quand il fait une dictée. Il guette les verbes se terminant par le son « é » pour réfléchir à comment les écrire (*er* ou *é* ?) Il guette le mot « leur » pour ne pas l'écrire sans avoir réfléchi à sa terminaison (*leur* ou *leurs* ?)

L'ATTENTION SÉLECTIVE

Il s'agit de l'attention que l'on porte à quelque chose. C'est un choix, une sélection.
Imaginez un dîner. Autour de la table, plusieurs personnes parlent en même temps. Vous les entendez, mais leurs voix se confondent en un bruit de fond car vous n'écoutez qu'une seule d'entre elles. Vous êtes attentif à ce que vous dit cette personne et à elle seule.
Cette attitude sélective est ce vers quoi un enfant doit tendre pendant un cours. Il est attentif à ce que dit le professeur, à ce qu'il écrit au tableau, et il ne se laisse pas distraire par les bruits dans la classe, par ce que racontent les élèves assis derrière lui, par le copain qui tousse ou celui qui rit.

L'ATTENTION PARTAGÉE

Dans ce cas, on prête attention à deux choses, à deux personnes en même temps. Au cours du dîner, vous pouvez écouter ce que disent deux des convives. Mais cette attention ne peut bien sûr avoir la qualité de l'attention sélective. Vous ne pourrez la soutenir très longtemps, surtout si la conversation est un peu complexe. Vous aurez des difficultés à mémoriser tout ce qui est dit.
Pour cette raison, les enfants devraient éviter de travailler en regardant la télévision ou en écoutant leur émission de radio favorite.

(1) Henri Laborit, *La Nouvelle Grille*, Robert Laffont, 1974.
(2) Voir Motivation

LA FOCALISATION

C'est l'attention que l'on a lorsqu'on est passionné, absorbé par une tâche.
Quand vous êtes absorbé, rien ne peut vous détourner de ce que vous faites. Vous n'entendez rien autour de vous, vous ne voyez pas le temps passer.
Cette attention est bien évidemment celle qui permet d'apprendre, de comprendre, de mémoriser, de réfléchir et même de faire tout travail de créativité.

LA CONCENTRATION

La concentration est une attention soutenue que rien n'interrompt. Elle bloque l'arrivée à la conscience de toute information qui pourrait nuire à la tâche.
La concentration de l'enfant dépend de son intention[3], de son intérêt pour ce qui lui est proposé, pour ce qu'il lit ou entend. Intérêt, plaisir, réussite, motivation sont des facteurs favorisant la concentration. Passivité, stress, répétition ou monotonie de la tâche sont des facteurs qui la perturbent.
La concentration, tout comme l'attention, est un mécanisme mental consommant de l'énergie, d'où la fatigue qui survient après un travail intellectuel. L'effort de concentration varie selon la complexité et la durée de ce travail. L'acquisition de nouvelles connaissances est la tâche qui demande le plus de concentration. Vient ensuite la mise en application de connaissances déjà acquises. Et enfin la rédaction de travaux, c'est-à-dire la mise en forme d'informations comprises et mémorisées.
La durée idéale d'une séance de travail, pendant laquelle votre enfant se concentre, est de l'ordre de vingt à quarante minutes. Bien entendu, cela dépend de son âge et de son habitude à le faire. Il faut obligatoirement alterner les séquences de travail et les pauses. Ces moments de détente —de dix bonnes minutes chacun — sont nécessaires au cerveau pour stocker ce qui lui a été donné, pour se préparer à un nouvel apprentissage. Sans ces pauses, il est illusoire d'exiger une quelconque concentration.

SE CONCENTRER, UNE HABITUDE À ACQUÉRIR

La plupart des élèves consultant pour des problèmes scolaires le font parce qu'ils ont des difficultés à se concentrer. Se concentrer est une habitude à acquérir. **L'important est d'apprendre, en délimitant un espace de travail, à délimiter le temps de travail**[4]. L'enfant travaille assis à une table. Face à lui, un réveil : il lui permet d'être conscient du temps qui passe, du temps pendant lequel il parvient à se concentrer, du temps qu'il lui faut pour faire des exercices, pour apprendre ses leçons. Quand il se met à penser à autre chose et n'arrive plus à être attentif, il se lève. Il peut boire un verre de lait, manger un fruit, s'amuser avec le chat, faire un exercice de relaxation[5], mais il n'allume pas la télévision, ce qui l'empêcherait de retrouver facilement sa concentration.
Il faut prendre l'habitude de ne pas rêvasser à sa table de travail : dès que l'enfant est fatigué, qu'il se met à rêver, il vaut mieux qu'il se lève pour faire une pause de quelques minutes.
Tant qu'il est assis à sa table, il travaille, il ne pense à rien d'autre.
Dans le cas où, pour apprendre ses leçons, il a besoin de marcher de long en large, il quitte la pièce quand il n'arrive plus à être attentif et il y revient une fois la pause terminée.

MAÎTRISER SON ATTENTION ET SA CONCENTRATION

PREMIÈRE DÉMARCHE : S'OBSERVER EN SITUATION DE TÂCHE

On observe la durée de son attention, de sa concentration selon le support (lecture ou écoute), le travail (compréhension, mémorisation, réflexion), la matière, l'intérêt que l'on y porte, et également le moment de la journée et le lieu.

Il s'agit de s'observer pour avoir conscience des moments où l'on « décroche » d'une tâche pour parvenir à « raccrocher » au plus tôt.

Plus vite l'élève se rend compte qu'il ne suit plus l'explication donnée par son enseignant, plus vite il peut remobiliser son attention et retourner à sa tâche d'écoute et de compréhension. Plus vite il se rend compte que, distrait par une sonnerie de téléphone dans la maison, il a quitté son devoir, plus vite il peut décider d'y retourner ou au contraire de faire une pause.

On observe les messages envoyés par le cerveau. Certains sont négatifs : « C'est trop dur » ; « J'y comprends rien » ; « Je ne réussis jamais en dictée » ; « Je suis nul en problèmes ». Ils entraînent une démotivation, une démobilisation de l'attention, ils offrent une moins bonne résistance aux distractions, à la rêverie, ils favorisent les décrochages.

SECONDE DÉMARCHE : L'ENTRAÎNEMENT ET L'UTILISATION DE STRATÉGIES

À la maison, l'enfant choisit son environnement, ses heures de travail ; en classe, il change de place pour être moins perturbé par des bruits. Il apprend à moduler son attention pendant le cours : attention légère quand le professeur rend des copies, parle d'un point qu'il maîtrise déjà parfaitement ; attention plus soutenue quand il s'agit d'écouter le cours ; concentration pour comprendre un point difficile, pour un effort de réflexion.

Il organise son travail selon l'exigence des tâches au plan de la concentration et les heures plus ou moins favorables au travail intellectuel[6].

Il utilise des stratégies de lecture pour éviter que son esprit ne s'évade : par exemple, noter dans la marge les mots clés. Des stratégies d'écoute : fermer les yeux, poser le regard sur une surface neutre pour qu'aucune sollicitation visuelle ne vienne le perturber.

Il s'entraîne à se plonger rapidement dans le travail. Il a un bureau sur lequel il travaille et ne fait rien d'autre, ou encore il le débarrasse de tout ce qui ne lui est pas utile avant de s'y asseoir pour faire ses devoirs et apprendre ses leçons.

JEUX ET EXERCICES D'ATTENTION ET DE CONCENTRATION

LE JEU DE KIM

Ce jeu est excellent pour apprendre à être attentif, pour exercer la mémoire.

Posez une dizaine d'objets sur une table. Demandez à votre enfant de les observer attentivement, c'est-à-dire de noter ce qu'ils sont et où ils sont, et de les mémoriser. Cela pendant une à deux minutes. Puis cachez ces objets. Il doit alors s'en souvenir et en faire une description précise (forme, couleur, etc.).

Variante : le principe de jeu est le même, mais vous n'enlevez qu'un seul des objets. Lequel ? Où était-il ?

(3) Voir Projet
(4) Voir Travailler vite
(5) Voir Relaxation, respiration
(6) Voir Biorythmes

⊖ LA BOUGIE

Cet exercice est un bon entraînement à la concentration. Votre enfant s'assoit, le corps et la tête droits, face à une bougie placée à environ un mètre de lui, de préférence dans son axe de vision. Il fixe la bougie en évitant toute crispation. Il s'installe dans un état de vigilance, s'efforçant de ne penser à rien d'autre qu'à la bougie. L'exercice prend fin dès qu'il sent des picotements aux yeux ou une tension oculaire. Suit une pause permettant de délasser les yeux. L'enfant place ses paumes en forme de coque sur les yeux fermés, en prenant garde de ne pas appuyer sur ses paupières et de ne pas gêner sa respiration.

⊖ LE SON

Pour développer son attention auditive, priez votre enfant d'écouter un son et de ne pas le perdre, de ne pas se laisser distraire par d'autres sons.
Il peut écouter un morceau de musique et suivre un instrument parmi d'autres ou encore être attentif au ronron du réfrigérateur sans laisser les conversations ou le bruit de la radio détourner son attention. Comme dans l'exercice de la bougie, il est assis dans une position tonique, immobile mais sans crispation. Le meilleur exemple à lui donner est l'attitude intérieure du pêcheur : calme et vigilant.

AUTOMATISME

Au-delà des connaissances, ce qui fait la différence entre les élèves est que certains ont automatisé un savoir-faire et d'autres non. **Celui qui est performant a transformé des savoirs en réflexes, libérant ainsi son esprit. Il a donc la possibilité de passer à des activités plus complexes, de mieux y réfléchir.**

Pourquoi tant d'élèves ont-ils des difficultés à écrire sans faute d'orthographe ? Parce que l'application des règles de grammaire n'étant pas devenue un automatisme, ils doivent s'arrêter pour réfléchir à trop de points différents, et leur mémoire de travail, débordée, ne peut œuvrer correctement. Si la mémoire à long terme n'a apparemment pas de limite, celle à court terme (qui est l'espace mental dont on se sert pour apprendre, comprendre, bref, pour travailler) a des possibilités restreintes : elle sature vite, et elle se vide automatiquement et rapidement quand elle est surchargée.

Libérer son esprit grâce à des réflexes, c'est récupérer aussi de l'énergie, travailler mieux et de façon moins fatigante. Imaginez une personne apprenant à conduire un véhicule : elle pense aux gestes qu'elle doit faire et elle ne peut dans le même temps réfléchir à un problème ou même tenir une conversation. Quelques années plus tard, elle enchaîne les gestes sans y penser ; la conduite est beaucoup moins stressante et fatigante, son esprit est libre.

Un élève performant connaît les tables de multiplication parfaitement et n'a nul besoin de les chercher dans sa tête ; il construit une phrase interrogative en anglais ou une proposition subordonnée en allemand sans réfléchir ; lisant un texte en latin, il note aussitôt certaines informations, fait des traductions partielles instantanées, ce qui lui permet, lorsqu'il fait la version, de ne pas se disperser dans toutes les directions à la recherche du sens. Un élève performant en mathématiques ou en physique, alors qu'il lit l'énoncé, effectue mentalement des calculs intermédiaires, substituant une donnée unique à plusieurs données, désencombrant ainsi sa mémoire de travail ; il reconnaît automatiquement des situations sans les avoir cherchées ou il a des réflexes de calcul. Et il semble évident que certains automatismes en mathématiques favorisent l'intuition : ils libèrent l'esprit et permettent l'illumination, la découverte immédiate de la solution d'un problème[1].

Automatiser un savoir, ce n'est pas nier son sens et passer par le par-cœur, c'est savoir le maîtriser assez pour ne pas avoir à y penser.

Automatiser un savoir, c'est pouvoir l'utiliser sans avoir conscience d'appliquer une règle (construction grammaticale d'une phrase dans une langue étrangère, règle de grammaire dans une dictée), **sans avoir à le chercher dans sa mémoire** (tables de multiplication pour une division).

Pour acquérir des automatismes, il ne suffit pas d'apprendre, il faut utiliser souvent ce savoir dans des contextes différents et porteurs de sens. Ainsi, l'automatisation des tables de multiplication s'acquiert en faisant des multiplications et des divisions et non en les récitant, celle de la règle du participe passé en appliquant son mode d'emploi au cours de dictées et d'exercices divers.

(1) Voir Mathématiques (l'intuition)

AUTONOMIE

De nombreux enfants ont de la curiosité, sont dans le désir ; on les sent s'épanouir intellectuellement, ils sont à l'aise et franchissent toutes les étapes avec bonheur. Il semble, à les observer, que leurs buts ne se limitent pas au résultat d'un examen, au passage dans une classe supérieure. Même si ces buts ne sont pas très dessinés et que l'on ne sait pas les déchiffrer, ils projettent les enfants dans l'avenir et les rendent disponibles au présent, à cette construction d'eux-mêmes à laquelle ils participent. Ils « font seuls », accompagnés par leurs parents.

Mais pour ceux-là, combien d'autres sont privés de toute autonomie, incapables du moindre désir qui leur soit propre ? Alors qu'ils passent un grand nombre d'années sur les bancs d'une école censée les former à leur activité d'adulte, quand vient le temps de la choisir, ils n'ont aucune idée de ce que celle-ci pourrait être, non qu'ils hésitent, mais ils ne savent pas vraiment qui ils sont (ils savent ce qu'ils ne sont pas ou ne veulent pas, ce qui n'est pas la même chose). Notre éducation est inconséquente : elle ne les incite pas à devenir autonomes. Ainsi voit-on des étudiants s'apercevant qu'ils se sont fourvoyés et ont choisi une voie qui ne leur convient peut-être pas.

Ce sont Claire, Anne, Denis et des dizaines d'autres ayant choisi un métier sans savoir de quoi était faite sa réalité au fil des heures, au fil des années, sans savoir où se portait vraiment leur désir. Et c'est un peu le hasard, leur préférence d'une matière, qui les poussent dans une voie.

Quand ce n'est pas la facilité : ils choisissent alors de travailler avec leurs parents ou de les dupliquer.
La revendication d'autonomie se manifeste dès la puberté : choix des vêtements, horaires, sorties. Dans le travail scolaire, c'est la volonté de faire « loin » des parents : « Je suis assez grand pour faire mon travail tout seul » (Solal, 5e). Là, les négociations sont douloureuses, car souvent il s'agit d'un désir qui n'est pas en phase avec ce que pensent les parents de leur enfant, de ses possibilités d'agir seul et de prendre ses responsabilités.
Indépendance désirée mais bien loin de l'autonomie, car ces enfants ne sont pas concernés par leur propre construction intellectuelle, n'en ont pas pris le goût. Ils prennent l'habitude d'une certaine passivité en classe jusqu'à ce que, baccalauréat en poche, ils soient mis dans une position de moins grand assistanat. Devenus étudiants, ils sont en échec parce qu'ils ont fait au cours de leur scolarité ce qu'on leur disait de faire, et rien d'autre. Ils ne savent pas mener un travail de recherche personnel. Ils ne savent pas apprendre seuls. Ils ne savent pas penser seuls.
Ce qu'ils ont acquis en tant qu'élèves pendant une douzaine d'années est principalement une accumulation de connaissances plus ou moins grande, sans lien avec leur réalité. Ils savent des choses, ils ne savent pas penser, ni agir sans qu'on leur ait dit comment. Ils tâtonnent, sans arrêt en perte d'équilibre, comme les bébés qui apprennent à marcher.

L'autonomie est soumise à une grande ambivalence. Pour l'adolescent, c'est le « vertige de la liberté » mais, en contrepartie, la peur d'avoir à supporter les conséquences de ses décisions, de ses actes. Pour les parents, c'est la fin d'une période de vie animée et déterminée par le rôle parental[1]. Le docteur Patrice Huerre, psychiatre spécialiste des adolescents, suggère un « lent rodage » qui éviterait « une autonomisation bâtie en réaction aux impossibilités parentales de l'accepter et/ou d'exercer leur autorité. »
Pourquoi lier l'autonomie à l'adolescence, pourquoi ne pas la donner plus tôt à l'enfant — ce qui ne veut pas dire le laisser faire ce qu'il veut quand il veut, sans règle aucune ? Apprends-moi à faire seul, disait Maria Montessori. Mais comment apprend-on à l'enfant à faire tout seul ?
On agit devant lui, on parle de soi, de son métier, du plaisir que l'on a dans ses propres activités. On lui montre l'exemple. On l'accompagne d'un regard bienveillant dans ses essais, ses erreurs, on le responsabilise peu à peu. On l'ouvre au monde et, faisant ainsi, on le projette dans l'avenir. Il suffit aussi d'un peu plus d'intérêt, non pour le fait qu'il ait réussi ou non, mais pour le plaisir qu'il a eu, ce qu'il a pensé, la façon dont il est parvenu seul à faire quelque chose. Et cet intérêt change tout à l'affaire. C'est fou ce que l'enfant peut apprendre quand dans sa tête il se sent libre et qu'on prend le temps de l'accompagner.

→ **VOIR ORIENTATION ; IDÉAL PARENTAL**

(1) Dr Patrice Huerre et Françoise Huart, *Voyage au pays des adolescents*, Calmann-Lévy, 1999.

Bibliothèque

« Que lis-tu en ce moment ? »
À cette question, certains enfants répondent :
« Je ne lis pas.
— Tu n'as pas de livres ?
— Je les ai tous lus. »
À moins qu'ils ne disent : « Je n'aime que les livres qui parlent d'animaux ou de sport », ou encore : « Je n'aime que les bandes dessinées. »
Si l'on veut qu'un enfant lise, il doit toujours avoir à sa disposition au moins deux livres. Il faut, s'il n'accroche pas à l'un, qu'il puisse en commencer aussitôt un autre. Alors inscrivez le vôtre à une bibliothèque et allez-y avec lui régulièrement. Montrez-lui le plaisir que vous avez à choisir vos livres, à feuilleter les revues. Le plaisir est communicatif.
De plus, ce lieu est idéal pour chercher des documents en vue d'un exposé, pour consulter des cartes de géographie, parcourir des ouvrages très différents.

Que va trouver votre enfant à la bibliothèque ?

• **Des ouvrages de référence courante.** Ce sont, entre autres, les dictionnaires, les encyclopédies, les atlas, les grammaires. Apprenez-lui comment faire pour les consulter.
• **Des périodiques :** magazines, revues, journaux. Attardez-vous à la bibliothèque pour qu'il ait le temps de parcourir un article sur les animaux ou toute chose qui l'intéresse.
Les plus grands y puiseront une foule d'informations économiques ou scientifiques. Ils pourront lire, par exemple, un éditorial sur la Chine, qui éclairera leur cours d'histoire, un article sur le clonage, qui apportera des données complémentaires à ce qu'ils apprennent sur l'ADN en cours de biologie.
• **Des ouvrages de fiction :** romans, nouvelles, contes... Le choix est grand.
Si votre enfant n'est pas un bon lecteur, trouvez ce qu'il aime (aventure fantastique ou biographie d'un champion). Ne lui interdisez pas les bandes dessinées ; donnez-lui le goût d'autres lectures ; lisez à tour de rôle ; parlez ensemble de ce que vous avez lu.
S'il est bon lecteur, essayez de varier ses lectures, d'élargir ses choix.
• **Des livres documentaires.** Ce sont des ouvrages traitant de thèmes particuliers : peinture, photo, sport, archéologie, histoire, nature, voyage... Il y a sûrement un domaine qui devrait l'attirer.

(1) Voir Livres

Biorythmes

La vie de chacun est régie par des rythmes hebdomadaires, mensuels ou annuels, et par des rythmes plus rapides, quotidiens : les rythmes circadiens (veille, sommeil, nutrition, production d'hormones, température).
Le corps humain subit de nombreuses fluctuations au cours de la journée. Elles influent sur les performances intellectuelles et physiques, et, selon les heures, le rendement du travail scolaire n'est pas le même.

Les capacités d'attention, de mémorisation, de compréhension, de réflexion, bref les capacités intellectuelles, sont à leur maximum le matin jusqu'à midi (attention, il y a un creux en tout début de matinée, entre 8 et 9 heures) ; elles sont moindres après le déjeuner, puis s'élèvent à nouveau à partir de 16 heures jusqu'à 20 heures (heure solaire). Cette reprise de l'activité intellectuelle est proportionnelle à l'âge.
Selon les chercheurs en chronobiologie, les capacités de mémoire à court terme seraient excellentes le matin (utile pour les devoirs et tout ce qui demande un travail de réflexion) et celles de la mémoire à long terme en fin d'après-midi[1] (nécessaire pour les leçons, les révisions et tout ce qui demande à être appris, mémorisé).
Si vous ne pouvez pas grand-chose pour modifier les habitudes scolaires, tenez compte des biorythmes durant les vacances et les week-ends.
Bien entendu, ce qui précède est une indication. Ne contraignez jamais un enfant à des horaires qu'il dit n'être pas les siens. Conseillez-le. Proposez-lui d'essayer en lui expliquant qu'il aura plus de facilité à travailler, qu'il travaillera mieux et plus vite.

Conseils pour celui qui se réveille en forme le matin et se montre moins vigilant le soir :
- Profiter des heures du matin pour avancer son travail.
- Prévoir une petite pause[2] en rentrant de l'école avant de se mettre à ses devoirs. Elle défatigue et elle favorise l'attention.

Conseils pour celui qui a du mal à commencer sa journée et qui repousse sans cesse l'heure de se coucher :
- Avoir une petite activité physique (marche, gymnastique douce) au lever pour entrer plus vite dans une phase d'éveil actif, pour être efficace en début de matinée.
- Tenter de changer l'heure de l'endormissement en l'avançant d'un cycle. Il faut être attentif aux signes annonciateurs du sommeil (bâillements, yeux qui piquent...) et se coucher aussitôt.

Les enfants ont des capacités d'attention de une à quarante minutes selon la motivation, le type du travail et leur habitude de la concentration. Aussi, pensez à faire alterner les activités intellectuelles et les pauses, l'apprentissage et l'expression, la restitution.

(1) Voir Mémoire (Les deux mémoires)
(2) Voir Relaxation, respiration

BLOCAGE

Les parents parlent souvent de blocage quand ils évoquent les problèmes scolaires. Le blocage recouvre des situations allant du simple échec dans une discipline (mais qui peut perdurer au fil des années) jusqu'à la phobie de l'école et le refus d'y retourner. Il signifie en fait que l'enfant ne peut plus assumer un apprentissage.

SIGNES

Il y a bien sûr les notes, les résultats aux contrôles qui sont de bons indicateurs, mais aussi ce que dit l'enfant : « Le prof est nul » (Traoré, 6e), « Les maths, je déteste » (Nadia, 5e), Les écoles, ça devrait pas exister » (Julien, CM2).

Que l'enfant soit stressé avant un contrôle, qu'il ait particulièrement du mal à ouvrir ses livres et ses cahiers, que travailler les maths ou apprendre les conjugaisons avec lui provoque des drames familiaux : autant de signes qui, pris séparément, ne signifient pas forcément que l'enfant est « bloqué », mais peuvent alerter avant que le handicap ne se cristallise.

CAUSES

Le blocage est la résultante non pas d'un échec à un contrôle mais d'une accumulation d'échecs mémorisés dans une matière. Si des ressentis négatifs s'y ajoutent, comme des problèmes relationnels avec un professeur ou les parents en raison de ces échecs, ils finissent par engendrer un rejet de la matière, parfois même de toute la situation d'apprentissage quand l'enfant rencontre de grosses difficultés dans plusieurs matières et qu'aucune réussite ne le valorise par ailleurs.
Il existe différentes causes possibles au refus d'aller à l'école : mésentente grave avec des camarades ou avec l'enseignant, surdité ou myopie non détectées et handicapantes. Il peut s'agir également de problèmes familiaux ponctuels tels qu'un deuil ou un divorce, générateurs d'une angoisse liée à la peur de l'abandon ou de la disparition des parents. Ainsi Cécilia (CM1), qui vivait dans la terreur de ne plus retrouver sa mère à la sortie des classes et a refusé d'aller à l'école pendant tout un trimestre.

SOLUTIONS

➔ CE QU'IL NE FAUT PAS FAIRE

N'affrontez pas de face le blocage en accumulant les exercices, en passant le dimanche avec votre enfant le nez plongé dans ses livres pour rattraper le retard.
Ne le menacez pas, ne le punissez pas. Ne lui promettez pas non plus monts et merveilles en cas de réussite.

➔ CE QU'IL FAUT FAIRE

Mettez l'enfant dans des situations où il peut vivre des réussites. Ces réussites doivent, dans un premier temps, toucher à d'autres domaines que celui où il est bloqué. Faites-lui accumuler les réussites et félicitez-le. Et seulement après, lorsqu'il a repris confiance en lui, attaquez-vous à la matière concernée. Là, il s'agit d'aller doucement, de vérifier dans un premier temps s'il possède les acquis nécessaires. Encouragez-le, accompagnez-le dans ses apprentissages. Dans le cas où travailler avec lui provoque des tensions, faites appel à un intervenant extérieur.
N'hésitez pas à consulter un pédopsychiatre ou un psychologue si le blocage n'est pas levé par ce simple soutien et si l'enfant en arrive à un décrochage scolaire.

→ VOIR AFFECTIVITÉ

BREVET
(préparation au)

LES RÉVISIONS DES DIFFÉRENTES MATIÈRES

RÉVISIONS D'HISTOIRE ET DE GÉOGRAPHIE

Les révisions doivent être terminées trois jours avant le brevet.
Que l'enfant pense tout au long de l'année scolaire à réactiver sa mémoire pour n'avoir pas à réapprendre les leçons mais simplement à les revoir.
Il faut les mémoriser en plusieurs fois :

- le soir même après le cours ;
- avant le cours suivant ou avant un contrôle ;
- une semaine après ;
- pendant les vacances (Toussaint, Noël, février, Pâques), mais sans oublier que c'est un temps de repos !

Qu'il aille évidemment à l'essentiel, c'est-à-dire qu'à chaque leçon corresponde un résumé, ou un plan, ou un savoir-faire, et que ce soit un travail personnel.
À chaque fois qu'il révise, dites-lui de le faire d'abord sans ouvrir son livre ou son cahier. Il retrouve la leçon dans sa mémoire puis il relit le cours.

RÉVISIONS DE MATHÉMATIQUES

Profitez des vacances pour conseiller à votre enfant de voir s'il est à jour, s'il a mémorisé identités remarquables, théorèmes, résolutions des inéquations... et s'il sait les mettre en application dans les exercices. Il ne suffit pas de revoir les cours, il faut aussi refaire les exercices traités en classe. Il peut consigner sur des fiches (à moins qu'il ne l'ait fait au fur et à mesure) les définitions, les théorèmes, les procédures de résolution afin d'y revenir les jours précédant l'examen.
Avant le brevet, dites-lui de revoir et de traiter des exercices variés sur chaque partie du programme. Là, plus que le nombre d'heures passées devant les cours ou sur les exercices, c'est sa capacité de concentration, l'intensité qu'il met à sa réflexion qui importent.

RÉVISIONS DE FRANÇAIS

Les révisions de grammaire sont facilitées par une réactivation régulière de ce qui est appris (nature et fonction des mots, des propositions), par le retour aux corrections des contrôles.
Un retour aux écrits est également nécessaire pour repérer les fautes grammaticales qui reviennent le plus souvent et les fautes dites d'inattention.
En ce qui concerne la rédaction, le travail va surtout porter, tout au long de l'année, sur les faiblesses notées par le professeur : introduction inexistante, langage familier, idées superficielles, etc. Les devoirs vont permettre de calculer le temps nécessaire à la lecture du sujet, la recherche des idées, la construction du plan, la rédaction au brouillon, la copie au propre, la relecture.

DES RÉVISIONS EN PLUSIEURS TEMPS

EN COURS D'ANNÉE

Incitez votre enfant à concentrer ses efforts sur ce qui peut lui poser problème. S'il ne le fait pas régulièrement, il ne sera pas à même d'y penser le jour du brevet. Il peut, par exemple, avoir besoin de travailler sur :

- la concentration ;
- la présentation et l'écriture (titres soulignés, encadrement des résultats en maths, ponctuation, espaces...) ;

- l'orthographe ;
- la vérification des calculs ;
- la tenue des brouillons (n'utiliser que le recto des feuilles — que l'on numérote —, écrire lisiblement) ;
- le respect du temps imparti (prendre l'habitude de travailler avec un réveil, apprendre à diviser son temps pour les différentes étapes de son travail).

LES TROIS DERNIERS JOURS

L'enfant travaille mais sans excès. Il se repose aussi, c'est-à-dire qu'il évite de se coucher tard. Préparez-lui, chaque matin, y compris le jour de l'examen, un petit déjeuner nourrissant.

LE JOUR DE L'EXAMEN

Rappelez-lui qu'il ne doit pas se précipiter. Il ne survole pas les énoncés[1], il les lit, c'est-à-dire qu'il les reformule avec ses mots pour s'emparer du sens. Que dit-on ? Que demande-t-on ? Il vérifie ensuite qu'il les a bien compris, qu'il n'a rien oublié. Après, seulement après, il commence à travailler. Rappelez-lui que près de la moitié des erreurs, des oublis, des trous de mémoire sont dus à une mauvaise lecture de l'énoncé.

→ VOIR RELAXATION ET RESPIRATION

(1) Voir Énoncé

BROUILLON

FICHE ÉLÈVE

FAIRE DES BROUILLONS UTILES

1 **Mes brouillons sont lisibles**
Je dois pouvoir relire facilement ce que j'ai écrit et recopier au propre sans faire d'erreur : j'écris ni trop gros, ni trop petit, pas trop serré, je laisse des espaces.
Je n'écris qu'une ligne sur deux pour pouvoir corriger facilement.
Quand je résous un problème, j'écris à gauche et je fais les opérations à droite.
Mes opérations sont lisibles pour que je puisse les vérifier (chiffres bien placés, retenues écrites en caractères plus petits).

2 **Pendant les contrôles, je n'écris qu'au recto des feuilles de brouillon**
Je peux ainsi classer mon travail et je m'y retrouve sans perdre de temps.
Je barre au fur et à mesure ce que j'ai recopié. Je barre également les calculs faux, un raisonnement erroné, pour ne pas risquer de me tromper dans le cas où j'aurais à recommencer mon travail.

CAHIER D'EXERCICES
(son rôle)

Il fut un temps où les parents d'élèves en primaire pouvaient suivre leur travail quotidien grâce aux devoirs. Ils savaient ce qu'ils avaient fait à l'école ce jour-là, ils pouvaient les aider en revenant sur ce qu'ils n'avaient pas assimilé, sur les points où ils avaient eu des difficultés[1]. Il n'y a plus de devoirs à faire à la maison, et c'est un bien pour les élèves, qui ne doivent pas être surchargés de travail. Malheureusement, consulter une fois par mois le cahier d'exercices, comme c'est souvent le cas, est loin d'être suffisant pour les parents désireux de savoir où en sont leurs enfants.

Comment aider un enfant efficacement dans les conditions actuelles quand on sait que c'est en partant des fautes, lesquelles sont chargées de sens, qu'il est le plus simple, le plus efficace de travailler[2] ?

Il faut en outre remarquer que les énoncés des exercices ne sont pas toujours portés sur ce cahier. Aussi, certaines erreurs ne peuvent être analysées, et l'on ne sait si elles proviennent d'une mauvaise lecture de l'énoncé (lecture superficielle ? incompréhension d'un mot ?), ou d'une méconnaissance, ou encore d'une erreur dans une règle que l'enfant connaît mais qu'il ne sait pas mettre en application dans un exercice.

LE CAHIER DE JEAN-BAPTISTE

Jean-Baptiste est un élève de CE2 ayant des difficultés scolaires que sa mère ne peut me préciser : « Il n'a jamais été très bon en français, et en mathématiques on dirait qu'il commence à perdre pied. »
Madame G. ne m'a pas amené le cahier d'exercices de son fils, comme je le lui avais demandé au téléphone quand nous avions pris rendez-vous : l'enseignant a oublié de le donner.

Parce que j'en ai l'habitude et sais ce que l'on peut attendre des élèves de CE2, que je connais leurs fautes les plus fréquentes, je repère rapidement les difficultés de Jean-Baptiste en français, mais je doute que beaucoup de parents aient pu le faire sans l'aide du cahier d'exercices.

Ses difficultés en mathématiques sont plus malaisées à cerner. Jean-Baptiste réussit tous les exercices que je lui donne à faire. Pourtant, il dit : « À l'école, je me trompe souvent. Je deviens aussi nul en maths qu'en français. »

Au deuxième rendez-vous, Jean-Baptiste vient sans son cahier ; son maître a de nouveau oublié de le lui remettre. Je tente malgré tout de repérer ses difficultés en mathématiques, tâche difficile parce qu'il ne parvient pas à me dire ce qu'elles sont, ni à me parler des exercices qui lui posent problème. Heureusement, alors qu'il fait une soustraction, il se trompe, et je note que le nombre le plus grand a un zéro, et que c'est en raison de ce zéro, dont il ne sait que faire, qu'il a commis une erreur.

$$\begin{array}{r} 450 \\ -\ 389 \\ \hline 79 \end{array}$$

La semaine suivante, Jean-Baptiste arrive très en retard. L'instituteur n'avait pas donné le cahier réclamé par madame G. le matin même. Elle a dû chercher l'instituteur dans l'école, qui a dû chercher le cahier dans son casier !

À l'examen de ce fameux cahier, je retrouve les difficultés que j'ai identifiées en français. Puis j'analyse avec Jean-Baptiste celles qu'il a en mathématiques.

- Il se trompe dans les additions si les nombres sont placés sur la même ligne :

1874 + **365** =

Je lui apprends à repérer visuellement les chiffres qu'il doit additionner ensemble, à commencer l'opération par les unités, ce qu'il comprend aussitôt et mémorise.

	1 874 + 365 =
1)	1 87**4** + 36**5** =
2)	1 8**7**4 + 3**6**5 =
3)	1 **8**74 + **3**65 =
4)	**1** 874 + 365

- Jean-Baptiste commet parfois des erreurs quand il s'agit de transcrire des nombres en lettres.

Pour écrire correctement les nombres, je lui conseille de les lire à voix haute et de transcrire ce qu'il s'entend dire[3]. Jusque-là, bien qu'il sût les lire, il les décomposait en les écrivant.

Ainsi, il écrivait : 2 800 325 = deux huit et trois cent vingt-cinq.

Voici ce que j'apprends à Jean-Baptiste : 2 800 325

Je dis : deux millions
J'écris : deux millions
Puis je dis : huit cent mille
J'écris : huit cent mille
Je dis ensuite : trois cent vingt-cinq
J'écris : trois cent vingt-cinq.

Je lui fais remarquer que s'il y a des zéros en tête de chaque colonne, il ne les prononce pas, bien entendu (2 **008** 325). Je dis : huit mille. J'écris huit mille.

Tout cela est maîtrisé en dix minutes, nous faisons quelques exercices afin que Jean-Baptiste acquière de l'assurance. C'en est fini des difficultés en calcul qu'il traînait depuis le début de l'année.

Ce que j'ai fait, grâce au cahier d'exercices, est de réajuster les connaissances de Jean-Baptiste, ce qui lui a évité de s'enliser dans des difficultés grandissantes, alors qu'elles se résumaient à « des pas grand-chose », comme il le dit lui-même à la fin de cette dernière séance de travail.

(1) Voir Corrections
(2) Voir Erreurs (L'intérêt de l'erreur)
(3) Voir Travailler à voix haute

→ VOIR TRAVAIL À LA MAISON
(PHASE D'APPRENTISSAGE INDISPENSABLE)

CALCUL

CALCUL MENTAL

Comment peut-on initier un enfant au calcul mental ? Il faut tout d'abord l'exercer à se représenter mentalement les nombres, à les mémoriser : l'une des difficultés rencontrées dans le calcul est de garder plusieurs nombres en mémoire tandis qu'on opère. « Quand je fais une addition dans ma tête, il y a des chiffres qui disparaissent. Si je m'occupe des unités, les dizaines s'effacent » (Johan, CE2).

Que votre enfant intériorise les nombres en se les disant et en les écrivant dans sa tête, puis faites-lui acquérir de l'agilité dans leur manipulation. Demandez-lui de compter de deux en deux, de trois en trois, de quatre en quatre, et cela de un à cent, ou à l'envers, de cent à un.

Enfin, passez au calcul. Donnez-lui des nombres à mémoriser auxquels vous lui demandez d'ajouter une unité, ou une dizaine, ou une centaine (ajouter une centaine à 85 234). Faites-lui faire des additions, en partant des plus simples (44 + 8), puis abordez les additions de deux nombres sans retenue, enfin les additions avec retenue. Faites de même avec les soustractions. Apprenez-lui enfin à multiplier ou à diviser un nombre par un chiffre quelconque, par 10, par 100, à multiplier par 11, à multiplier par 0,1, à diviser par 0,1. Dites-lui un nombre qu'il doit multiplier par mille ou un million, ou encore diviser par mille et qu'il trouve alors le quotient et le reste. Faites-lui chercher l'ordre de grandeur du résultat des divisions avant qu'il ne les fasse : cette anticipation est un très bon travail mental.

CALCUL PENSÉ

Le calcul pensé est la forme de calcul la plus aboutie. C'est une procédure basée sur des relations numériques connues : doubles, ajout d'une unité, de deux unités, retour au cinq (5 + x), décomposition en dizaines et en unités (10 + x). On peut faire du calcul pensé par écrit ou mentalement. Dans un premier temps, il est plus facile de passer par l'écrit pour habituer votre enfant à décomposer des nombres et à les recomposer.

DÉCOMPOSITION ET RECOMPOSITION DE NOMBRES

Enseignez à votre enfant :

- **L'utilisation des doubles**

7 + **8** =
7 + **7** +**1** =
Sept plus sept, quatorze, plus un, quinze
7 + 8 = 15

Donnez-lui des sommes de nombres séparés par une unité (6 et 7 ou 8 et 9) puis deux (6 et 8 ou 7 et 9).

- **Le retour au cinq**

6 + 15 =
1 + **5** + 15 = 21
Quinze plus cinq, vingt, plus un, vingt et un
6 + 15 = 21

- **La décomposition en dizaines et en unités**

1) le passage à une dizaine
9 + **3** =
9 + **1** + **2** = 12
Neuf plus un, dix, plus deux, douze
9 + 3 = 12

2) Le retour à une dizaine
11 + 6 =
10 + **1** + 6 = 17
Six et un, sept, plus dix, dix-sept

L'usage des doigts pour apprendre les nombres favorise l'appropriation de ces relations de type (5 + x) et (10 + x)[1]
Entraînez votre enfant à chacune de ces procédures, puis finissez par lui donner des calculs où il puisse choisir ses stratégies, encore que, selon les cas, certaines soient plus adaptées que d'autres.

JEU FAVORISANT LE CALCUL MENTAL ET LE CALCUL PENSÉ

Inspirez-vous du jeu « Le compte est bon » : il s'agira de trouver un nombre ou de s'en approcher au plus près, en additionnant, soustrayant ou multipliant des chiffres et des nombres. Les calculs seront plus ou moins complexes selon l'âge de l'enfant et sa dextérité avec les nombres.
Ce jeu peut se faire mentalement ou à l'aide d'un papier et d'un crayon.

(1) Voir Nombres

CALCULETTE

La calculette, utilisée comme outil d'exploration, est un instrument idéal pour faire vivre les nombres, les rendre plus familiers. Elle est indispensable au travail scolaire.
Grâce à elle, l'enfant vérifie ses opérations ; il gagne du temps quand il a des exercices avec de nombreux calculs ; il vérifie les propriétés numériques ou algébriques.
Faites en sorte qu'il se serve correctement de sa calculette. Car ce n'est pas parce qu'il est doué pour les jeux électroniques qu'il sait la faire fonctionner.
Contrôlez tout d'abord qu'il calcule en série, c'est-à-dire qu'il fait plusieurs opérations à la suite, sans passer par des résultats intermédiaires, ce qui complique la tâche et allonge le temps d'utilisation.
Apprenez-lui à respecter certaines précautions :

- vider la mémoire de la calculette avant de s'en servir (éteindre la machine ne suffit pas sur la plupart des modèles) ;
- respecter l'ordre de priorité des opérations si la calculette ne le fait pas : multiplication et division puis addition et soustraction. Calculer ce qui est d'abord à l'intérieur d'une parenthèse ;
- fermer une parenthèse qui a été ouverte.

Avant la classe de 4e, une calculatrice limitée aux quatre opérations numériques de base est suffisante. Pour les classes de 4e et de 3e, l'achat d'une calculatrice scientifique s'impose.

→ VOIR OPÉRATIONS ; NOMBRES ; PROBLÈME

CERVEAU

LE DÉVELOPPEMENT CÉRÉBRAL

Le cerveau ne se développe pas de façon constante. C'est ce que disent les chercheurs en neurosciences et en psychologie. Sa progression est sujette à des poussées entrecoupées de temps qui ne sont guère propices à l'apprentissage.
Si 3, 7, 11 et 15 ans sont généralement des âges favorables à la croissance intellectuelle, la période de début d'adolescence (classes de 5e, 4e, 3e) ne l'est guère. Ainsi, les capacités en langage et celles en calcul et raisonnement sont à leur maximum à 11 ans. Elles sont bien moindres après, laissant place à la maturation affective et sexuelle. À partir de 15 ans, période d'accélération, le cerveau retrouve ses capacités de réflexion et de créativité.
Pendant les périodes creuses, il serait bon de consolider les acquis antérieurs, de proposer des activités basées sur le concret et l'expérience.
Bien entendu, cela varie un tant soit peu en fonction des enfants et selon leur sexe[1].
Malheureusement, les programmes scolaires ne tiennent pas compte du rythme des poussées cérébrales, et vous n'y pouvez pas grand-chose. Mais savoir que le développement de l'intelligence se fait par poussées et paliers peut vous aider à être patient à certaines périodes : vous éviterez ainsi que votre enfant ne se défende avec des attitudes de rejet et de blocage.

(1) Cité par Hélène Trocmé-Fabre, *J'apprends donc je suis*, Éditions d'Organisation, 1987.

CERVEAU DROIT, CERVEAU GAUCHE

Le cerveau est composé de deux hémisphères spécialisés dans des tâches différentes. Ils sont en communication permanente et ont des rôles complémentaires.
Le cerveau gauche est performant dans le maniement des symboles : langage, calcul, algèbre. Il est logique, analytique et linéaire. Il est rationnel et séquentiel. Il aime la précision, la minutie, l'abstraction.
Le cerveau droit est à l'aise dans la perception de l'espace. Il est global, synthétique, intuitif. Il est le cerveau de l'imagination. Il est impulsif et émotif. Il aime l'analogie, la métaphore, le concret.

L'exemple de deux enfants construisant une cabane permet d'illustrer la différence entre les deux hémisphères.
Le premier recherche un endroit pratique pour la bâtir. Il étudie un modèle qu'il a vu, puis dessine un plan précis, après quoi il dresse la liste des matériaux dont il a besoin. Il rassemble ses outils. Il monte la cabane en suivant son plan et les différentes étapes prévues. Il met plusieurs jours pour l'achever.
Cet enfant, au cerveau gauche plus actif et éveillé que le droit, construit avec méthode, logique et un grand sens de l'organisation. Sa cabane est solide, fonctionnelle ; elle manque cependant d'un peu d'originalité.
Le second cherche un lieu qui lui plaise. Il imagine la cabane dans sa tête, ce qui lui suffit pour commencer à la construire en improvisant au fur et à mesure. Il se sert des matériaux et des outils qu'il trouve, se soucie peu de plans ou de technique. Il réalise en quelques heures l'assemblage de sa cabane en suivant son intuition et sa fantaisie.
Cet enfant a un cerveau droit dominant. Il fait sa cabane en se servant de son imagination, en y mettant toute sa fantaisie. Il a improvisé. Sa cabane est originale, sympathique, mais elle manque un peu de solidité.

COMPARAISON

FICHE ÉLÈVE

POUR APPRENDRE, JE DOIS SOUVENT COMPARER

Pour apprendre, je dois souvent comparer. Je me dis ce qui est semblable et ce qui est différent. C'est important dans chaque matière.

En géométrie, c'est nécessaire pour apprendre les figures.
J'apprends les figures géométriques en les comparant les unes aux autres. Quels sont les points communs du carré et du losange, quelles sont leurs différences ?

En orthographe, je compare le participe passé et l'infinitif des verbes du 1er groupe (chant*é*, chant*er*) et j'apprends à les différencier pour les écrire correctement.

En grammaire, je me demande par exemple comment reconnaître *que* pronom relatif et *que* conjonction de subordination.
Je fais la comparaison entre un adjectif possessif et un pronom possessif : point commun et différence.

En anglais, je compare le sens du présent simple et du présent progressif, je compare celui de *since* et de *for*, je m'entraîne à les utiliser.

En géographie, je fais des rapprochements de pays selon les climats, je compare des économies.

FICHE PARENT

POURQUOI DEMANDER À L'ENFANT DE COMPARER ?

Pourquoi demander à l'enfant de comparer ?
Associer des informations, les rapprocher, les opposer, leur trouver des correspondances, est une démarche qui permet un meilleur apprentissage.
La comparaison se montre extrêmement efficace pour s'approprier une information nouvelle, la mémoriser.
En quoi deux connaissances sont-elles semblables ? En quoi diffèrent-elles ?

COMPRÉHENSION

Qu'est-ce que la compréhension ? Prenons un puzzle dont on a perdu le modèle à reconstituer. On sait seulement que l'image représente un cosmonaute sur la Lune. Certaines pièces ont une couleur jaune plus ou moins foncé, et représentent le sol de la planète et la Terre qu'on aperçoit au loin. Rien ne permet de savoir si une pièce appartient à la Terre ou à la Lune, à moins de la raccrocher à un ensemble déjà reconstitué. D'autres pièces sont à elles seules plus explicatives. On sait au premier coup d'œil que l'une appartient au visage du cosmonaute. Il a la bouche ouverte : on se dit qu'il est surpris.
Grâce à des traits, des couleurs, on met de côté plusieurs pièces qui doivent appartenir à la fusée. On commence à en assembler quelques-unes. On est satisfait : l'image n'est pas encore toute reconstituée que l'on devine ce qu'elle représente. Finalement, se dit-on, rien que de très banal : un cosmonaute, à côté de sa fusée, regarde, émerveillé, la Terre au fond du firmament.
Or il n'en est rien. Si l'on prend le temps de rapprocher davantage de pièces ensemble, on s'aperçoit qu'il y a bien une fusée, mais elle ne se tient pas droite comme on se l'est imaginé, elle est couchée, cassée, et quelques morceaux jonchent le sol aux pieds du cosmonaute. Ah ! s'écrie-t-on, le malheureux est coincé sur la Lune ! Et sur les lèvres de l'homme, on remplace l'émerveillement par de la stupéfaction.
Si l'on fait toutes les connexions, que l'on termine le puzzle, on découvre, cachée derrière la fusée, une créature monstrueuse, confondue jusqu'alors avec un débris du moteur, et on a la scène dans sa réalité : un cosmonaute sur la Lune, à côté de sa fusée, qu'une créature extraterrestre vient de casser, et cela se voit à l'une des tentacules qui poursuit son travail de destruction. Les bras du cosmonaute pendent le long du corps, il est sans arme. Sur son visage, on peut lire les sentiments qui l'animent : il est seul, loin de la Terre, impuissant face à cet extraterrestre dangereux.
C'est un peu cela, la compréhension. Une information privée de son sens n'a pas d'utilité pour celui qui s'en empare. Quand l'information est comprise mais isolée des autres informations qui l'accompagnent, ou quand elle reste détachée des acquis, elle n'a pas de réelle valeur parce que le sens qui est le sien est moins important que le sens qu'elle apporte à l'ensemble et celui que l'ensemble lui donne en retour. Accrochée à un acquis, à d'autres connaissances, une information peut être mémorisée à long terme. Devenue un bien personnel, elle acquiert toute sa valeur.

→ VOIR SENS (LE SENS DANS L'APPRENTISSAGE)

COMPRÉHENSION OU PAR-CŒUR ?

LE PAR-CŒUR

Les enfants utilisent souvent le par-cœur pour être sûrs d'avoir bien mémorisé leurs leçons, mais cette méthode d'apprentissage superficielle ne leur sert qu'à très court terme. Ils oublient vite les leçons qu'ils n'ont pas vraiment comprises. Ils devraient passer par des processus mentaux plus complexes qui laissent des marques élaborées et profondes dans la mémoire : s'emparer du sens, se poser des questions, faire des corrélations, des comparaisons avec ce qu'ils savent déjà. Attention, passer par la compréhension ne veut pas dire que l'on délaisse la mémoire : on assimile l'information différemment et quand on répète, ce n'est pas à l'identique. Bien entendu, les enfants ayant besoin de s'appuyer sur le par-cœur pour étudier peuvent le faire, à une condition pourtant : bien comprendre ce qu'ils apprennent.

À ne pas oublier : **est acquis ce que l'on peut expliquer.**

Certains apprentissages néanmoins passent nécessairement par le par-cœur : les récitations, les tables de multiplication, les conjugaisons, les définitions, les théorèmes, les dates... Mais apprendre par cœur n'exclut pas les visualisations (récitations), la compréhension (théorèmes), les comparaisons (conjugaisons)[1], les associations (dates)[2], ni le fait de se parler dans la tête (tables de multiplication)[3].

LA COMPRÉHENSION

Quelle est l'étymologie du mot *comprendre* ? Il vient du latin *comprehendere* qui veut dire saisir. Comprendre, c'est se saisir du sens. Comprendre, c'est établir un lien entre une information nouvelle et ce que l'on connaît déjà ; de ce lien naît le sens. La mémorisation passant par la compréhension (mémoire procédurale) est à l'opposé du par-cœur (mémoire déclarative), stockage d'informations isolées les unes des autres. **Elle est une mémoire qui sollicite l'intelligence et qui a l'avantage, du fait qu'elle relie les informations entre elles, de permettre, en cas d'oubli, de les retrouver par déduction.**

Les savoirs liés à la compréhension sont mieux ancrés et plus puissants que les savoirs acquis avec le par-cœur. Certains enfants se débrouillent tout au long du primaire en ne s'appuyant pratiquement jamais sur le sens. Mais l'arrivée au collège leur pose quelques problèmes, et, si ce n'est déjà fait, ils s'écroulent au lycée. Il est dommage d'apprendre les mathématiques et la grammaire en ne mémorisant que des savoir-faire[4], absurde de mémoriser une leçon d'histoire en la lisant et relisant jusqu'à pouvoir la réciter[5]. Où est le sens ? Comment trouver une motivation à ces apprentissages ?

(1) Voir Conjugaison
(2) Voir Leçon (Dates)
(3) Voir Opérations
(4) Voir Savoir-faire
(5) Voir Leçon

→ VOIR MÉMOIRE ; GRAMMAIRE ; MATHÉMATIQUES (LE SENS)

COMPRÉHENSION
(lecture et)

Les résultats d'une étude réalisée en 2003 par l'Éducation nationale montrent qu'en fin de cycle des apprentissages fondamentaux, près de 20 % des élèves sont incapables de prélever des informations explicites dans un récit. Les conclusions sont sévères, car le rapport dit par ailleurs que, en CM2, il s'agit souvent de « balayer rapidement l'ensemble du texte » et d'en dégager des informations qu'il est d'ailleurs possible de prélever sans bien le comprendre. D'après ce rapport, la progression dans la lecture serait négligée, la lecture de textes de plus en plus longs et de complexité croissante ne serait pas considérée comme un apprentissage et donc pas organisée comme tel[1].

Si la plupart des élèves n'ont pas de difficulté avec des phrases formées d'un sujet, d'un verbe, de compléments d'objet, de compléments circonstanciels, ils ne comprennent pas si quelques complexités grammaticales ou de vocabulaire se glissent dans la phrase. Ils ne se saisissent pas des informations implicites.

La compréhension dépend de plusieurs facteurs, tous aussi essentiels.

LE MOT EST IDENTIFIÉ ET NON DEVINÉ

Le mot doit être identifié à partir de l'ensemble de ses lettres et non deviné en se servant du contexte.
Une étude portant sur les niveaux d'expertise en lecture des élèves à l'entrée de 6e met en évidence que 14 % d'entre eux ont des difficultés importantes : lenteur et mauvaise identification des mots[2]. Or, quand il lit, un enfant doit reconnaître le mot : il en a le sens. S'il le devine en prenant appui sur la phrase, il est un mauvais lecteur. Il dépense inutilement de l'énergie. Il devrait identifier le mot automatiquement et garder son énergie pour des tâches de niveau supérieur, c'est-à-dire la saisie des indices grammaticaux nécessaires à la construction du sens. Il ne faut jamais oublier ce qui a été clairement mis en évidence par les recherches : on ne peut être un bon lecteur si l'on ne sait identifier un mot. C'est la combinaison des lettres, et non le contexte, qui amène le sens du mot[3].

LE VOCABULAIRE EST CONNU

La méconnaissance d'un mot suffit souvent à empêcher la compréhension d'une phrase quand ce n'est pas du texte entier.
Mathilda (3e) doit traiter un sujet de réflexion sur le cinéma en réfutant la thèse de Georges Duhamel, lequel dit en substance que les œuvres d'art représentent une conquête, qu'il faut se surpasser pour les mériter ; or il n'y a pas à conquérir le cinéma. Il se donne, il s'offre. Il est sans mystère, il n'est pas un art[4].
Mathilda ne connaît des mots *conquête* et *conquérir* (qui se trouvent dans le texte) que le sens militaire, qu'elle ne transpose pas. Elle rend évidemment un devoir en partie hors sujet.

TROUVER DES INDICES

L'enfant prend des indices au-delà des seuls mots.
Pourquoi des enfants ne comprennent-ils pas ce qu'ils lisent alors que tous les mots d'un texte leur sont connus ? Beaucoup d'entre eux s'arrêtent à une compréhension morcelée du texte : ils ne font pas du texte un tout lié par des causes, des conséquences, des finalités, une chronologie...
C'est dans la compréhension d'un texte que la grammaire et la syntaxe prennent tout leur sens. On repère dans chaque phrase les indices grammaticaux qui vont permettre d'agencer les mots entre eux et de construire le sens. Puis on lie les phrases les unes aux autres. Là encore, il y a des indices conventionnels, des indices de cohérence textuelle. Ils sont essentiels ; grâce à eux, on respecte le texte et on s'en saisit entièrement et avec justesse.

Il y a des mots liens, des pronoms dont il faut chercher à quoi ils renvoient, il y a des temps qui datent les actions, des modes qui disent si ce sont des faits réels ou non...

TIRER DES DÉDUCTIONS

L'enfant tire des déductions de ce qu'il lit. Les mauvais lecteurs ne font pas d'inférences, ils ne trouvent pas les informations implicites dans le texte, soit parce qu'ils ne savent pas se l'approprier, soit parce que la culture nécessaire leur manque (connaissances historiques, géographiques, artistiques...). Ou encore ils ne font pas les bonnes inférences : ils font des hypothèses que rien dans le texte ne vient étayer.
Aucun texte ne donne tous les éléments nécessaires à sa compréhension. C'est donc au lecteur de déduire de ce qu'il lit d'autres informations qui donnent une cohérence au texte. Cette démarche est si évidente à un bon lecteur qu'elle est inconsciente. Elle n'est pas automatique pour tous.

TROUVER LES ÉLÉMENTS IMPLICITES

« Tous les jours, les diplodocus doivent manger une grande quantité de végétaux pour nourrir leur grand corps. Mais leur tête est si petite qu'ils ne peuvent en avaler beaucoup à la fois. Ils doivent donc passer leurs journées à brouter[5]. » Que comprennent Jeanne, Rébecca et Olivier (CM2) à cette lecture ? À la question posée par l'instituteur : « Pourquoi le diplodocus doit-il manger toute la journée ? », Jeanne répond : « Parce qu'il est grand », Rébecca et Olivier : « Parce qu'il a une petite tête ». Comme, parcourant leur devoir, je leur demande d'apporter des précisions à leur réponse, ils me regardent, surpris. Jeanne dit : « C'est ce qu'il y a écrit. » Ils ne savent aller plus loin et répètent la même chose.
Je prends alors un crayon et je dessine un dinosaure avec un ventre gigantesque, une tête minuscule sur laquelle je mets une bouche. Puis je leur pose de nouveau la question, à savoir pourquoi le diplodocus doit brouter toute la journée ? Ils trouvent l'élément implicite du texte qui est la bouche du dinosaure, et Pierre s'écrie : « Comme il a une petite bouche, il ne peut pas avaler de grandes quantités à la fois. Pour remplir son grand corps, il est obligé de manger tout le temps. »

S'APPROPRIER LE TEXTE

Il faut apprendre à l'enfant à tirer des informations supplémentaires d'un texte en se l'appropriant complètement. Il lit le texte qui est au-dehors de lui et, ce faisant, il le fait passer au-dedans de lui : sa représentation mentale est une traduction exacte et complète, si complète qu'il y glisse ce que le texte laisse entendre sans le dire. S'arrêter après une phrase longue ou complexe ou à la fin d'un paragraphe, pour prendre le temps d'installer en soi ce que l'on vient de parcourir, permet d'éviter une lecture superficielle, où la seule saisie est celles des éléments simples et explicites.

(1) « Appréciation des compétences en lecture et en écriture et leur évolution dans le temps », *Rapport de l'Éducation nationale*, n° 11, décembre 2003.
(2) E. Bonjour et J. Gombert, « Profils de lecteurs à l'entrée en 6e », *L'Orientation scolaire et professionnelle*, 33, 1, 2004.
(3) Alain Bentolila, *Lecture : enjeux de société*, Folivres de Grillon, 1994.
(4) Georges Duhamel, *Scènes de la vie future*, 1930 ; éd. Mille et une nuits, 2003.
(5) D'après Jean-Michel Mazin, *Au temps des dinosaures*, Nathan, 1983, 1998.

Le mieux est sans doute de lire un texte avec l'enfant et de discuter avec lui des informations apportées indirectement. Savoir tirer des informations implicites des textes l'aidera pour tout travail de compréhension (français, histoire, géographie...).
« Au petit matin, Pauline prit la route qui conduisait à la base de lancement, où l'attendait la fusée qui devait l'emmener vers Mars. Dans le phare de sa moto, elle aperçut un lapin qu'elle faillit écraser ; elle freina et la moto dérapa sur le verglas. »
L'enfant imagine qu'il est un détective. Il se fait une représentation mentale du texte. Quels indices peut-il trouver ? « Dans le phare » : il fait encore nuit ou assez sombre. « Elle aperçut un lapin qu'elle faillit écraser » : Pauline se trouve probablement sur une route à la campagne. « La moto dérapa sur le verglas » : il fait froid...

On peut aussi faire lire un texte à l'enfant, puis énoncer des phrases ayant un rapport avec le texte. Ces phrases représentent soit des faits, soit des inférences, soit des suppositions, des jugements personnels. Si l'on dit : « Pauline roule en moto vers la base de lancement », c'est un fait. Si l'on dit : « Pauline veut aller sur Mars », c'est une supposition, car il se peut que ce soit faux et qu'elle y soit obligée pour une raison ou une autre. De même, dire « Pauline est courageuse » est un jugement personnel, fondé sur ce que l'on pense d'un voyage sur Mars, sur ses propres craintes. « Il fait froid » est une inférence : on déduit qu'il fait froid du fait qu'il y a du verglas sur la route. Mais on ne peut déduire de ce fait que c'est l'hiver, car il arrive qu'il gèle au début du printemps ou à la fin de l'automne.

→ VOIR MOTS DE COMPRÉHENSION ; MOTS CLÉS ET IDÉES PRINCIPALES

FICHE **PARENT**

POUR QUE L'ENFANT COMPRENNE CE QU'IL LIT

Travaillez avec lui sur des textes courts. Travaillez régulièrement.
Mieux vaut de brèves séances quotidiennes que de longues séances occasionnelles.

1. L'enfant lit une fois en essayant de traduire le texte, de se l'approprier : les mots se transforment en sens. Si un mot lui est inconnu, vous le lui expliquez.
2. Il relit pour compléter si nécessaire. Il explique le texte avec son vocabulaire personnel.
3. Il cherche les mots qui vont relier ensemble les images et les bouts de sens dont il s'est emparé, les articuler (*puisque, pendant ce temps, dans ce but*).
4. Une dernière lecture doit lui permettre de vérifier s'il a compris l'ensemble du texte et s'il n'est pas resté aux seuls éléments les plus évidents pour lui.

ATTENTION : si votre enfant est en grande difficulté, soyez patient. Vous énerver ne ferait qu'aggraver la situation. Montrez-lui plutôt comment vous faites ou, mieux, faites avec lui. Apportez à ce travail un côté attrayant et ludique afin de ne pas le bloquer davantage. Donnez-lui l'impression qu'il est un détective à la recherche d'indices qu'il doit finir par rassembler – ce à quoi se résume d'ailleurs la compréhension.

Concept et structure

Il faut structurer l'information, extraire idées principales et concepts du savoir tel qu'on le trouve souvent dans les cours ou les manuels, c'est-à-dire un savoir morcelé, noyé sous les détails.

Britt-Mari Barth[1], professeur à l'Institut supérieur de pédagogie, suggère un travail qui conduit les élèves à distinguer le concept, ses caractéristiques et les exemples. Cette démarche leur permet de s'affranchir de la diversité des détails, des exemples (considérés pour eux-mêmes), pour accéder aux relations abstraites sous-jacentes. Les concepts permettent de construire des catégories mentales plutôt que de s'intéresser aux objets et aux faits concrets. Ils servent à un recentrage sur les savoirs.
Qu'est-ce qu'un meuble (dénomination) ? C'est un objet, c'est mobile ; il sert à l'aménagement, il a des formes rigides (attribut essentiel). Il sert à l'aménagement d'habitation (attribut secondaire), à l'aménagement de locaux (attribut secondaire). Une armoire, une chaise, un lit (exemples) sont des meubles.
Qu'est-ce qui caractérise un mammifère ? C'est un animal, un vertébré. Il a une température constante, il respire grâce à des poumons et il allaite ses petits. Le fait de définir par des attributs spécifiques ce qu'est en général un mammifère et de ne pas se référer à un mammifère en particulier (le chat), c'est donner le concept du mammifère. Le concept est une représentation mentale générale et abstraite, à l'opposé de la représentation d'un « objet » concret particulier. Le concept *mammifère* englobe tous les mammifères et n'a rien à voir avec la représentation de mon chat. Mon chat n'est qu'un exemple de ce que peut être un mammifère. Le concept englobe un nombre d'exemplaires que l'on peut classer en catégories.

(1) *L'Apprentissage de l'abstraction*, Retz, 1987

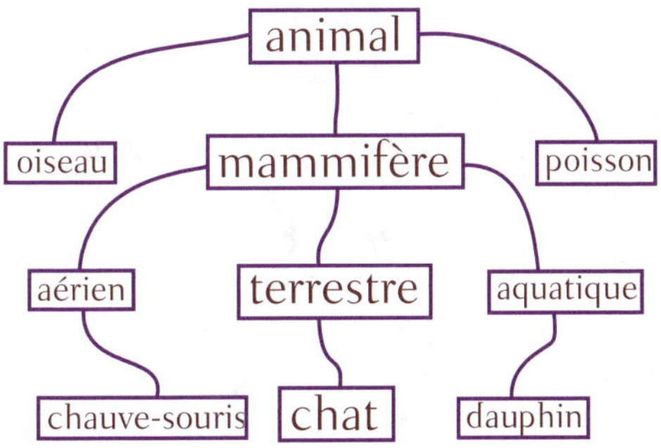

Il est évident que la répartition en catégories diffère selon le niveau de connaissances et le travail (on pourrait classer les mammifères selon qu'ils sont terrestres, aériens ou aquatiques, ou selon qu'ils sont carnivores, insectivores, omnivores ou végétariens). Attention : faire des catégories ayant pour but de structurer les connaissances, évitez, à moins que l'enfant ne pose des questions, de jouer au spécialiste, d'ajouter des éléments et des exemples qui noieraient le concept.

Travailler sur les concepts et la structure

Le concept et la structuration rigoureuse de l'objet à étudier (leçon d'histoire, de géométrie, règle de grammaire...) permettent à l'enfant de donner du sens au contenu.

Quand il apprend la Révolution française, travaillez sur le concept de révolution, ce qui lui évitera de croire que la révolution industrielle du XIXe siècle était une révolte et s'est faite dans un bain de sang (onze élèves de 4e sur vingt interrogés par nos soins confondaient révolution et révolte). Quand votre enfant apprend Louis XIV et la monarchie absolue, travaillez avec lui sur le concept de monarchie (quatorze de ces élèves liaient automatiquement les mots monarchie et absolue : ils n'imaginaient pas qu'une monarchie puisse être démocratique).

Travaillez en partant de ce que l'enfant connaît, non seulement parce que l'on ne construit pas sur du vide, mais cela vous permettra de relever des erreurs telles que : « Les oiseaux ne volent pas de la même façon à cause de leur différence de poids », ou encore : « Il y a des oiseaux qui volent en plané, ils vivent le jour, et d'autres qui ont un vol saccadé, ce sont les hiboux et les chauves-souris car ils ne voient pas bien, ils vivent la nuit. »

STRUCTURER LES LEÇONS

Le cerveau mémorise bien plus facilement des connaissances assemblées dans une architecture logique et cohérente que des mots, des faits isolés.

L'une des causes principales des difficultés de l'enfant vient du fait qu'il ne sait pas structurer ses idées. Il va donc falloir, quand il lit ses leçons, que vous lui appreniez à hiérarchiser, c'est-à-dire à enregistrer d'abord la structure d'ensemble (le « squelette » de la leçon, les idées principales articulées), puis la structure développée (les « muscles », les idées secondaires qui traitent les idées principales), et enfin les détails (« le système pileux »), les points particuliers, les exceptions que, curieusement, il met un point d'honneur à mémoriser.

Ainsi, pour l'apprentissage des déterminants, commencez par le déterminant en général, son rôle. Puis passez aux différents déterminants : articles définis et indéfinis, adjectifs possessifs et démonstratifs... Enfin, voyez les articles définis élidés (l'), contractés (au, du...), les articles partitifs, désignant une quantité indéterminée (du, de la...), les déterminants obligatoires (*mon* livre) et ceux qui sont complémentaires (mon *autre* livre)...

DIFFÉRENTS TYPES DE STRUCTURES

Structurer ses idées, c'est les mettre en forme, suivre un plan, une logique. Une pensée, un texte, un récit, une leçon d'histoire ne peuvent être stockés en éléments juxtaposés dans la mémoire, non plus que restitués en désordre, au fil d'une pensée vagabonde. Pour être compris, mémorisés, utilisés de façon claire, il faut qu'ils aient été organisés, classés dans un ensemble structuré.

➔ LA STRUCTURE SPATIALE

Elle est celle utilisée pour disposer des choses dans un espace les unes par rapport aux autres : cartes de géographie, figures géométriques.

➔ LA STRUCTURE CHRONOLOGIQUE

On la trouve dans un récit ou un texte historique : on raconte les faits, les événements, dans l'ordre où ils se sont passés.

➔ LA STRUCTURE PAR CATÉGORIE

On classe les informations selon différents types. On étudie ainsi un pays en traitant plusieurs aspects : géographique, climatique, économique, social… On traite du pouvoir en France en abordant, l'un après l'autre, le pouvoir exécutif, le pouvoir législatif et le pouvoir judiciaire.

LA STRUCTURE PAR HIÉRARCHIE

On part de la généralité pour aller aux particularités ou, à l'inverse, on part du détail pour aller à l'ensemble.

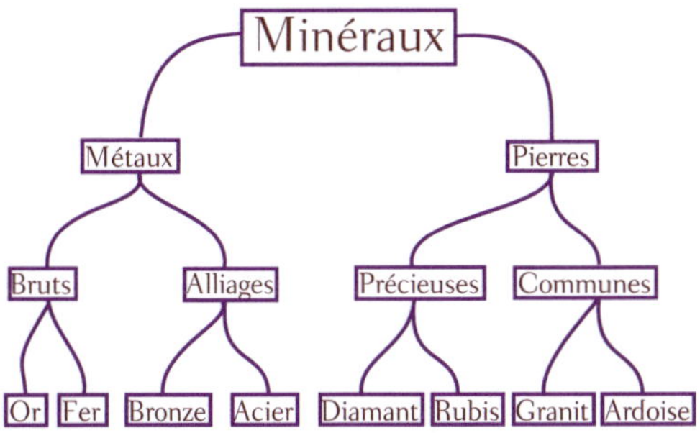

LA STRUCTURE CAUSE/ÉVÉNEMENT/CONSÉQUENCE

Elle est utile pour étudier des événements historiques. Ainsi la guerre de 1914-1918.
CAUSES : rivalité des États européens, deux systèmes d'alliance…
ÉVÉNEMENTS : déclaration de guerre, guerre de mouvement, de tranchées…
CONSÉQUENCES : disparition de quatre empires, carte de l'Europe centrale modifiée…

LES STRUCTURES DÉDUCTIVE ET INDUCTIVE

En partant de la loi, de l'idée, on arrive aux faits. On peut effectuer la démarche inverse, c'est-à-dire partir de faits ou d'exemples pour arriver à une loi, à une idée. Il s'agit de démontrer. Ces structures sont à utiliser dans les exposés, les sujets de réflexion.
La plupart des paragraphes d'une dissertation sont de type déductif : on présente l'idée principale que l'on étaye ensuite d'idées secondaires ou d'exemples. Dans une structure inductive, les exemples ou les faits sont d'abord exposés, puis on dégage l'idée principale.

LA STRUCTURE ARGUMENTATIVE

Il s'agit de comparer les aspects opposés d'un même problème, d'un sujet, d'une réalité ; d'exposer le pour et le contre, ce qui est positif et ce qui est négatif. On utilise cette structure pour traiter des sujets comme « Le rap est-il générateur de violence ? »

LA STRUCTURE COMPARATIVE

Elle sert à comparer deux réalités : on note leurs ressemblances, leurs différences. Elle est utilisée dans les sujets de réflexion ou dans certains devoirs d'histoire ou de géographie.
EXEMPLES : Comparer l'économie américaine et l'économie russe.
Entre un film et un livre, lequel permet le mieux de connaître le monde ?

CONJUGAISON

Les conjugaisons ne peuvent s'enseigner en éléments isolés. L'enfant n'apprend pas le présent d'un verbe, puis celui d'un autre, enfin leur imparfait, leur futur… Il se sert d'un tableau où sont portés les verbes être, avoir et les verbes réguliers — soit un verbe de chacun des groupes (1er, 2e, 3e). Ces verbes sont placés côte à côte et non recto-verso sur une feuille. L'enfant garde par ailleurs à sa disposition les conjugaisons des verbes irréguliers.

Il compare les temps (Je chant*ai* au passé simple et je chant*ais* à l'imparfait)
Il remarque le *r* toujours présent dans les verbes au futur et au conditionnel : j'au*r*ai(s), je chante*r*ai(s).

Il observe et mémorise les terminaisons possibles.
Je : **e**, **s**, **ai**, **ais**, **x** (je veux, je vaux, je peux)
tu : **s** (sauf impératif 1er groupe), **x** (veux, vaux, peux)
il : **d**, **a**, **t**, **e**
nous : **s**
vous : **s**, **z**
ils : **nt**

Il se donne des modes d'emploi pour écrire correctement certaines terminaisons.
Il se dit : quand, après **je,** j'ai un verbe qui se termine par le son ai, je remplace dans la phrase le **je** par **tu**

Je chantai / tu chantas
Je chantais / tu chantais
Je chanterai / tu chanteras
Je chanterais / tu chanterais

Quand il fait une erreur à un verbe, il l'analyse en revenant au tableau des conjugaisons.

→ VOIR TABLEAUX ;
ORTHOGRAPHE (ACCORDS) ; VERBE

COPIE

FICHE **ÉLÈVE**

QUAND JE COPIE UN TEXTE

Quand je copie un texte, qu'il soit écrit dans un livre ou au tableau :

1 **Je lis un bout de phrase** (un seul mot s'il est compliqué ou si je suis au CP).

2 **Je me parle les difficultés de chaque mot :** doubles consonnes, lettres muettes, accents, écriture des différents sons (in, im, ain…)
Je note les marques du féminin, du pluriel, la terminaison des verbes…

3 **Je copie les mots que je viens d'observer.**

4 **Puis je lis un autre bout de phrase** (ou un autre mot)…

ATTENTION : je ne dois jamais couper un mot et le copier en deux fois.

FICHE **PARENT**

FAIRE COPIER LES MOTS QUI ONT DU SENS

« Pauline arrivait. Elle était vêtue de mousseline bleu pervenche et d'un drôle de couvre-chef qui lui faisait une tête d'oiseau. »

L'élément minimal à mémoriser est une unité de sens. L'enfant mémorise une graphie associée à un sens. Pour cette raison, il ne doit jamais couper un mot, le copier en deux fois. Il ne peut copier « mousse » puis « line », ou « per » puis « venche ». Cette démarche priverait ces mots de sens.

L'enfant lit : « Pauline arrivait. » Il se parle les particularités de ces mots, leurs difficultés, Il remarque la majuscule et le « au » de Pauline, les deux « r » à « arrivait » et la terminaison de ce verbe.
« Elle était vêtue ». Il note l'accent circonflexe mais aussi le « e », marque du féminin, à « vêtue » (c'est Pauline qui est vêtue).

Puis l'enfant copie ce qu'il a mémorisé. Attention, il ne doit pas écrire des sons – ce que font la plupart des enfants en difficulté –, mais copier les mots écrits dans sa tête et qui ont du sens. Il prononce les mots au fur et à mesure qu'il les écrit (syllabe après syllabe).

Avec l'habitude, cette forme de copie ne prend guère plus de temps que celle faite généralement. Elle est une aide à l'apprentissage de l'orthographe, orthographe des mots, mais aussi orthographe grammaticale si l'enfant fait des ponts entre les mots ; par exemple entre « Pauline », sujet, et la terminaison du verbe « arrivait », entre « Elle » (Pauline) et « vêtue ».

CORRECTIONS

DE L'IMPORTANCE DES CORRECTIONS

La correction des erreurs est partie intégrante de l'apprentissage. Et quand je dis correction, je ne parle pas seulement de celle faite en classe avec l'enseignant ; car 80 % des corrections ne sont pas enregistrées par l'élève : il ne comprend pas, ou est inattentif, ou encore la correction ne va pas dans le sens de l'erreur.
Je m'explique. Les erreurs sont chargées de sens[1]. Si l'enseignant corrige un exercice de grammaire et qu'il demande à l'élève de copier la règle qu'il aurait dû appliquer, il se peut que celui-ci se dise : « J'aurais dû écrire ceci ou cela, la prochaine fois, je ferai attention, je... », bref, il se peut qu'il corrige dans sa tête et qu'il pense à ne plus refaire cette erreur. Mais il est possible aussi que le retour à la règle ne lui amène rien de plus dans son apprentissage, parce qu'elle n'entraîne pas automatiquement le savoir-faire, ou parce que la règle ne contrarie en rien le sens dont est chargée l'erreur.

LA FAUTE D'ADAM

Dans une dictée, Adam a confondu « et » avec « est » : « La voiture *est* rouge *est* puissante. » Son instituteur lui demande de corriger sa faute et d'expliquer pourquoi. Adam écrit alors : « La voiture *est* rouge : *est* parce que c'est le verbe être ; *et* puissante : *et* parce que c'est une conjonction de coordination. »
Quelque temps plus tard, Adam répète son erreur. Son instituteur lui dit alors en rendant son devoir : « Tu rêves, tu n'es pas attentif. » Et quand, une semaine plus tard, sa mère regarde son cahier, elle commente : « Mais tu te moques de qui ? Tu connais ta grammaire. À quoi pensais-tu ? » Adam vient chez moi, précédé d'une réputation déjà solide — et il n'est qu'en CE2 ! : rêveur, incapable du moindre effort d'attention, avec « un petit côté je-m'en-foutiste ».
Je vérifie ce qui m'a été rapporté : Adam connaît la différence entre le verbe *être* et la conjonction de coordination *et*, mais il se trompe parfois ; pas souvent. À bien y regarder, je note que jamais il ne se trompe quand il y a un seul de ces mots dans la phrase. Ainsi, il écrit sans faute des phrases comme : « Le chat de Léon, du fait de l'adoption d'un chiot par la famille, est parti une nuit. Il n'est plus jamais revenu. Le chiot gémit et tremble. Il est encore bien petit. »
Il fait des erreurs quand ces deux mots sont réunis dans une phrase telle que : « Le chiot *est* noir et petit. » Il écrit : « Le chiot *est* noir *est* petit. » Je demande à Adam :
« As-tu réfléchi avant d'écrire tous les mots ?
— Oui, j'ai pensé avant d'écrire *est*.
— Peux-tu m'expliquer comment tu as fait ?
— J'ai dit : Le chiot était noir. Donc, c'est le verbe être. J'ai écrit *est*.
— Très bien.
— Puis j'ai dit : était petit, donc c'est le verbe être. J'ai écrit *est*. »
Adam a raison (en tout cas, ses raisons !) car il peut dire « était petit », mais il a commis une erreur car il ne peut dire : « Le chiot était noir était petit. »
Adam n'était pas inattentif. Il ne se moquait de personne. Seulement, on ne lui

avait pas appris à relire toute la phrase ou, selon les cas, la partie signifiante de la phrase. Le mode d'emploi, pour reconnaître le verbe être, lui avait été donné tel quel, mais on n'avait peut-être pas pris suffisamment le temps de mettre en application ce savoir-faire, de lui montrer sa complexité. Surtout, personne n'avait pensé à analyser ses erreurs avec lui, à trouver leur sens.

LAURA ET LES FIGURES GÉOMÉTRIQUES

Laura est en CM1. Elle ne reconnaît pas toujours les rectangles, elle confond carré et losange. Je regarde le cahier de classe de Laura. Elle y a dessiné un carré, un rectangle et un losange correctement. Je dessine à mon tour des figures géométriques qu'elle nomme sans se tromper.
Je parcours son cahier[2]. Sur l'une des pages sont représentées des figures géométriques orientées différemment. Je cache ce qui est écrit (ses réponses et les corrections) et je lui montre les figures.

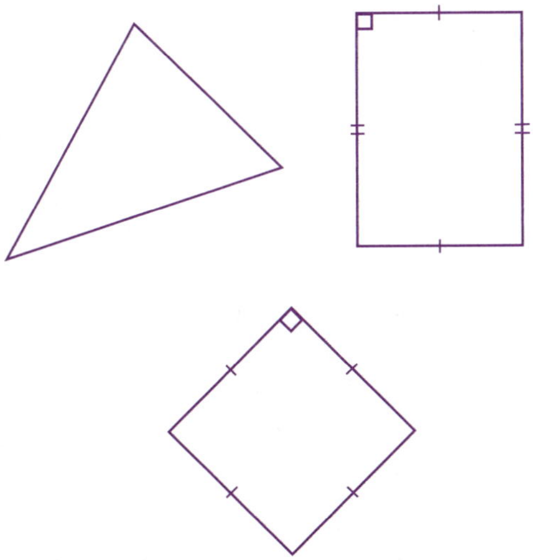

Laura identifie le triangle. Puis elle se trompe : elle dit que le carré est un losange. Elle affirme ne pas connaître la troisième figure. Ce sont exactement les réponses qu'elle a faites en classe une semaine plus tôt.
Laura a enregistré dans sa tête des formes géométriques vues sous une certaine orientation et, dès que ces figures lui sont présentées autrement, elle ne les reconnaît plus. Pour elle, les longueurs d'un rectangle sont horizontales et ses largeurs sont verticales. Un carré ne peut exister que dessiné le plus bêtement possible, avec des côtés horizontaux et d'autres verticaux. Si par rapport à un plan supposé, c'est-à-dire la feuille devant elle, les côtés du carré sont à l'oblique, ils ne sont plus reconnus comme appartenant à un carré, mais à un losange, et cela bien qu'un angle droit soit représenté dans la figure.
Je demande à Laura de dessiner des carrés, des rectangles et des losanges. Elle les découpe. Je les lui fais poser sur une grande feuille dans différentes orientations. Je lui dis ce qui différencie un carré d'un losange : leurs angles (droits pour le carré). Laura a compris.

(1) Voir Erreur (l'intérêt de l'erreur)
(2) Voir Cahier d'exercices (son rôle)

→ VOIR PROJET

FICHE **ÉLÈVE**

LES CORRECTIONS SONT À ADAPTER

Je m'intéresse moins à mes notes qu'aux corrections, aux remarques du professeur : mauvaise lecture d'énoncé, fautes dites d'inattention, écriture illisible... J'y penserai lors de mes prochains contrôles.

Je reviens sur les corrections faites en classe si je ne suis pas certain de les avoir comprises.

En dictée. J'analyse l'orthographe des mots. J'analyse les fautes grammaticales : qu'aurais-je dû écrire ? Pourquoi ?

En expression écrite. Je concentre mes efforts sur les points précis que le professeur a relevés par une remarque. Par exemple : maladresse, lourdeur, répétition...

En grammaire. Je revois les points de grammaire auxquels j'ai fait une erreur, je trouve leur mode d'emploi.
Comment puis-je différencier l'indicatif et le subjonctif ? Comment puis-je reconnaître un COD, un verbe à la forme passive ?

En mathématiques. Je refais, une semaine plus tard, les problèmes et les exercices que je n'ai pas su faire et que l'on a corrigés en classe. Je vérifie ainsi que j'ai bien compris la correction.

En langue vivante. Je corrige l'orthographe des mots.
Je les mémorise après avoir observé les lettres qui les composent.
J'apprends le vocabulaire non mémorisé.
Je consulte ma grammaire si je ne comprends pas une correction (temps d'un verbe, construction grammaticale...) Qu'aurais-je dû écrire ? Pourquoi ?
Je me fais des exemples sur ce point de grammaire.

FICHE **PARENT**

LES CORRECTIONS SONT UNE NÉCESSITÉ

Les corrections sont une nécessité. Elles font partie intégrante de l'apprentissage. Un devoir ne devient intéressant qu'à partir du moment où l'enfant analyse ses erreurs. Les corrections faites par l'enseignant sont de deux ordres ; elles signalent la faute ; elles disent parfois ce que l'enfant aurait dû écrire. Elles ne sont pas suffisantes. L'enfant doit procéder à ses propres corrections. Il suit attentivement les explications de l'enseignant lorsque celui-ci en donne. À les écouter, il comprend et il sait ce qu'il aura à faire dans un exercice similaire ou pour appliquer cette règle. Il se dit : « La prochaine fois, je m'arrêterai à..., je serai alerté par..., je penserai à..., je n'oublierai pas... » Si l'enseignant ne donne pas d'explication, l'enfant analyse ses fautes à la maison, et il est alors dans l'intention de ne plus les refaire. Il mémorise ses corrections. Il se projette dans l'avenir : il sait où devra porter son attention, à quoi il devra penser avant d'écrire. Une chose à ne jamais oublier : une faute ne l'est que si elle n'est pas corrigée. Autrement, elle est une erreur qui fait tout simplement partie de l'apprentissage.

DÉFINITION ET THÉORÈME

FICHE **ÉLÈVE**

APPRENDRE UNE DÉFINITION, UN THÉORÈME

1 **Je lis la définition** ou le théorème.

2 **Je vérifie que je comprends :**
- **chaque mot** de cette définition,
- **le sens exact** de cette définition.

Je peux m'aider en mémorisant un exemple.

3 **J'apprends par cœur la définition.**

ATTENTION : les mots doivent toujours avoir du sens quand je les prononce ou quand je les écris.

FICHE **PARENT**

APPRENDRE UNE DÉFINITION, UN THÉORÈME

Le plus souvent, l'enfant apprend des définitions sans en appréhender vraiment le sens, même si on le lui a expliqué. Il faut donc vérifier qu'il comprend le sens de chaque mot contenu dans la définition, son sens général.

S'il apprend ce qu'est une démocratie, « pays où le peuple exerce un pouvoir par l'intermédiaire des gens qu'il a élus », il doit savoir ce que signifient « le peuple », « exercer le pouvoir », « intermédiaire », il doit savoir concrètement ce que sont les élections. Une fois familiarisé avec ces mots, votre enfant comprendra-t-il vraiment ce qu'est la démocratie ? Pas vraiment, s'il n'a pas au moins une vague idée des régimes totalitaires.

Il peut s'aider d'un exemple significatif pour comprendre et mémoriser une définition.

De même, il faut être attentif, quand il récite un théorème, à ce qu'il ne récite pas un condensé de mots plus ou moins abstraits, mais à ce qu'il évoque quelque chose qui a un sens pour lui. S'il dit : « Un parallélogramme est un quadrilatère dont les côtés sont parallèles deux à deux », il faut que, ce faisant, il sache ce qu'est un quadrilatère, figure à quatre côtés, qu'il imagine les côtés opposés parallèles, et comprenne enfin en quoi le parallélogramme est un quadrilatère particulier.

Dialogue
(enfant/parents/enseignants)

Parents et enfant devraient réfléchir ensemble à la vie de la famille, aux problèmes scolaires. Réfléchir, dialoguer. Mettre en commun ce qui concerne l'école, son éducation. Et on voit, quand ce n'est pas ainsi, les conflits éclater entre parents et enfant, les dresser face à face, régulièrement, sans que cela aboutisse à des solutions. On retrouve les sempiternels reproches de part et d'autre, les parents accusant l'enfant de ne pas en faire assez, et celui-ci en retour accusant ses parents de ne penser qu'à l'école et de ne pas avoir le temps de partager autre chose avec lui.

Toute cette crispation va à l'encontre d'un épanouissement intellectuel, d'un éveil. La logique voudrait que s'organise une communauté de sens et d'interaction entre parents, enseignants et enfants : davantage de partage, de parole aussi, des décisions prises en commun. Ils participeraient ensemble à des discussions au sujet des programmes et du travail.

Évoquant l'incompréhension réciproque qui opposent dans « une guerre de tranchées » parents et enseignants, Philippe Meirieu[1], spécialiste des questions éducatives, propose une réflexion commune : « Pourquoi ne pas élaborer ensemble un nouveau carnet de correspondance qui satisfasse à la fois les parents et les enseignants ? Pourquoi ne pas travailler [...] sur l'usage éducatif de la télévision ? Réfléchir ensemble sur les moyens de donner le goût de lire ? Échanger sur les règles du vivre-ensemble, auquel il faut former à la fois en famille et à l'école ? En cherchant les convergences nécessaires et en respectant le rôle de chacun. »

Parents et enseignants se crispent sur leurs positions, les premiers voulant être partie prenante quant à l'orientation, aux sanctions, aux choix des méthodes, les seconds craignant qu'ils ne menacent par leurs interventions leur autonomie pédagogique. Et les enfants dans tout ça ? Ils ont l'impression de ne pas être écoutés : « Jamais on parle ensemble des vrais problèmes de la classe » (Zoé, 3e), « Pourquoi on nous écoute pas ? » (Jean, 5e), « Nous, on n'a pas le droit de parler. On peut qu'obéir » (Ted, CM2).

L'année scolaire, qui souvent se termine en déliquescence après le dernier conseil de classe, pourrait être **un temps de réflexion, une occasion de dialogue enfant/parents/enseignants : difficultés rencontrées, sujet ou cours qu'on aurait pu aborder autrement, mais aussi plaisirs intellectuels, paliers difficiles franchis, programme de l'année suivante, connaissances acquises et à acquérir.** Un temps de questionnement. Comment combiner liberté et rigueur ? Comment prendre en compte la différence de chacun, son rythme personnel et les contraintes imposées par le groupe ? Quelle est la finalité d'une discipline ? Comment évaluer un apprentissage ? Quelles sont les conditions d'un succès ? Comment se servir d'un échec ? rythmer une progression ? Comment naviguer entre le savoir, le savoir-être, le savoir-faire ?

Les enfants ne peuvent être exclus de cette réflexion sans préjudice. On ne peut décemment leur demander de participer de façon active à des apprentissages sur lesquels ils n'ont aucune prise.

(1) Dans *Le monde n'est pas un jouet*, Desclée de Brouwer, 2004.

Dictée

Essayons d'avoir un aperçu du travail mental demandé à l'enfant au cours d'une dictée (ou de l'écriture d'un texte) — exercice des plus complexes parce que, s'il veut écrire sans faute, l'enfant doit successivement faire marcher tous les mécanismes de sa pensée : attention, compréhension, réflexion... Que se passe-t-il dans sa tête ?
Imaginons un professeur dictant à ses élèves la phrase suivante : « Les éléphants suivent un chemin qui serpente dans la savane. »
L'un des enfants n'est pas concentré. Il pense à sa cousine qui est allée en Afrique. Il voit dans sa tête l'image de sa cousine. Comment pourrait-il écrire correctement ? Il voit vaguement les éléphants, il ne voit guère mieux le mot *éléphant* (problème de concentration).
Un autre n'a jamais mémorisé le mot éléphant. Et le fait de l'avoir lu plusieurs fois ne change rien à l'affaire. Il sait qu'il y a un *h* dans le mot, mais où ? (problème de mémorisation).
Un enfant imagine les éléphants. Mais comment pourrait-il écrire sans faute le mot *éléphant* alors que sa pensée est remplie d'éléphants et seulement d'eux. Il ne voit pas écrit *éléphant*. Sa pensée n'est pas adaptée à la tâche, il n'a pas traduit, dans le but de l'écrire, le mot que disait le professeur, il ne l'a pas traduit avec des lettres (travail mental inefficace).
Un quatrième ne retranscrit pas le sens. Il écrit des sons. Et il peut écrire des choses extravagantes : *zélé fan* ou *serpent te*.
Un autre écrit correctement les mots, mais il les écrit l'un à côté de l'autre. Il place, côte à côte, des bouts de sens : (éléphants, chemin). Il ne passe pas par la compréhension du texte. Si vous lui demandez : « Qui serpente dans la savane ? » Il hésite et peut tout aussi bien répondre « les éléphants » que « le chemin ». Comment pourrait-il écrire la terminaison de *serpente* correctement puisqu'il ne connaît même pas le sujet de ce verbe (problème de compréhension) ?
Un sixième est en attente du miracle. Il attend que les fautes lui sautent aux yeux. Il n'a pas de stratégie. Il écrit et relit un peu au hasard. C'est pour cette raison que s'il écrit correctement la terminaison du verbe *serpente*, il se pourrait qu'il fasse une faute si la phrase lui était dictée un autre jour. Il ne tient pas compte de ses fautes passées, elles ne lui servent pas à progresser (manque de travail sur l'erreur). Il n'a pas repéré les déclencheurs qui doivent l'arrêter et l'amener à réfléchir, les déclencheurs tels que les articles *un*, *les*, le verbe dont il faut rechercher le sujet, bref les mots qui doivent l'avertir qu'il lui faut réfléchir (manque de stratégie).
Près de lui, un enfant s'arrête à ces mots déclencheurs. Il lui arrive même de connaître parfaitement les règles de grammaire dont il a besoin. Mais comment appliquer ces règles ? Comment réfléchir ? Il sait qu'il faut s'arrêter à chaque verbe et chercher son sujet. Mais comment chercher le sujet du verbe *serpente* (problème de réflexion) ?
Un autre enfin se croit nul, et ils sont nombreux à être dans ce cas. Il a le souvenir de toutes les dictées où, malgré ses efforts, il a fait des fautes, beaucoup de fautes. Il sait qu'il n'est pas bon en dictée. Et ce ne sont pas seulement ses fautes qui le prouvent, mais aussi ce que ses

parents lui ont dit : « Tu es mauvais en orthographe », ou encore : « Tu es comme moi, j'avais toujours des zéros en dictée. » Alors, malgré sa volonté consciente, malgré son désir de bien faire, une petite voix le persuade qu'il n'y arrivera pas et il n'y arrive pas. Sa dictée est pleine de fautes (problème lié à de fausses croyances, au stress).

LES FAUTES DITES D'INATTENTION

« Pourquoi, quand tu écris, oublies-tu d'appliquer les règles de grammaire que tu connais ?
— Ce sont des fautes d'inattention. »
Le mot est lâché : fautes d'inattention. Il est sûrement d'ailleurs le mot le plus employé par les enfants pour expliquer leurs erreurs quand ils écrivent. Analysons ce que ces fautes signifient pour eux.
« Il y a trop de choses où être attentif, parfois j'en laisse passer » (Noémi, CM2).
« Je regarde mes phrases, je vois des choses et j'en vois pas d'autres » (Laetitia, CM1).
« Il y a tellement de mots où je dois m'arrêter quand j'écris une dictée ou même un devoir, je ne sais plus quels mots, ni pourquoi. Pourtant je suis bon dans les exercices de grammaire, je ne fais pas de fautes » (Luc, 5e).
« J'sais pas pourquoi je fais tant de fautes parce que toutes ces règles je les connais. Je me dis que je vais y penser. Je dois être distrait » (Fabien, CM1).
« Je sais qu'il faut que je pense à des fautes qui reviennent dans mes devoirs. Mais il y en a toujours que j'oublie » (Manon, 6e).
« Je n'ai pas le temps de réfléchir à tout. Alors je fais des erreurs » (Guillaume, 4e).

LES POÈTES DE LA DICTÉE

Ces enfants expriment parfaitement les difficultés rencontrées quand ils écrivent. Ils s'arrêtent, pas tout à fait par hasard, lorsqu'un mot les accroche. Ils font retour alors à un point de grammaire, contents d'avoir pensé à la majuscule, à l'accord du participe passé, à ce *ou* diabolique qu'ils n'ont pas, pour une fois, confondu avec son homonyme. Et les voilà repartis. Ils écrivent, transcrivent des sons, parfois des sens, et s'arrêtent quand, miracle, quelque chose les interpelle. Mais quoi ? Pourquoi ? Pourquoi un verbe les arrête-t-il et pas un autre ? Pourquoi pensent-ils à l'accord de leur en début de dictée et pas à la fin ? Ces enfants sont des poètes de la dictée. Ils vagabondent alors que, dans cet exercice, il faut être logique et rigoureux.
Poètes ne veut pas dire paresseux ou démotivés. En tout cas, ils ne le sont pas au départ. Ils le deviennent parfois lorsqu'ils sont fatigués de voir leurs efforts — parce qu'ils font des efforts — récompensés par des zéros. Ils attachent sûrement autant d'importance à la dictée que les autres, les « bons ». Seulement, ils ne savent pas faire autrement qu'en folâtrant.
La plupart, comme Luc, savent appliquer une règle quand on le leur demande, savent par exemple accorder les verbes avec leur sujet, mais il est autrement complexe de s'arrêter à chaque verbe, perdu au milieu d'une quantité de mots et de règles auxquels penser[1].

(1) Voir, dans Erreurs (Les trois erreurs), l'expérience faite avec des adultes

UNE DIFFICULTÉ À LA FOIS

Si votre enfant est un poète, s'il est en grande difficulté ou tout simplement s'il fait assez souvent des fautes dites d'étourderie, deux choses peuvent l'aider.

➔ APPRENEZ À VOTRE ENFANT À ANALYSER UN TEXTE

Donnez-lui un paragraphe à lire. Demandez-lui de justifier l'orthographe des mots (orthographe grammaticale). Il n'a pas à réciter les règles de grammaire parce que cela n'est pas nécessaire en dictée, mais il doit connaître leur mode d'emploi.
« Léon et Pauline escaladèrent la montagne par un chemin en lacet. Essoufflés, ils marchaient en silence. Je voudrais me reposer, dit Pauline. »
L'enfant explique :
— *et* parce que je peux le remplacer par *et puis* : « Léon *et puis* Pauline » ;
— *escaladèrent* avec *ent* car le sujet du verbe est « Léon et Pauline » ;
— *lacet* au singulier parce que ça veut dire « un chemin comme un lacet » ;
— *essoufflés* : pas d'auxiliaire avec ce participe, donc il s'accorde comme un adjectif. *Essoufflés* s'accorde avec *ils*, qui sont Léon et Pauline.
— *reposer* : je m'arrête parce que c'est un verbe qui se termine pas le son « é ». Je dis : « je voudrais mordre », donc je mets *er* à la fin du verbe.

➔ DEMANDEZ-LUI DE DRESSER UNE LISTE DE SES FAUTES GRAMMATICALES

PAR EXEMPLE : *on* et *ont* ; *ce* et *se* ; l'accord du participe passé quand il est conjugué avec avoir ; *leur(s)* ; l'accord sujet/verbe...
Il va s'attaquer à chacun des points de la liste, mais l'un après l'autre, ou à deux points à la fois, mais pas davantage. Il peut décider, par exemple, de résoudre le problème qu'il a avec *on* et *ont*. Il s'arrête à chaque fois qu'il les écrit. Dès qu'il prononce dans sa tête un de ces mots (qu'il a guetté comme le pêcheur le poisson), il cherche dans sa mémoire ce qui lui permet de reconnaître le sens de ce mot, et seulement ensuite il l'écrit. Il fait cela à l'école, dans une dictée, un contrôle d'histoire, mais aussi à la maison, dans ses devoirs.
Une fois ce point grammatical devenu un automatisme, l'enfant le barre de sa liste et il s'attaque à une autre difficulté.

→ VOIR ORTHOGRAPHE ; LISTES

FICHE ÉLÈVE

LA DICTÉE, UN EXERCICE COMPLET

1 **Avant la dictée, quand le professeur lit le texte, je l'écoute pour le comprendre.**

2 **Quand j'écris, je pense au sens du texte.**
Cela est nécessaire pour tous les accords (sujet/verbe et déterminant/nom/adjectif).
– Je cherche dans ma tête l'orthographe des mots.
– Je suis attentif à tous les points grammaticaux que je viens d'apprendre et à ceux où je suis en difficulté. Je les cherche et je m'y arrête.
Je me pose alors des questions, je retrouve la règle ou des exemples dans ma mémoire.

3 À la relecture de ma dictée, je prononce, avec ma voix intérieure, chacun des mots et je m'écoute. **Je vérifie** ainsi que je n'ai pas oublié de lettres, de mots.
Je reviens sur les règles auxquelles je n'ai pas eu le temps de réfléchir pendant la dictée.

UN EXERCICE COMPLEXE

La dictée (ou l'écriture d'un texte) est sûrement l'un des exercices les plus complexes qui soient. Elle fait appel à la mémoire des graphies des mots, à la compréhension du texte (« Le professeur leur donne trop de devoirs. Ils s'en moquent » : *ils* ou *il ? devoir* ou *devoirs ?*), à la transcription de sons en mots (*sans, cent, sens, sent, s'en ?*). Elle nécessite l'analyse, une parfaite possession de savoir-faire, l'automatisme des acquis...

PREMIER TEMPS

Pendant la lecture faite par le professeur avant la dictée, l'enfant doit comprendre le texte, et par comprendre, j'entends s'emparer du sens. Si le texte parle de petits hippopotames dodus jouant dans la rivière, l'enfant visualise les hippopotames, ils sont petits et dodus. Se saisir du sens va l'aider quand il écrira, pour accorder les sujets et les verbes, les noms et les adjectifs...

DEUXIÈME TEMPS

Au cours de la dictée, l'enfant pense au sens du texte comme il l'a fait à la première lecture. Pour les terminaisons, les accords, il cherche qui est annoncé par les déterminants (non seulement les noms mais les adjectifs qualificatifs), qui se cache derrière les pronoms (*il* ou *ils*, *que*...).
Il retrouve dans sa mémoire l'orthographe des mots.
Il analyse les mots, en n'oubliant pas qu'il lui faut parfois revenir en arrière (exemple : pour trouver un COD dans le cas de l'accord d'un participe passé utilisé avec avoir ou pour trouver l'antécédent d'un pronom relatif).
Cette analyse est grandement facilitée si l'application des règles a été automatisée au fur et à mesure de leur apprentissage[1]. Si ce n'est pas le cas, vous l'aidez à reprendre chaque point où il fait des erreurs, même d'inattention.
Tout d'abord, il apprend le mode d'emploi[2] des règles d'orthographe, puis il s'exerce à les utiliser le plus rapidement possible. Le mode d'emploi ne veut nullement dire la règle, laquelle n'est pas forcément nécessaire dans la dictée. Le mode d'emploi est un savoir-faire : savoir, au moment où il écrit, qu'il doit penser à un point de grammaire. Qu'est-ce qui l'alerte ? Quelles questions se pose-t-il alors ?

TROISIÈME TEMPS

C'est le temps de la relecture, temps important pour ceux qui sautent des lettres, des mots.
À ces enfants, il faut apprendre à prononcer avec leur voix intérieure les mots qu'ils écrivent, syllabe après syllabe, il faut leur apprendre aussi à s'entendre relire avec leur voix intérieure. La prononciation du mot, découpé en syllabes (parfois grâce à leur doigt servant de cache), permet aux dyslexiques de remarquer qu'ils ont interverti des lettres et de corriger leurs erreurs.

(1) Voir Automatisme
(2) Voir Savoir-faire

FICHE **ÉLÈVE** PRIMAIRE

UN EXERCICE À PRÉPARER

1 **J'apprends le texte par cœur.**
Et je me fais des images.
EXEMPLE : « Les chevaux blancs couraient au bord de la mer et sous leurs sabots volait le sable. »
Je vois les chevaux, ils sont blancs. Je vois plusieurs sabots heurter le sable.
Cela me sera utile pour ne pas oublier les marques du pluriel.

2 **Je m'arrête aux mots dont je ne connais pas l'orthographe.**
Je note les lettres muettes, les consonnes simples ou doubles, les terminaisons, les accents, l'écriture des différents sons (o, au, eau).
« sabot » : je note le *o* et le *t* muet à la fin du mot.
J'écris les mots dans ma tête.

3 **J'analyse l'orthographe grammaticale :** les accords sujet/verbe, déterminant/adjectif/nom, la terminaison des verbes, les homonymes (ses, ces, c'est...), les majuscules...
« leurs sabots » : un *s* à « leurs » et à « sabots » car il y a plusieurs sabots.
« volait » : *ait* parce que le verbe est à l'imparfait. Attention, il est au singulier car c'est le sable qui volait. Le sujet de « volait » est après le verbe.

4 **J'écris mon autodictée.**
J'essaie de retrouver les mots que j'ai mémorisés, je me souviens de ce que je me suis dit à propos des accords, de la terminaison des verbes.

5 **Je la corrige.**
Je la compare avec le modèle, mot après mot.
Si j'ai fait une faute, je l'analyse, puis je corrige dans ma mémoire.

FICHE **PARENT**

UN EXERCICE À PRÉPARER

L'autodictée doit être préparée en analysant grammaticalement l'orthographe et non seulement en la mémorisant. Ainsi, l'enfant prend de bons réflexes, il apprend à analyser ce qu'il écrit : il connaît souvent les règles de grammaire mais ne sait comment les utiliser. Cet exercice d'analyse est sans doute le meilleur pour mettre en pratique sa grammaire, pour savoir écrire sans faute.

DYSLEXIE

La dyslexie, selon la définition adoptée par la Fédération mondiale de neurologie, est un trouble que l'on retrouve chez l'enfant qui, malgré une scolarisation régulière, ne développe pas les habiletés de lecture, d'écriture et d'épellation de façon proportionnelle à ses habiletés intellectuelles. Cela peut être la difficulté à apprendre certaines lettres ou à les engranger toutes. Ou celle de l'enfant qui n'arrive à rien intégrer.
On estime que l'on peut diagnostiquer la dyslexie entre 6 et 8 ans quand l'enfant ne parvient à apprendre ni à lire ni à écrire, et cela de façon durable, alors qu'il a un quotient intellectuel tout à fait normal.
Plus de 4 % des enfants auraient un problème de dyslexie. On avance même le chiffre de 10 %, encore que certains orthophonistes parlent de véritable épidémie de fausse dyslexie, la plupart des mal-lisants reçus à leur cabinet étant de mauvais lecteurs, perturbés par un apprentissage de la lecture qui leur est inadapté.
Les problèmes rencontrés en lecture sont du domaine de la reconnaissance auditive des phonèmes (unités simples de parole, éléments sonores), de la discrimination visuelle des formes graphiques. La dysorthographie, ou difficulté à l'apprentissage de l'orthographe, est caractérisée par le nombre important et le type très varié de fautes (usage, orthographe grammaticale, erreurs phonétiques...). Ces troubles sont les manifestations les plus fréquentes de la dyslexie.

LES SIGNES DE LA DYSLEXIE

Ce qui révèle ce trouble, ce ne sont pas les erreurs commises par l'enfant, mais leur fréquence et leur persistance malgré sa volonté d'y remédier.
- **Les inversions.** Les lettres ou les syllabes d'un mot sont souvent désorganisées. *Cabane* est lu *bacane*. *Facilement* est écrit *falicement*.
- **Les confusions visuelles et phonétiques** L'enfant confond les lettres qui sont proches graphiquement : *b* et *d*, *u* et *n*... Il confond également des lettres qui se ressemblent phonétiquement : *f* et *v*, *a* et *oi*...
- **Les omissions.** À la lecture ou quand il écrit, il oublie des lettres ou des syllabes. Il lit *éphant* pour *éléphant*, *puce* pour *pouce*. Il écrit *prossus* pour *processus*.
- **Les ajouts.** Une lettre, une syllabe, sont glissées dans le mot. Le jeune dyslexique lit *point* au lieu de *pont*. Il écrit *livièvre* au lieu de *lièvre*.

L'enfant ne peut associer des graphies ordonnées dans l'espace (assemblage de lettres en mots, de mots en propositions, de propositions en phrases) et des structures phonétiques ordonnées dans le temps (phonèmes qui deviennent des mots puis des phrases parlées).
La difficulté à lire entraîne une lenteur dans la compréhension du texte et parfois dans l'ensemble des activités scolaires ; des problèmes d'attention, celle-ci étant sollicitée par le déchiffrage ; une fatigabilité accrue, due à cet effort d'attention.
Lorsque les troubles de lecture diminuent ou disparaissent, il persiste souvent des problèmes au niveau de la compréhension de ce qui est lu ainsi qu'au niveau de l'expression écrite et de l'orthographe.

Ces enfants savent apparemment lire. En fait, ils ne comprennent pas ce qu'ils déchiffrent. Il peuvent relire plusieurs fois un texte sans parvenir totalement au sens. Ils souffrent également quand ils écrivent un texte : ils ne maîtrisent pas les symboles du langage.

LES CAUSES DE LA DYSLEXIE

La dyslexie ne serait pas due à un déficit intellectuel ou socioculturel, à une mauvaise méthode d'enseignement. Elle porte sur une incapacité d'encodage linguistique. Si des problèmes affectifs sont souvent identifiés, ils découleraient de ces difficultés à l'apprentissage et n'en seraient nullement la cause. Certains évoquent un retard spécifique de maturation, d'autres un dysfonctionnement cérébral minime, d'autres encore un trouble de la latéralité. Selon des hypothèses de travail récentes, il pourrait s'agir d'une cause somatique, mais les chercheurs manquent encore de données claires. En fait, nul n'a encore déterminé avec précision les origines de la dyslexie.

OÙ SE SITUE LE DYSFONCTIONNEMENT ?

Quand on donne à voir une lettre à un enfant, son cerveau se saisit de la forme de la lettre qu'il a devant lui (perception), puis il l'identifie. Après quoi, il la met en rapport avec une référence, c'est-à-dire qu'il la décode, pour enfin la programmer en vue de la lecture. Ces étapes se succèdent très vite pour un bon lecteur, plus lentement pour un dyslexique.
Partant de l'hypothèse que chez le dyslexique les temps de transmission sont trop lents, des exercices ont été conçus aux États-Unis, dans le but de raccourcir la séquence entre la perception et la mise en œuvre. On fait faire à l'enfant une gymnastique perceptive. On le stimule de plus en plus rapidement grâce à un système d'écran vidéo et de joysticks. Il semble que sa perspicacité, son temps de perception des phonèmes apparaissant sur l'écran soit réduit de 150 à 17 millisecondes. Sur le plan auditif, on le soumet à la même gymnastique mentale, en lui faisant percevoir des sons espacés de 300 millisecondes, pour en arriver à un écart de 16 millisecondes.

LES TECHNIQUES DE RÉÉDUCATION

Si certains cas se caractérisent par leur persistance et leur résistance aux abords orthophonique, pédagogique ou psychothérapique classiques, la plupart répondent assez bien à la rééducation.
Créativité et multisensorialité sont deux aspects qui peuvent aider l'enfant dyslexique à sortir de ses troubles : tous les sens doivent être sollicités et toutes les potentialités artistiques (dessin, musique, danse), exploitées... Quand on lui apprend l'alphabet, il peut dessiner les lettres sur un carton, les découper, puis les prendre dans ses mains et, en les touchant, faire leur connaissance. Il peut aussi les mimer avec son corps, les dessiner en grand par terre et parcourir les lettres en marchant. Une orthophoniste, Béatrice Sauvageot[1], rééduque ainsi les enfants en sollicitant tout leur univers sensoriel. Elle les aide à se servir de leur corps pour jouer avec les lettres et les mots. Au cours d'un exercice, les enfants se mettent en rang ; le

(1) B. Sauvageot et J. Metellus, *Vive la dyslexie*, Nil, 2002.

premier dessine une lettre sur le dos de son voisin, qui procède de la même manière avec un autre, et ainsi de suite jusqu'au dixième, qui reconnaît la lettre écrite. Il n'y a pas de déperdition. Pour un autre exercice, c'est un mot qu' ils doivent écrire avec leur corps. Cette technique propose une approche intéressante, dans la mesure où, les messages du corps étant intégrés facilement par les enfants, les lettres et les mots sont assimilés plus aisément.

➜ L'APPRENTISSAGE DE L'ORTHOGRAPHE D'UN MOT

Quand cela est possible, l'enfant doit mémoriser l'orthographe du mot sous l'image de sens de ce mot. Il dessine mentalement une planète et, sous cette image, il écrit le mot planète.
Puis la mémoire kinesthésique vient étayer la mémoire visuelle : écrire le mot avec son doigt dans l'espace avant de le mémoriser est une bonne chose. Ou encore manipuler des lettres mobiles. Ou utiliser des laines de couleur ou de la pâte à modeler pour l'écrire.

➜ L'APPRENTISSAGE D'UN MOT ABSTRAIT

L'enfant dyslexique éprouve des difficultés devant un mot abstrait, un symbole. Savoir la définition d'un mot ne lui suffit pas pour intégrer le mot, pour le lire. Il doit se faire une image concrète, non pas celle qu'on lui suggère mais celle qu'il crée — une image personnelle. Car s'il a un atout, c'est bien sa grande créativité.
Prenons comme exemple *le* et *un*, les mots sûrement les plus utilisés dans le langage et qui pourtant posent problème aux dyslexiques.
Quand je rencontre l'un de ces enfants, nous nous attaquons ensemble à ces mots, et ce dès la première séance. Je fais en sorte qu'il puisse rapidement les utiliser : il appréhende tous leurs sens en se faisant des représentations visuelles. Puis, au fil des séances, nous faisons de même avec les mots les plus courants qui n'évoquent rien pour lui.

LE
L'enfant doit comprendre que **le** implique une certaine connaissance du mot qui suit.

Le chat qui est connu.

Le chat de Léon a l'oreille cassée.

Le chat qui a été présenté dans le texte écrit ou le discours oral.

Léon avait un chat et un oiseau. Un jour, le chat mangea l'oiseau.

Le chat qui fait partie d'un ensemble

Le chat de droite est gros.

Le chat qui représente un ensemble.
Il s'agit du chat en général.

Le chat est un carnivore.

UN

Un implique que le mot qui suit est indéterminé quant à son identité.

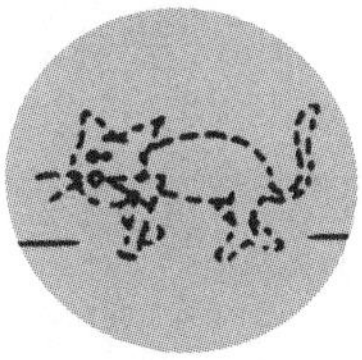

Un chat qui n'est pas connu, que l'on a pas présenté dans le discours oral ou dans le texte écrit.

Un chat traverse la cour.

Un, deux, trois. C'est une quantité.

Léon a un chat. Pauline en a deux.

L'enfant dessine ses propres représentations des différents sens de *le* et de *un*. Il invente des exemples jusqu'à ce que le sens de ces mots lui soit évident. Il écrit les mots tout en les prononçant. Ce faisant, il visualise dans sa tête ses dessins. Si, par exemple, il écrit *un*, il le prononce et il se fait une image en pointillés de ce mot : il sait que le mot qui va suivre est en pointillés, c'est-à-dire qu'il est indéterminé quant à son identité.

LA MÉTHODE DE RONALD DAVIS

Ronald Davis, fondateur du Reading Research Council, en Californie, ancien dyslexique lui-même, a mis au point une technique qui permet, entre autres, la maîtrise des symboles[2]. Elle est fondée sur l'apprentissage multisensoriel. L'enfant voit, touche, discute, conceptualise l'information, résolvant ainsi les problèmes de confusion qui surviennent quand il rencontre des symboles en lisant et en écrivant — même en mathématiques (lettres, mots, ponctuation, nombres).

Dans la méthode de Ronald Davis, le dyslexique crée la représentation en trois dimensions du sens d'un mot ou d'un symbole. L'enfant façonne en pâte à modeler deux modèles. L'un illustre la signification du mot, l'autre le mot lui-même. Pour les mots outils et les mots de liaison tels que *le*, *un*, *par*, *puisque*, les modèles se présentent sous forme de scénarios qui mettent en scène la relation ou le concept représentés.

LES MOTS DÉCLENCHEURS

Les mots les plus difficiles sont les mots abstraits et ceux qui ont différentes significations : Ronald Davis les appelle mots déclencheurs, car ce sont les mots sur lesquels l'enfant bute et qui provoquent la confusion. Quand il lit un texte, il se fait une image qui se modifie, se complète au fur et à mesure de sa lecture. Admettons qu'il lise le mot *le*. Dans sa pensée se fait un trou puisqu'il ne peut en avoir de représentation. En fournissant un effort, il parvient à le lire et passe au mot suivant. Au fur et à mesure qu'il rencontre ces mots déclencheurs, il dépense une grande énergie, est gagné par un sentiment d'impuissance ; il est si tendu qu'il finit par se tromper dans sa lecture : il ne bute pas forcément sur les mots déclencheurs, il peut lire de façon erronée un mot dont il a une image dans la tête. Il tente en vain de comprendre malgré les blancs qui envahissent sa pensée. Il est « désorienté », explique R. Davis.

(2) Ronald D. Davis, *Le Don de dyslexie*, La Méridienne-Desclée de Brouwer, 1995.

À lire également : L. Sprenger-Charolles et P. Colé, *Lecture et Dyslexie*, Dunod, 2003.

COMMENT RECONNAÎTRE UN ENFANT DYSLEXIQUE ?

La dyslexie se révèle en général à l'apprentissage de la lecture. Mais évitez de vous alarmer même si votre enfant a des difficultés de lecture en commençant le CP : certaines confusions, certaines inversions sont fréquentes en début d'apprentissage. Ce n'est qu'à partir de la fin du deuxième trimestre, s'il n'a pas commencé à acquérir des automatismes de lecture, que vous pouvez vous poser certaines questions. Faites-le d'abord examiner par un pédiatre : nombreux sont les enfants traînés de psychologue en orthophoniste alors qu'ils souffraient de troubles auditifs ou visuels. Ensuite, un bilan orthophonique devrait cerner si ses difficultés sont du domaine de la dyslexie, ou sont dues à des problèmes psychologiques ou à une méthode de lecture inadaptée.

➔ QUE POUVEZ-VOUS FAIRE ?

Laissez à un bon spécialiste le soin de s'attaquer aux difficultés spécifiques. Vous devez surtout vous montrer patient et persévérant pour ne pas ajouter à l'anxiété de votre enfant. Il est inutile de le forcer à lire ou de lui faire faire des dictées, de passer vos week-ends à répéter les mêmes choses. Aidez-le afin que son temps de travail à la maison ne soit pas doublé par rapport à celui d'un autre élève : lisez-lui par exemple ses leçons, cela lui évitera de les apprendre mal, faute de temps. Ou encore enregistrez ses cours sur cassette. L'ordinateur peut également être un allié précieux : lorsqu'un enfant tape un mot sur le clavier, il est davantage attentif à la graphie du mot. De plus, avec la correction orthographique intégrée dans l'ordinateur, il a moins d'hésitation à écrire. Quand il doit apprendre une leçon, assurez-vous qu'il a un support écrit correct pour travailler. Ne freinez pas son imagination et stimulez-le avec bienveillance. Analysez avec lui régulièrement ce qui lui manque ou ce qui le gêne pour progresser. Prenez contact avec l'école et travaillez en symbiose avec les enseignants et l'orthophoniste, ou toute autre personne en charge de la difficulté.

Dans tout apprentissage, pensez à passer par le jeu, les cinq sens, la créativité.

ÉNONCÉ

Près de 50 % des échecs dans un exercice, un contrôle — erreurs, contresens, incompréhensions, trous noirs — viennent d'une mauvaise appropriation de l'énoncé.

On ne doit pas commencer un devoir de français, de mathématiques, on ne doit pas traiter un sujet en histoire, en biologie, sans avoir pris le temps de se dire l'énoncé dans sa langue. C'est-à-dire de le reformuler pour tenter de le comprendre. On le redit avec ses propres mots, on se fait des images mentales. Une lecture hâtive ne permet pas de retrouver les règles, les formules, toutes les connaissances nécessaires pour traiter le sujet, le problème.

Seul un travail sur l'énoncé permet un retour correct aux acquis et la mise en évidence des actions à mener point par point. Certains instituteurs ne font pas de travail approfondi sur les énoncés, comme s'il était naturel que les élèves sachent les lire. Or comprendre un énoncé s'apprend. Et pour ne pas avoir appris à le faire à temps, certains traînent un handicap pendant une grande partie de leurs études.

La plupart des erreurs commises par les élèves en primaire sont dues au fait qu'ils ne connaissent pas certains mots des énoncés ou que ceux-ci contiennent trop de mots qu'ils ont du mal à se représenter. Mots relevés dans des cahiers d'exercices de CE1 et CE2 : inscrire, reproduire, observer, ranger, reporter, constater, indiquer, intervertir, superposable, série, successif, masse… Mots relevés dans des problèmes de CM1 et CM2 : le montant des achats, la vitesse horaire, la hauteur moyenne, la moyenne des prix, bénéficier d'un avoir, d'une réduction, à combien revient, de quelle somme dispose…

Les élèves de primaire ne sont pas les seuls à être handicapés en raison du vocabulaire. Lors de tests[1], il est apparu que seulement 7 % d'élèves de 6e savaient ce qu'ils avaient à faire quand il leur était demandé de compléter et d'ordonner, 11 % de regrouper, 19,2 % de conclure, 23 % de classer, 26,9 % de substituer et 30,7 % de cocher, méconnaissances que, chaque année, nous retrouvons à l'origine de fautes, d'échec chez les élèves venus en consultation.

(1) B. Chevalier, M. Colin, « Exploiter l'information au CDI », *Rencontres pédagogiques*, n° 29, 1991.

FICHE **ÉLÈVE** PRIMAIRE

ÉNONCÉ DE FRANÇAIS, DE MATHÉMATIQUES

1 **Je lis l'énoncé.**
Je peux le lire à voix murmurée si cela m'aide à comprendre.

2 **Je souligne les mots importants ou je barre les mots qui ne le sont pas.**
Je m'explique l'énoncé avec mes mots.

3 **Pour un problème de mathématiques, je trie les données.**
À gauche, je note les informations que l'on me donne. À droite, j'écris ce que l'on me demande.

Ce que l'on me donne	**Ce que l'on me demande**
1 3 crayons à 1 euro l'un	1 prix d'un livre
2 2 livres à 25 euros les deux	2 Coût total

Je peux m'aider en dessinant les données du problème.
Je dessine et j'écris les choses indispensables, et seulement celles-là.

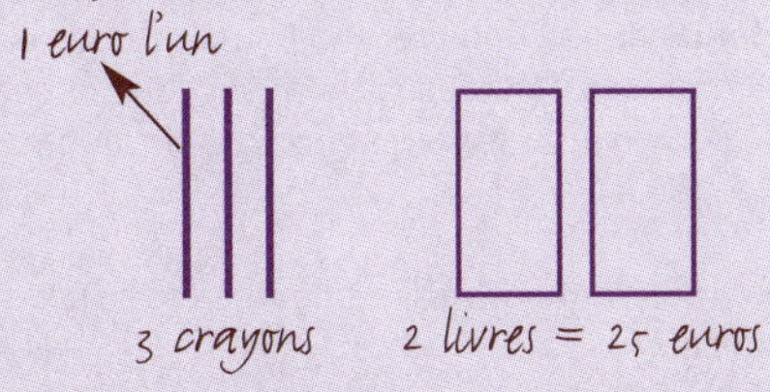

4 **Je pose mon stylo et relis l'énoncé pour vérifier que je l'ai bien compris.**
N'ai-je rien oublié ?

5 **Je cherche dans ma mémoire une leçon, une règle ou un exemple** qui vont m'aider à faire mon exercice, mon problème.

6 **Je prends mon stylo et je commence mon devoir.**

FICHE **ÉLÈVE** COLLÈGE

ÉNONCÉ DE FRANÇAIS, D'HISTOIRE, DE SVT...

Je ne commence jamais un exercice, un devoir avant d'avoir travaillé sur l'énoncé.

1 **Je lis l'énoncé.**

2 **Je relis l'énoncé. Je le travaille, le décortique.**
Je dégage l'essentiel.
Je prends mon crayon : je souligne les verbes d'action, les mots clés ; j'entoure les mots de liaison ; je barre les mots accessoires.

3 **Je reformule avec mes mots l'énoncé réduit à l'essentiel.**

4 **Je vérifie que ma compréhension de l'énoncé est exacte et complète.**
Est-ce bien ce que l'on me dit ? ce que l'on me demande ? N'ai-je rien oublié ?

5 **Je cherche dans ma mémoire** la règle, la leçon qui traite le sujet, ou je cherche un exercice, des exemples faits précédemment.

FICHE **ÉLÈVE** COLLÈGE

ÉNONCÉ DE MATHÉMATIQUES

L'énoncé est composé de la consigne, qui dit ce qu'il faut trouver, **et des données,** dont il faut se servir pour atteindre cet objectif.

1 **Je lis l'énoncé. Je cerne l'objectif** (qu'il me faut garder en tête tout au long du travail). Que me demande-t-on ?

2 **J'identifie les indices contenus dans l'énoncé,** sans oublier que ces indices se trouvent non seulement dans les données mais aussi dans la consigne.
Ces indices sont les mots clés, les figures, les signes algébriques...
Que me donne-t-on ?

3 **Je reformule l'énoncé avec mes mots** et vérifie que je ne me suis pas trompé et que je n'ai oublié aucun indice.

4 **Je cherche dans ma mémoire les connaissances** que je peux leur associer (règles, théorèmes, méthodes ou exemples) et je sélectionne, parmi ces connaissances, celle ou celles dont j'ai besoin.
À quoi cela me fait-il penser ? Que sais-je ?

ÉNONCÉ DE FRANÇAIS, DE MATHÉMATIQUES

« Écris la mesure en grammes de la masse de chaque jouet puis calcule en grammes la mesure de la masse totale des jouets. » (CE2)

Assurez-vous que votre enfant comprend parfaitement les mots que l'on retrouve dans les énoncés et particulièrement les verbes qui donnent le sens à la consigne. Apprenez-lui à traduire les mots abstraits en termes concrets, en images.

Il vous faut insister sur un point : **la vérification**.
Il doit vérifier que sa traduction de l'énoncé est exacte : n'a-t-il pas fait une erreur ?
Il doit aussi vérifier que sa traduction est complète : n'a-t-il rien oublié ?

Habituez-le à lire l'énoncé sans stylo en main. Cela l'empêchera, s'il est impulsif, de commencer à rédiger avant de se l'être approprié. Mais il peut travailler sur l'énoncé avec un crayon à papier pour mettre en évidence les mots clés ou barrer ce qui est superflu.

En primaire, apprenez à votre enfant à se servir de l'exercice même, ou du dessin, de l'exemple qui l'accompagne (fig. 1). Il fait des allers-retours entre ce qu'il comprend de l'énoncé et le contenu de l'exercice lui-même (ou le dessin, l'exemple), jusqu'à ce qu'il puisse expliquer ce que l'on attend de lui.

S'il dessine les données du problème pour mieux les comprendre, il ne doit pas perdre son temps en représentation exacte des objets. Il s'agit de les schématiser : ainsi, une voiture, un canapé peuvent être représentés par un rectangle, deux livres par deux carrés, trois crayons par trois bâtons verticaux.

Erreurs

Les erreurs, aussi nombreuses et diverses qu'elles paraissent, sont en fait au nombre de trois.

— L'élève n'a pas mémorisé le savoir ou n'en a mémorisé qu'une partie, ou encore il l'a intériorisé de façon plus ou moins erronée.

— Il a mémorisé le savoir, mais il ne sait quand et comment l'utiliser.

— Il a mémorisé le savoir et ses applications, et cependant il échoue, car soit il ne peut traiter simultanément ce savoir et d'autres, soit le traiter nécessite une attention trop soutenue.

Erreurs liées à la compréhension et à la mémorisation du savoir

Parmi les causes de ces erreurs, il y a celle de l'enfant comprenant l'information grâce à une autre information qu'il connaît mais qui malheureusement est erronée. De nombreuses erreurs (principalement lors d'apprentissages scientifiques, sciences de la vie et de la Terre, physique, chimie...) sont liées aux représentations fausses que se font les élèves des concepts de masse, de force, de nutrition, de fécondation... et qui, souvent, traversent inchangées leur scolarité. Ces représentations spontanées, qui correspondent à des situations rencontrées dans le quotidien, entrent en contradiction avec les apprentissages dispensés à l'école. Ainsi, en mathématiques, l'association de l'addition ou de la multiplication avec une augmentation, et celle de la soustraction et de la division avec une diminution. « L'apprenant » a des difficultés à se défaire de ses propres représentations, organisées souvent de façon logique et cohérente même si elles sont fausses. Il a du mal à les remettre en cause car, au fil du temps et des situations, elles ont fini par s'ancrer en lui. Il « ne peut photocopier mentalement la connaissance », dit André Giordan, professeur à l'université de Genève et docteur en sciences de l'éducation. « Il doit nécessairement partir d'où il est et prendre appui sur les savoirs qu'il maîtrise. La plupart du temps, un conflit avec ses idées antérieures est nécessaire pour dépasser les limites introduites par ses idées. On est là face à un terrible paradoxe : faire avec pour aller contre[1] ».

Une autre cause d'erreurs est que si l'élève assimile une masse d'informations, de faits, des concepts clés tels que ceux de révolution ou de monarchie sont rarement intégrés. Ainsi, après avoir travaillé sur la Révolution française, il ne peut concevoir que la révolution industrielle ne se soit pas faite dans un bain de sang. Ou, ayant traité avec son enseignant de la monarchie absolue, il a lié ces deux concepts et n'imagine pas qu'une monarchie puisse être démocratique.

Absence de savoir-faire

Dans le deuxième type d'erreurs, l'élève, qui ne sait quand et comment utiliser la connaissance, se débrouille comme il peut : il ne sait comment appliquer une règle ou il l'utilise à mauvais escient. Attention, une fois mémorisés des savoir-faire erronés, il est difficile de les corriger. De nombreux enfants, remarquant un pluriel dans une phrase, mettent simplement un *s* au mot qui les a alertés, parfois au mot qui suit, alors que le fait d'avoir noté un pluriel (souvent un déterminant :

des, les...) est le début d'une procédure : ils doivent s'interroger. Combien de mots sont concernés par ce pluriel ? Ces mots sont-ils au masculin ou au féminin ? Ont-ils des pluriels réguliers ? Le verbe qui suit a-t-il un sujet pluriel (attention : 3e personne du pluriel en *nt*)...

PROBLÈMES D'AUTOMATISATION, D'ATTENTION

Le troisième type d'erreurs se retrouve dans les activités nécessitant un niveau d'attention que l'enfant, ou l'adulte d'ailleurs, ne peut soutenir. Des expériences ont été menées sur des adultes cultivés à qui l'on donnait à effectuer trois tâches portant sur l'accord verbe/sujet[2]. Il leur était demandé d'accorder un verbe et un sujet dans une phrase présentée ainsi écrite : « *Le chien des voisins arriv*... » Ils devaient aussi écrire cette même phrase, mais qui leur était dictée. La troisième expérience consistait à écrire, sous la dictée, cette phrase suivie de mots monosyllabiques qu'ils avaient à mémoriser dans l'ordre : « *Le chien des voisins arrive ; li ; pi ; mi ; ri ; si* ».

Dans la première situation, les sujets n'ont fait aucune erreur, dans la deuxième, de rares sujets n'ont pas écrit correctement le verbe. Mais dans la troisième, de 20 à 30 % d'entre eux ont commis des fautes : ils ont principalement accordé *arrive* avec *voisins*. Ils ont fait un accord par proximité, ce que font souvent les enfants quand ils écrivent. Il a donc suffi d'une occupation secondaire, somme toute assez simple : mémoriser « *li, pi, mi, ri, si* », pour que des adultes ne soient plus à même d'accorder correctement un verbe avec son sujet.

Il est facile de conduire en parallèle deux activités automatiques, commente Michel Fayol. Ainsi, des adultes peuvent accorder un verbe avec son sujet et l'écrire (deux activités hautement automatisées). Ils parviennent également, mais dans certaines limites, à conduire une activité automatique (écrire) et une activité contrôlée (accorder un verbe dans un cas complexe). Ils peuvent beaucoup plus difficilement traiter plusieurs activités nécessitant un contrôle conscient, comme maintenir des données en mémoire et accorder un verbe.

REMÉDIATIONS AUX ERREURS

Les trois types d'erreurs amènent, bien entendu, des remédiations différentes. Travail sur la connaissance (Qu'est-ce que je croyais savoir à ce sujet ? Qu'est-ce que je sais maintenant ?) et sur son ancrage dans la mémorisation à long terme[3], dans le premier cas.

Entraînement au savoir-faire[4] dans le deuxième (Quand et comment vais-je avoir à utiliser cette connaissance ?).

Quant aux erreurs du troisième type, pour les limiter, il faut apprendre à l'enfant à gérer des activités complexes, en planifiant, en contrôlant ; il faut l'entraîner à passer à l'automatisme[5].

(1) André Giordan, *Apprendre*, Belin, 2004.
(2) M. Fayol et C. Got, « Automatisme et contrôle dans la production écrite », *L'Année psychologique*, 1991.
M. Fayol et P. Largy, « Une approche fonctionnelle de l'orthographe grammaticale », *Langue française*, 1992.
(3) Voir Mémoire (Règles de la mémoire à long terme)
(4) Voir Savoir-faire
(5) Voir Automatisme

L'INTÉRÊT DE L'ERREUR

L'erreur n'est pas forcément une faute si on la considère comme un moyen d'apprendre. Dans la vie, ce sont nos erreurs qui nous enseignent le plus. Elles nous servent à progresser. Il en est de même dans tout apprentissage. L'erreur a un sens, une logique, une cohérence. Il suffit d'analyser une erreur pour en comprendre l'origine, à partir de quoi on peut la démonter, la corriger, avancer dans la connaissance[6].

Travailler sur l'erreur, sur les ratures, les brouillons, les essais est le chemin le plus informatif quant aux difficultés rencontrées. Alain Moal, directeur d'études à l'IUFM de Paris, fait souvent l'apologie de ce « travail sur le sale » comme méthode d'apprentissage[7].

Il faut pourtant soulever un point délicat : l'enfant se sent dévalorisé quand on se penche sur ses fautes. **Dédramatisez l'erreur, dépénalisez-la :** elle est partie intégrante de la période d'apprentissage. Si vous faites ainsi, l'erreur acquerra à ses yeux le statut positif et fécond qui est le sien. Il pourra travailler à la correction de ses devoirs, et cela lui sera profitable.

Donnez une signification différente à l'erreur et à la faute. Faire des erreurs est normal, mais **ce qui est une faute, c'est de ne pas se pencher sur ses erreurs, de ne pas les analyser, de ne pas chercher leur origine, de ne pas les corriger.** La faute est de ne pas se servir de ses erreurs pour progresser.

LES ERREURS ET LE SENS

« J'ai des problèmes d'orthographe, me dit Émilie (CM1), surtout des problèmes d'accord. » Il semble, à examiner ses dictées, ses devoirs, qu'elle accorde quand elle y pense ou encore « au petit bonheur la chance », comme le suggère sa mère. Or je sais par expérience qu'il n'en est probablement rien.

Je dicte quelques lignes à Émilie. Peu de fautes, mais des fautes d'accord. Elle écrit : « les papillons bleu, des envies soudaine, des grosses pomme verte, ses frères lui parlait ». Elle a hésité quand elle a écrit « bleu » et « pomme ». De même, quand elle a relu, elle a marqué un temps d'arrêt à « soudaine ». Je lui demande :

« Pourquoi t'es-tu arrêtée un moment au mot "bleu" dans "les papillons bleu" ?

— À cause du *s*. Mais il ne faut pas mettre de *s* à "bleu". Ce sont les "papillons" et pas les "bleu". » Émilie me tient le même raisonnement pour « des envies soudaine ».

Je l'interroge sur le groupe nominal « des grosses pomme verte ».

« Tu as hésité à mettre un *s* à "pomme", il me semble ?

— Oui, on met un *s* à "grosses", "des grosses", mais pas à "pomme", ce ne sont pas "des pommes". Ah si... »

Elle semble troublée.

Je lui demande de se représenter les grosses pommes vertes.

« Combien vois-tu de pommes ?

— Plusieurs », dit Émilie. Et sans que je lui dise quoi que ce soit, elle ajoute un *s* aux mots « pomme » et « verte ».

Émilie a jusqu'à ce jour fait des accords par proximité. Elle accordait le mot qui suit le déterminant uniquement avec celui-ci. Ce mot pouvait être un nom ou un adjectif.

De même, elle accordait le verbe avec le sujet, sauf si un pronom les séparait. Elle accordait alors le verbe avec ce pronom, qu'elle confondait avec le sujet.
Émilie écrivait correctement : « Les écoliers rêvaient. » Mais elle faisait une faute dans ce genre de phrase : « Ses frères lui parlait. »

C'est donc l'analyse de ses erreurs et la compréhension de leur sens qui m'ont permis d'aider Émilie. Il n'aurait servi à rien de lui rappeler les règles de grammaire, de lui demander d'être plus attentive. Je lui ai expliqué le sens véritable des accords et que ceux-ci ne se faisaient nullement en fonction d'une proximité. Je lui ai appris à se faire des images de sens de ce qu'elle écrivait. Je lui ai montré comment reconnaître le sujet quelle que soit sa place par rapport au verbe (avant, après, séparé de lui par un pronom, par un bout de phrase), et ce en animant le verbe grâce au sujet, c'est-à-dire en visualisant qui agit (pense, court, chante, jardine) ou qui est (paraît, semble)[8].

ERREURS DUES À UN ENSEIGNEMENT MORCELÉ

Les classeurs d'Amandine ne contiennent pratiquement pas de fautes d'orthographe. Pourtant, deux erreurs reviennent : Amandine met toujours *se* devant le verbe être (Se sont des fantômes), elle n'accorde jamais le participe passé conjugué avec l'auxiliaire avoir.
Intriguée, je lui demande :
« Pourquoi écris-tu ainsi "Se sont des fantômes" ?
— Devant un verbe, on met toujours *se*.
— Et pourquoi n'as-tu pas accordé tous les participes passés dans "Les fleurs, que j'avais donné au bébé fantôme, sont fanées. Il ne les a pas arrosé » ?
Amandine prend l'air agacé :
« Quand j'étais en CM1, on m'a appris qu'il ne faut pas accorder quand il y a l'auxiliaire avoir. Après, en CM2, on m'a dit qu'il faut accorder, mais pas toujours. Alors je fais comme me l'a dit madame S. (son institutrice de CM1). L'autre façon de faire, celle qu'on m'a apprise après, est plus compliquée. »
Les erreurs d'Amandine ne sont pas les siennes. Par là, je veux dire que ces erreurs se trouvent dans maints devoirs. Ce sont des erreurs courantes, et Amandine nous en a expliqué la raison.
J'ai moi-même lu dans plusieurs cahiers ou fiches de grammaire, amenés par les enfants — leçons dictées par des enseignants différents — que « se » s'écrit avec un *s* quand il est devant un verbe. Ce qui est faux.
« Se » s'écrit avec un *s* devant un verbe pronominal. On peut dire : « Je me cache, tu te caches, il *se* cache, je me suis caché, ils *se* sont cachés... »
On écrit « ce » devant le verbe « être ». Il est alors son sujet : « *Ce* sont de gentils fantômes. *Ce* fut triste... »
Cette erreur est due au fait que ces enseignants ont voulu souligner que « se » ne se mettait jamais devant un nom — faute que font souvent les enfants — et ils ont dit aux élèves : « Devant un nom, on écrit "ce", devant un verbe, on écrit "se". » Ils n'ont appris aux élèves qu'une partie des règles, omettant, entre autres, le « ce » devant le verbe « être », et ils ont mis en mémoire une erreur qui par la suite a du mal à disparaître.

(6) Voir Cahier d'exercices (son rôle) et Corrections (De l'importance des)
(7) « Vive l'erreur », *Le Monde de l'éducation*, octobre 1995.
(8) Voir Orthographe (Accords)

Si l'on veut n'enseigner à l'enfant qu'une partie de ces points grammaticaux, on lui dit : « **Le plus souvent**, devant les verbes, on met *se*. Je dis bien le plus souvent, car nous évoquerons **plus tard** un autre cas. » Ou encore : « **Pour l'instant**, tu apprends l'accord du participe passé utilisé avec l'auxiliaire être. Tu ne t'occupes pas du participe passé conjugué avec avoir. Tu sauras **plus tard** comment faire. »

Pour éviter d'installer des erreurs dans la mémoire de l'enfant, prenez l'habitude de dire : « En général, la plupart du temps... », ou : « Aujourd'hui et pendant un certain temps, tu étudies cette règle comme cela. Plus tard, cette année ou l'année prochaine, quand tu l'auras suffisamment maîtrisée, tu apprendras d'autres choses qui sont des ajouts, des exceptions. »
De même, quand vous lui apprenez quelque chose et que vous craignez de vous tromper, quand vous l'aidez dans un exercice et qu'il y a une possibilité, même infime, que vous ayez fait une erreur, dites-lui : « Il y a très longtemps que j'ai appris cela », ou : « Cette matière n'est pas mon point fort, et dans ton livre, je ne trouve pas les informations nécessaires pour vérifier ce que je te dis. Écoute attentivement ton maître quand il corrigera cet exercice et dis-moi si ce que j'avance est juste », ou encore : « Il se peut que je me trompe un jour. Aussi, préviens-moi si cela devait arriver. »

FICHE **ÉLÈVE**

CORRECTION DES ERREURS

La meilleure façon de progresser dans une matière est de corriger ses erreurs. J'analyse les fautes de chaque exercice, de chaque contrôle, même s'ils ont été corrigés en classe.
Je me demande : pourquoi ai-je fait cette faute ? Qu'aurais-je dû écrire ?
Comment vais-je m'y prendre la prochaine fois pour ne plus me tromper ?
À quel moment faudra-t-il faire attention ? À quoi devrai-je penser ?
Quelle question faudra-t-il que je me pose ?

C'est la même chose si je veux progresser dans une activité sportive : l'entraînement n'est pas tout si je ne m'en sers pas pour améliorer la façon de tenir mon corps et de le bouger, si je ne m'en sers pas pour améliorer mon jeu, ma stratégie.
Améliorer veut dire que je m'interroge sur ce que j'ai fait ce jour-là. Alors je sais à quoi il faut que je pense dorénavant, je le mets dans ma mémoire et je l'en sors au prochain cours ou au prochain entraînement.

FICHE ÉLÈVE COLLÈGE

PRÉPARER ET FAIRE UN EXPOSÉ

A - JE PRÉPARE MON EXPOSÉ.

1 **Je cherche les éléments** (textes, photos, dessins) dont j'aurai besoin.
Je vais à la bibliothèque, au CDI. Je feuillette livres, revues, encyclopédies.

2 **Je me demande ce que je veux dire.**
Je fais ce travail seulement après m'être imprégné de tout ce matériel. Quel est l'éclairage sous lequel je veux exposer mes idées ?

3 **Je construis un plan simple et clair.**

4 **J'écris mes notes.**
J'évite de rédiger mon exposé en entier.
J'écris l'introduction, la conclusion, un plan très détaillé, avec les idées principales, les phrases d'articulation, les dates, les noms propres, les citations, les mots techniques et leurs explications. Bref, suffisamment d'éléments pour rebondir en cas de « panne ».

- J'écris lisiblement et assez gros.
- Je n'écris que sur le recto des feuilles, que je numérote.
- Je souligne le plan d'une couleur vive.
- J'écris avec d'autres couleurs et en retrait, à droite, les idées qui peuvent être supprimées ou celles qui peuvent être ajoutées, ce qui dépendra du temps.

5 **Je choisis en exemple les photos, les dessins qui me paraissent les plus significatifs.**

6 **Je m'exerce à dire mon exposé une fois que je l'ai bien préparé.**
Je m'imagine dans la salle face au professeur, aux autres élèves. Je répète, si possible, mon exposé devant mes parents ou des amis. Je le minute.

B - JE FAIS MON EXPOSÉ.

Je parle lentement, distinctement. Je parle fort en pensant à ceux qui sont assis loin de moi. Je n'oublie pas que l'on parle généralement beaucoup trop vite.

Je m'arrête régulièrement quelques secondes, **surtout après une idée importante,** pour que les élèves aient le temps d'enregistrer l'information.

Je varie le ton et le rythme afin de ne pas les endormir.

Je regarde ceux à qui je m'adresse. J'évite de garder le nez dans mes notes.

Je ponctue régulièrement ce que je dis par des images. Si possible, je m'arrête alors de parler.

Je note au tableau les mots clés de chaque partie du plan, les termes techniques, les noms propres, les dates, les informations chiffrées.

Je termine mon exposé par des informations, des questions qui élargissent le sujet, des questions susceptibles d'ouvrir un débat.

FICHE **PARENT**

PRÉPARER ET FAIRE UN EXPOSÉ

La première aide que vous pouvez apporter à votre enfant est dans le tri du matériel qu'il a amassé. Ni trop ni trop peu.
Un axe, une idée doivent émerger à un moment et permettre de garder ou de rejeter les informations.

Faire un plan est un travail d'organisation des idées selon un déroulement. Poussez votre enfant à en trouver un personnel, fidèle à ce qu'il pense du sujet, et à ne pas suivre celui, classique, des encyclopédies ou des manuels scolaires.

Le mieux, bien entendu, est que votre enfant ne lise pas son exposé, ce qui risquerait d'être ennuyeux. Cependant, s'il est affreusement timide, s'il a du mal à s'exprimer correctement, conseillez-lui de le rédiger. Qu'il note, avec de petites barres verticales, les moments où il doit s'arrêter. Petites pauses ou pauses plus longues, pendant lesquelles il lève le nez de ses notes et regarde son auditoire.

Qu'il décide de parler ou de lire, l'aider, c'est aussi le mettre en scène afin qu'il gagne et retienne l'attention de ceux qui l'écoutent. Apprenez-lui à oublier ses notes pour regarder les élèves en face de lui, à s'exprimer en phrases courtes, à moduler sa voix - ce qui est difficile à faire quand on lit —, à parler haut, à bouger ses mains, à utiliser un zeste d'humour et des effets de surprise.

EXPRESSION ÉCRITE

SAVOIR RÉDIGER

Rédiger correctement dépend de trois facteurs : la maîtrise du langage à l'oral, la connaissance du sens réel des mots (et pas seulement leur compréhension dans un contexte), l'écriture de phrases (et non des idées).
Comment demander à un enfant de rédiger correctement alors qu'il s'exprime mal ? Au cours d'une séance, Marion me dit : « Les filles ont les cheveux longs que les garçons ont les idées courtes. » Je la corrige : « Les filles ont les cheveux longs alors que les garçons ont les idées courtes. » Marion hausse les épaules. Quelques minutes plus tard, elle dit : « En Allemagne, on a des choses que on n'a pas. » Dans cette phrase, on relève deux « on » qui n'ont pas le même sens, le premier est mis à la place de « les Allemands », le deuxième à la place de « les Français ». Il y a un « que on » tout à fait dissonant et un « choses », mot vague que rien dans les phrases suivantes ne vient préciser.

L'intéressant dans cet exemple est que Marion est en 5e, vient d'un milieu aisé, plutôt cultivé, et que ses parents se servent d'un français correct. Mais alors pourquoi s'exprime-t-elle si mal ? Tout simplement parce qu'on ne lui a jamais fait prendre conscience de *l'intention* du parler : il s'agit d'être capable non seulement de communiquer avec ses familiers — qui comprennent à demi-mot grâce au contexte, à des expériences partagées, à un vécu commun —, mais de transmettre sa pensée à des inconnus, même si celle-ci est complexe.

Savoir rédiger dépend aussi de la connaissance que l'on a des mots. Léa (CM2) écrit : « Le garçon était malade, il avait l'épidémie de la grippe. » Romuald (6e) confond *disséquer* et *discréditer* dans une rédaction : « Quand l'homme est mort, on croyait qu'il avait été tué, on l'a discrédité. » Or quand je leur donne ensuite à lire un texte contenant les mots *épidémie* et *disséquer*, ils les comprennent grâce au contexte. Mais ils ne peuvent les utiliser correctement. Le plus incroyable étant que Romuald, ayant lu dans le texte que je lui ai présenté le verbe disséquer et m'en ayant parlé, utilise une deuxième fois discréditer. Quand je lui en fais la remarque, il dit que c'est *presque* pareil, comme si le presque faisait que son erreur n'en était pas tout à fait une. Et il en est ainsi dans la plupart de leurs textes écrits : Léa comme Romuald restent dans l'approximation.

Une autre chose à savoir pour être compréhensible à l'écrit est que l'idée n'a rien à voir avec la phrase, qui est une construction grammaticale, articulée grâce à des conjonctions ou des virgules (éventuellement des points-virgules, des deux points). Nous ne pensons pas tous de la même façon. Pour certains, la pensée s'organise dans le temps, suit une logique séquentielle. Ils sont même capables de commencer à écrire sans connaître encore vraiment la fin de ce qu'ils veulent exprimer. Ils suivent un fil d'Ariane. Ils sont performants dans ce qui demande une suite ordonnée : écrire un texte de français, rédiger un devoir d'histoire.

D'autres sont dans la globalité, dans un tout non ordonné ; ils ont plus de mal à exprimer leurs idées avec des mots. Ils ont une pensée aussi riche que les premiers, mais il faut la mettre en ordre pour la communiquer, et là est leur difficulté. Ils doivent, avant de se mettre à rédiger, constituer un ensemble — un tout dans lequel ils pourront inscrire un déroulement. Ils pourront alors « se parler » le texte, l'écrire. Il leur faut impérativement commencer à trouver un plan avant de se mettre à écrire.

Mais quelle que soit leur façon de procéder, aucun ne peut oublier que **l'on écrit ce que l'on prononce et non ce que l'on pense.** Dans un premier temps, on réfléchit à ce que l'on veut dire, puis on écrit ce que l'on prononce mentalement, on écrit **sa pensée mise en mots.** Dans un deuxième temps, on travaille l'écrit, on le peaufine. On relit le texte avec sa voix intérieure, on s'écoute. Les premiers vérifient surtout qu'ils sont bien restés dans le sujet. Les seconds vérifient la cohérence de la pensée, ils travaillent le lien entre les phrases, à l'intérieur d'elles (mots de liaison, expressions, participes). À s'écouter lire, tous repèrent les oublis, les lourdeurs.

→ VOIR IMAGINATION ; RÉFLEXION

APPRENDRE À RÉDIGER

A - J'ÉCRIS UN PREMIER JET

1. **Je réfléchis** à ce que je veux dire. **Puis j'écris.**

2. **Je n'essaie pas d'écrire en une phrase tout ce que je veux exprimer.**
Je ne me perds pas dans un labyrinthe de subordonnées. **Je fais des phrases courtes.** Un verbe, un sujet, un ou deux compléments. Une vingtaine de mots par phrase est souvent largement suffisant.

3. **J'écris ce que je prononce mentalement, je m'écoute :** ce que j'écris est-il correct ?

4. **Je lis une phrase avant d'écrire la suivante.** Je poursuis mon idée.

B - JE TRAVAILLE MON ÉCRIT POUR APPRENDRE À RÉDIGER

1. **Je porte un regard bienveillant mais critique sur mon texte.**
Je reviens sur ce que j'ai écrit. J'améliore mon texte à chaque fois.

2. **Je relis avec ma voix intérieure, je m'écoute.**

3. **Je vérifie la cohérence** de la pensée.

4. **Je travaille le lien** à l'intérieur des phrases, entre les phrases (mots de liaison, expressions, participes).

5. **Je repère les oublis, les lourdeurs, les répétitions** (du verbe être notamment).

6. **Je corrige en tenant compte de mes faiblesses** repérées dans mes écrits précédents (tournures confuses, mots compliqués mal utilisés, mots manquant de précision, absence de connecteurs logiques, redites des mêmes conjonctions, phrases plates).

FICHE **ÉLÈVE** COLLÈGE

SUJET D'IMAGINATION

1 **Je lis le sujet attentivement.**
Que me demande-t-on ? Je reformule le sujet avec mes mots et, en le lisant de nouveau, je vérifie que je ne me suis pas trompé et que je n'ai rien oublié.

2 **Je trouve les idées.**
Je peux écrire tout ce qui me vient à l'esprit : j'écris des mots, pas des phrases. Puis je fais le tri.

3 **Je rédige mon texte au brouillon.**

4 **Je corrige mon brouillon.**
Si possible, je lis mon travail à voix haute (autrement, avec ma voix intérieure) et je m'écoute, cela me permet de relever les phrases mal construites, les répétitions...
– Je supprime les longueurs, les passages hors sujet.
– Je vérifie que mes verbes sont au même temps (présent ou passé).
– Je souligne les répétitions. Les mots sont remplacés par des synonymes, les noms par des pronoms. Je pense à tous les pronoms et pas seulement aux pronoms personnels (exemple : *le chat de Léon* peut être, selon les cas, remplacé par *il*, *le*, *lui*, mais aussi par *son chat*, *celui-ci*, *ce dernier*...).
– Je repère les petits mots de transition (enfin, après, alors, ensuite...). Quand ils sont trop nombreux dans un texte, ils deviennent des mots parasites.
– Je recherche les verbes être et avoir. Je les remplace par des verbes plus expressifs. Si j'écris un dialogue, je mets à la place de *dire* des verbes que j'ai appris : observer, répondre, expliquer, répliquer, préciser, confirmer, crier, murmurer, chuchoter, conseiller, ordonner..., selon ce que je veux exprimer exactement.

5 **Je vérifie l'orthographe.**
Je pense, entre autres, aux accords sujet/verbe et déterminant/adjectif/nom.

6 **Je recopie le brouillon en prenant garde de bien séparer l'introduction et la conclusion du reste de la rédaction.**
Je pense aux alinéas qui aèrent le texte, le rendent plus plaisant à lire.
Je prête attention à la ponctuation, aux majuscules.

SUJET DE RÉFLEXION

1 **Je lis le sujet attentivement et je ne commence pas à travailler avant d'avoir vérifié que je l'ai bien compris.** Que me demande-t-on ? Je relis pour m'assurer que j'ai bien saisi le sujet.

2 **Je cherche les idées.** Je note toutes celles qui me viennent à l'esprit. **Je les trie, j'approfondis celles qui me paraissent les plus intéressantes. Je les assemble. J'élabore un plan** sans oublier que mes idées, mes raisonnements, doivent être enchaînés les uns aux autres.

3 **Je rédige mon devoir.**
- **L'introduction** (lien entre le sujet et ce que je vais développer)
Elle présente : c'est l'entrée en matière. Elle indique comment j'aborde le sujet : elle annonce mon plan. Attention : j'évite une introduction trop longue.
- **Le développement** en deux ou trois parties
Chaque partie est elle-même divisée en sous-parties qui sont des idées principales. Je présente chaque partie par une phrase qui annonce ce qui va suivre. Je suis attentif aux transitions. Elles servent à la cohérence de mes idées.
- **La conclusion**
Elle met un point final à ma réflexion et l'élargit. Elle répond au sujet posé.

Les points que je dois surveiller
- **Je veille à l'unité de temps des verbes.**
- **Je remplace *être* et *il y a* par des verbes moins neutres.**
- **J'évite les répétitions** (je lis à voix haute ou avec ma voix intérieure et je m'écoute).
- **Je vérifie à chaque paragraphe que je suis dans le sujet** (attention aux digressions).
- **Je suis attentif aux enchaînements.** J'utilise modérément *puis*, *enfin*, *ensuite*. Je trouve d'autres mots de liaison[1] pour accrocher entre elles les idées importantes (en revanche, non seulement, mais encore, d'autre part, de même, en outre, par ailleurs...).
- **J'écris dans une langue claire et correcte.** Je ne fais pas de phrases trop longues. Je lis avec ma voix intérieure et je m'écoute : est-ce que je parlerais ainsi ? Suis-je compréhensible ?

(1) Voir Mots de compréhension.

RÉDACTION

Les appréciations du professeur doivent être relevées. Elles trahissent souvent quelque chose qui a tendance à se répéter : faiblesse de l'introduction, maladresses fréquentes, style familier, répétitions, hors-sujet. À chaque fois qu'il commence une rédaction, votre enfant doit connaître les points auxquels il va prêter particulièrement attention.

Si, de façon générale, il a des difficultés à trouver des idées, sachez qu'il peut y remédier.
Tout d'abord, qu'il « muscle » son imagination. Pour cela, il faut qu'il apprenne à vivre avec ses cinq sens, qu'il fasse régulièrement des exercices de créativité.
Puis trouvez des sujets qui l'intéressent : l'importance du batteur dans un groupe. L'influence de la musique anglo-saxonne dans la culture française. Peut-on au nom de la science faire des expériences sur les animaux ? Chacun de nous est-il responsable de la pollution de la planète ou est-ce la faute des gouvernements ? Lancez les débats. Poussez-le à argumenter. Débattez de choses et d'autres régulièrement. Mais n'en faites surtout pas un pensum.

LE TEMPS IMPARTI À UNE RÉDACTION

Il faut s'habituer à faire une rédaction dans le temps imparti. En 3e, ce sera celui imposé le jour du brevet.
Pour un temps de 95 minutes, on divise arbitrairement le temps :
- 5 minutes pour la lecture du sujet, sa compréhension. Cinq vraies minutes.
- 15 minutes pour la recherche des idées.
- 10 minutes pour les rassembler, faire le plan.
- 45 minutes pour la rédaction au brouillon.
- Les 20 dernières minutes servent à la copie au propre et à la relecture.

Chacun remodèle bien entendu cette répartition selon ses besoins ; on peut mettre plus longtemps à rechercher des idées ou à rédiger au brouillon ; il se peut aussi que 20 minutes ne soient pas suffisantes pour recopier correctement.
L'enfant doit connaître son rythme, et à chaque rédaction se montrer attentif au temps qui passe, au temps qui lui est nécessaire.

SUJET DE RÉFLEXION

1 **Je laisse surgir les idées** grâce à un schéma heuristique.
Au centre d'une feuille, je résume le sujet en deux ou trois mots, pas davantage, puis je note autour tout ce à quoi cela me fait penser. Je ne réfléchis pas, j'écris ce qui me vient en tête. J'écris des mots et non des phrases.

EXEMPLE : Imagine que tu te trouves seul sur une île déserte.

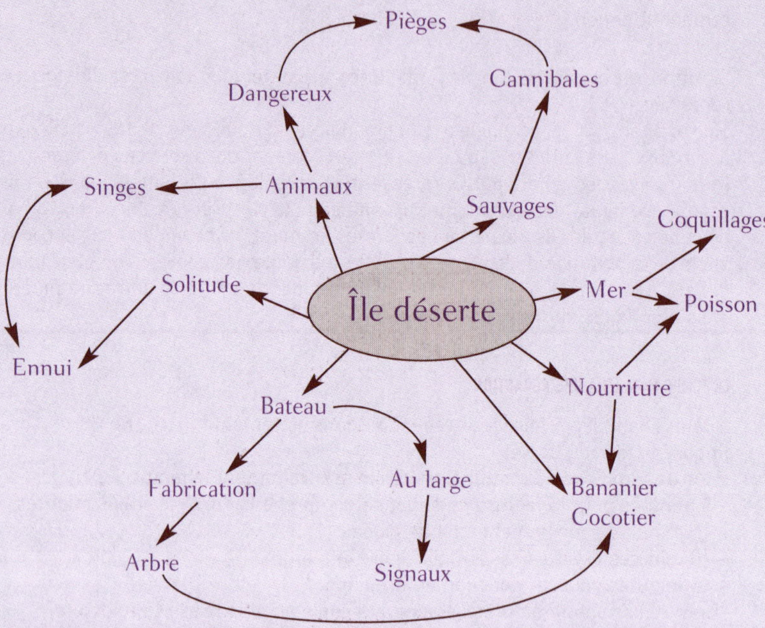

2 **J'explore mes cinq sens et mes sentiments.**
- **Qu'est-ce que je vois ?** (personne, animal, chose, en entier ou en partie, premier plan, arrière-plan, formes, couleurs et nuances, lumière, image nette ou floue…).
- **Qu'est-ce que j'entends ?** (voix, murmure, pas d'un animal, branche cassée, vent, bruit proche ou lointain, intermittent, bruit assourdissant ou bruit de fond…).
- **Qu'est-ce que je sens ?** (odeur suave, douce, nauséabonde, forte, discrète…).
- **Qu'est-ce que je goûte ?** (amer, sucré, vanillé…).
- **Qu'est-ce que je touche** ou qu'est-ce que mon corps sent ? (tiédeur de l'eau, dureté du rocher sur lequel je suis assis)
- **Qu'est-ce que je ressens ?** (peur, tristesse, ennui, curiosité, sentiment de liberté…).

3 **Je me pose des questions.**
Qui ? Où ? Quand ? Comment ?
Qui fait quoi ? Où ? D'où ? Par où ? Quand ? En combien de temps ? Depuis quand ? Pourquoi ? Comment ? Avec qui ? Avec quoi ? Comme qui ? Comme quoi ? Etc.

RECHERCHE D'IDÉES POUR SUJET DE RÉFLEXION

1 **J'analyse les mots du sujet.**
Je repère les mots clés. Je cherche leur sens. Que me demande-t-on ? Je vérifie que ma reformulation est juste et complète.

2 **Je laisse surgir les idées.**
J'écris sur mon brouillon les mots clés et je note au vol tout ce à quoi ils me font penser. Je ne réfléchis pas, j'écris (en mots, pas en phrases) ce qui me vient en tête. Je ne censure pas mes idées.
Ou je peux, partant des mots clés placés au centre de la feuille, noter tout autour mes idées. Ensuite, à partir de ces mots satellites, j'écris les idées nouvelles qui me viennent à l'esprit.

EXEMPLE : Peut-on se servir des animaux pour faire des expériences ?

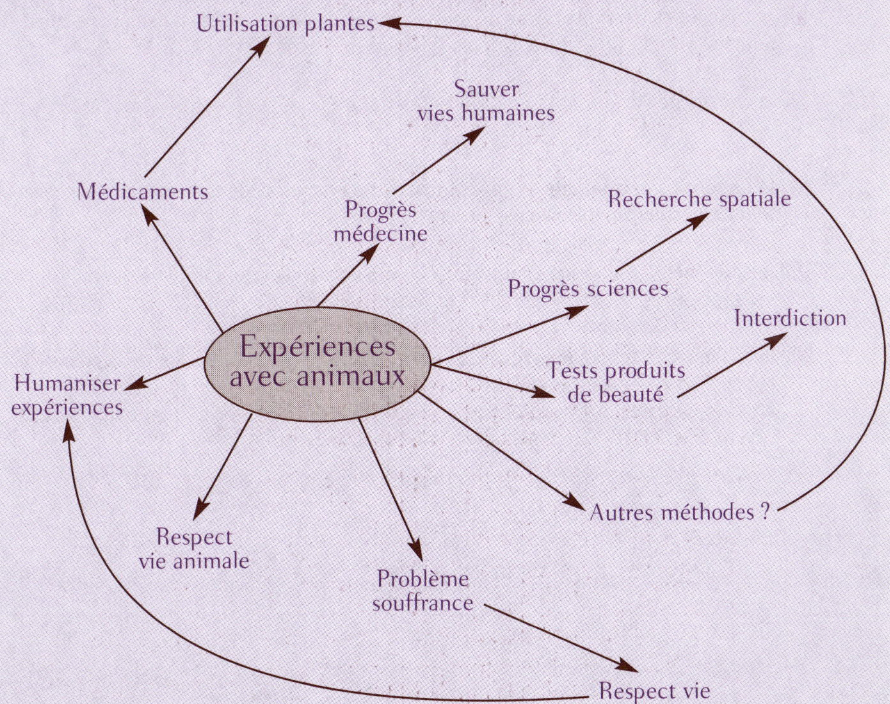

3 **Je me pose des questions.**
Qui fait quoi ? Où ? Quand ? Comment ? Pour quoi ? (ce sont les motifs, les buts)
Pourquoi ? (ce sont les causes)
À ces questions de base, je peux ajouter : Combien ? À qui ? Avec qui ?
Au nom de quoi ? Malgré quoi ? Quelles conséquences ? Quelles solutions ?

Qui ? Quelles expériences ? Quels animaux ? Qui les fait ?
Où ? Dans quels pays ? Laboratoires privés ou d'État ?
Quand ? les protestations ont-elles toujours existé ? De quand datent les premières ?
Comment ? Comment justifier les animaux cobayes ?
Pour quoi ? Argent ? Mise au point de médicaments ? Tests de produits dangereux ? Armes chimiques ?
Pourquoi ? Avancée de la science ? Barbarie ?
Combien ? Combien d'animaux ? Combien de laboratoires ?

4 **Je trouve des exemples tirés de mon expérience personnelle, puisés dans mes connaissances :** littérature, cinéma, histoire, sciences...

5 **Je choisis des arguments de différentes natures :** raison, morale, droit, individu, famille, société, science, histoire...

6 **Je raisonne par analogie et par contraste,** en partant d'idées que j'ai déjà trouvées : de même, comme, à l'inverse, tout au contraire...

7 **Je situe le sujet ailleurs et autrefois :** je me demande comment le sujet a été envisagé autrefois, comment il est envisagé ailleurs.

8 **Je fais le tri de toutes mes idées.** Je barre celles qui sont anecdotiques ou hors sujet. Je peux les relier par des flèches de différentes couleurs selon qu'elles indiquent la cause, la conséquence, la finalité... Je peux les numéroter suivant une logique. Cela m'aide à structurer mes idées, à trouver un plan.

FICHE **PARENT**

RECHERCHE D'IDÉES

Quel que soit le sujet, qu'il fasse appel à l'imagination ou à la réflexion, le problème auquel se heurte un élève, quand il recherche des idées, est principalement qu'il ne sait quelle démarche adopter ; il se met à écrire au fur et à mesure ce qui lui vient à l'esprit, contraignant la pensée au rythme de l'écriture, limitant ainsi sa vitesse et sa fluidité.

SUJET D'IMAGINATION ET DE NARRATION

• IDÉES SPONTANÉES

Avant de commencer à rédiger son brouillon, il faut laisser venir à soi les idées. Laisser venir, dans le sens où imaginer est un acte à peine conscient. Imaginer fait appel à la relaxation, aux libres associations, à une sorte d'intuition.
Une bonne méthode est l'utilisation du schéma heuristique : l'idée principale, sous forme de deux ou trois mots, est placée au centre d'une feuille ; elle est entourée d'un cercle. On lit le mot, on ne réfléchit pas, mais on note librement tout ce qui vient à l'esprit. Ces idées se placent autour de l'idée principale. Quand on est à court d'imagination, on lit de nouveau le mot central ; ensuite, on fait de même avec les mots satellites.

• RECHERCHE SYSTÉMATIQUE

- Il s'agit d'explorer les cinq sens :
  Qu'est ce que je vois ?
  Qu'est-ce que j'entends ?
  Qu'est-ce que je sens ?
  Qu'est-ce que je goûte ?
  Qu'est-ce que je touche (ou qu'est-ce que mon corps sent) ?
- Il s'agit également d'explorer ses sentiments, de laisser émerger ses émotions.
  Qu'est-ce que je ressens ? Partant de là, comment est-ce que je réagis, qu'est-ce que je fais ?
- Qui ? Où ? Quand ? Comment ? Ces questions classiques sont indispensables pour ne rien oublier d'important dans la narration.

SUJET DE RÉFLEXION

• SCHÉMA HEURISTIQUE

Là aussi, la recherche et l'organisation des idées à travers le schéma heuristique sont profitables à beaucoup d'élèves. Selon M. Claggett et G. Rico, de l'université de Californie[1], les dissertations précédées d'un travail sur schéma présentent, par rapport aux autres, non seulement une plus grande abondance de détails spécifiques, un élargissement des idées, mais encore une plus grande cohérence, un style plus libre, une meilleure utilisation des structures syntaxiques. Toutes qualités que j'ai également notées dans la rédaction de sujets d'imagination.

C'est parce qu'ils écrivent au fil de la plume, alors que la pensée va infiniment plus vite que la main, que les élèves sautent des enchaînements, oublient des idées d'importance, rendent un devoir mal structuré, écrivent dans un style déplorable. On ne peut simultanément rechercher les idées et faire leur mise en phrases.

Dans le schéma heuristique, les idées sont transcrites sous forme de mots clés et non de phrases. Une première exploration cerne l'idée principale, puis une deuxième, les idées satellites, une troisième exploration permet la recherche autour de ces dernières, et ainsi de suite jusqu'à épuisement des idées. Bien entendu, ce travail est exécuté sans réfléchir, en écrivant tout ce qui vient à l'esprit.

Puis on barre ce qui a le moins d'importance ou ce qui n'est qu'une digression.

Le passage d'une idée à l'autre, leur succession, leur lien, sont favorisés par les relations visuelles. Il suffit de tracer des flèches pour aller d'une idée à l'autre.

La représentation graphique sert à la recherche des idées, à la mise en ordre, à la structuration, à la synthèse. Elle permet un recentrage très efficace. Elle est donc recommandée aux élèves qui ont du mal à trouver des idées, mais également à ceux qui éprouvent des difficultés à les rassembler et à les organiser.

• **RECHERCHE SYSTÉMATIQUE**

Les questions dont parlait le rhéteur Quintilien dans l'Antiquité sont toujours d'actualité pour cerner un sujet : Qui ? Quoi ? Où ? Quand ? Comment ? Pourquoi ? Combien ?

D'autres pistes sont possibles : les exemples tirés de sa propre expérience ou de ses connaissances (et là, tout dépend de la culture personnelle), les différents angles sous lesquels on peut étudier le sujet.

(1) G. Rico et M. Claggett, « Balancing the hemispheres : Brain research and the teaching of writing », Bay Aera Writing Project, Berkeley, 1980.

FRANÇAIS

L'un des meilleurs exercices de français que je connaisse est de partir d'un texte et de l'analyser, j'allais dire de l'analyser au fil de sa fantaisie, ce qui me paraît un bon conseil, car ce parcours doit être assez varié pour que l'enfant y ait des réussites et des plaisirs. Orthographe, vocabulaire, grammaire, rédaction, exploration littéraire, vous pouvez tout travailler.

L'enfant qui est en primaire ou en 6e cherche des COD dans le texte, justifie la terminaison d'un verbe. Il transforme une phrase à la forme active en phrase à la forme passive, il sort un mot du texte et l'utilise dans un autre contexte. Il justifie la terminaison d'un participe passé, dit à quel temps et à quel mode est un verbe, il analyse l'orthographe d'un mot et l'écrit dans sa tête. Il cherche qui se cache derrière *ils* ou *leur*.
Vous pouvez travailler en même temps que lui : c'est à celui qui compte le plus de déterminants, qui fait la phrase la plus amusante en utilisant un mot du texte. À tour de rôle, vous lisez le texte en changeant le temps des verbes, vous faites des déductions en vous servant de ce qui est écrit, vous résumez le texte et inventez une suite : lieu, personnages, pensées, ressentis sont détaillés — vous restez dans la logique du texte (ton, imaginaire...).

Avec votre enfant collégien, vous faites l'analyse logique d'une phrase, cherchant le lien qui unit une principale à sa subordonnée, vous étudiez le champ lexical dominant.
Vous cherchez dans la littérature à quel auteur ce texte vous fait penser : genre, thème. Vous faites un parcours culturel dans le temps (de l'Antiquité jusqu'à nos jours) et dans l'espace (littérature, mais aussi autres créations artistiques de par le monde).
Le texte vous aide à trouver un sujet de réflexion, à lancer un débat, où vous justifiez, l'un et l'autre, vos arguments (cause, but, opposition, comparaison...).

→ VOIR L'APPRENTISSAGE CLOISONNÉ ET SES MÉFAITS ; CONJUGAISON ; DICTÉE ; GRAMMAIRE ; ORTHOGRAPHE ; EXPRESSION ÉCRITE ; VERBE ; ANALYSE LOGIQUE ; MOTS DE COMPRÉHENSION

GÉOMÉTRIE

FIGURE GÉOMÉTRIQUE

Il ne faut pas confondre un objet mathématique, qui est un objet mental, avec la représentation qu'on en donne. Ainsi, un trait rectiligne est une image de la droite, mais en aucun cas la droite mathématique n'est cette image (la droite mathématique n'a aucune épaisseur ; celle que l'on trace sur une feuille a celle qu'on lui donne, qui dépend de la grosseur de la mine de votre crayon). Certaines des propriétés d'un objet mathématique peuvent être rendues tangibles par des figures géométriques. Un triangle n'a pas d'existence concrète, on peut cependant tracer un triangle sur une feuille pour représenter son existence mathématique. Mais il ne faut pas oublier que la figure concrète censée représenter l'objet mathématique est en fait un ensemble de propriétés.

Alain Taurisson[1] donne en exemple la représentation de l'objet mathématique parallélogramme. Dans la *figure 4*, le « spectateur non mathématicien » identifie un parallélogramme. Le mathématicien, lui, ne voit un parallélogramme que s'il y reconnaît certaines propriétés. Les *figures 2* et *3* constituent un langage mathématique et permettent au mathématicien de reconnaître le parallélogramme.

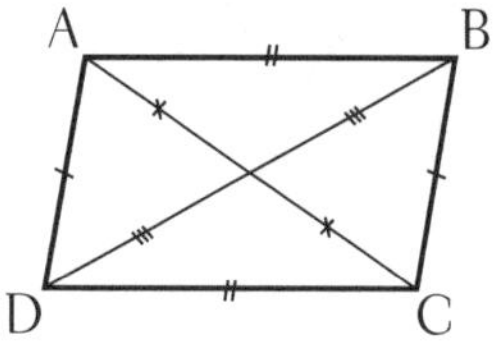

fig. 1

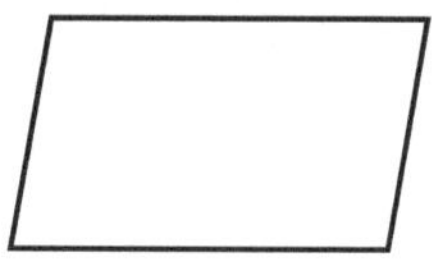
fig. 4

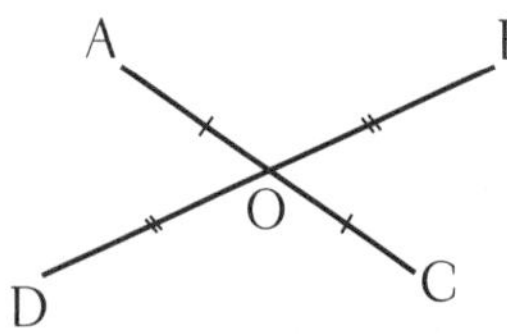

fig. 2

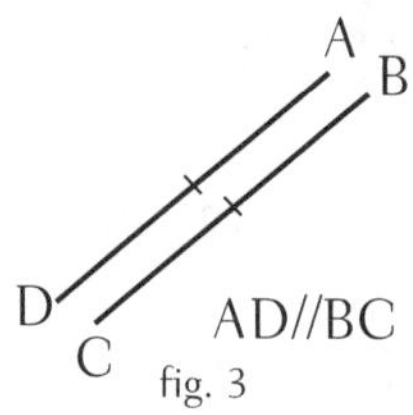

fig. 3

Apprenez à votre enfant à :

— représenter des figures géométriques sur lesquelles il porte leurs propriétés *(fig. 1)* et à ne pas faire des dessins privés de sens mathématique *(fig. 4)* ;

— ne pas accepter tel quel ce qu'il voit. ABCD est peut-être un carré, encore faut-il qu'il en apporte la preuve ;

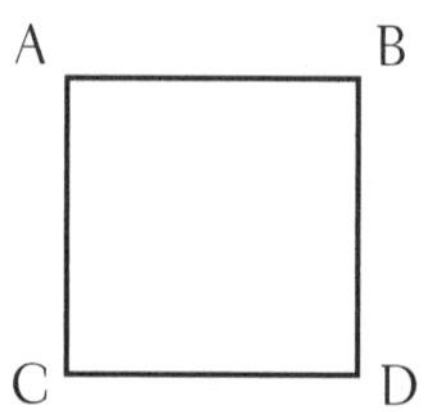

(1) A. Taurisson, *Pensée mathématique et gestion mentale*, Bayard, 1993.

— faire des déductions à partir de ce qu'il sait. ABCD est un rectangle car AO = OB = OC = OD.

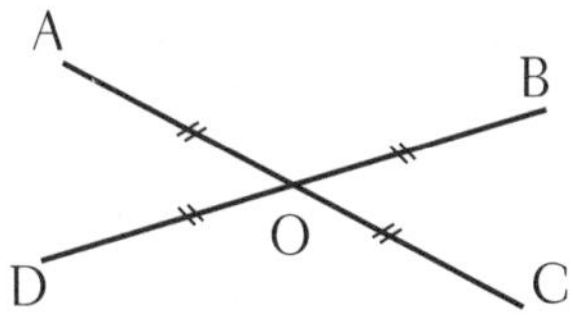

ORGANISER LES STRUCTURES

Un parallélogramme est un quadrilatère dont les côtés opposés sont parallèles. Un carré est un rectangle qui a deux côtés consécutifs de même longueur. On peut dire aussi d'un carré qu'il est un losange dont les diagonales sont de même longueur. Or un losange est un parallélogramme dont les diagonales sont perpendiculaires. Si un carré est un parallélogramme et un quadrilatère, un quadrilatère et un parallélogramme ne sont pas forcément des carrés. Si un parallélogramme est un quadrilatère, on ne peut dire à tout coup qu'un quadrilatère est un parallélogramme. Etc.

Combien d'élèves arrivés en fin de 4e saisissent vraiment ce que sont le quadrilatère, le parallélogramme, le losange et les relations qui les unissent ?

Pour leur faire comprendre que des figures géométriques sont incluses les unes dans les autres, pour que les définitions du carré ou du losange aient du sens pour eux, on peut structurer les savoirs géométriques, on peut les traduire sous forme de schémas. Ainsi, quand votre enfant apprend le losange, replacez cette figure dans un ensemble.

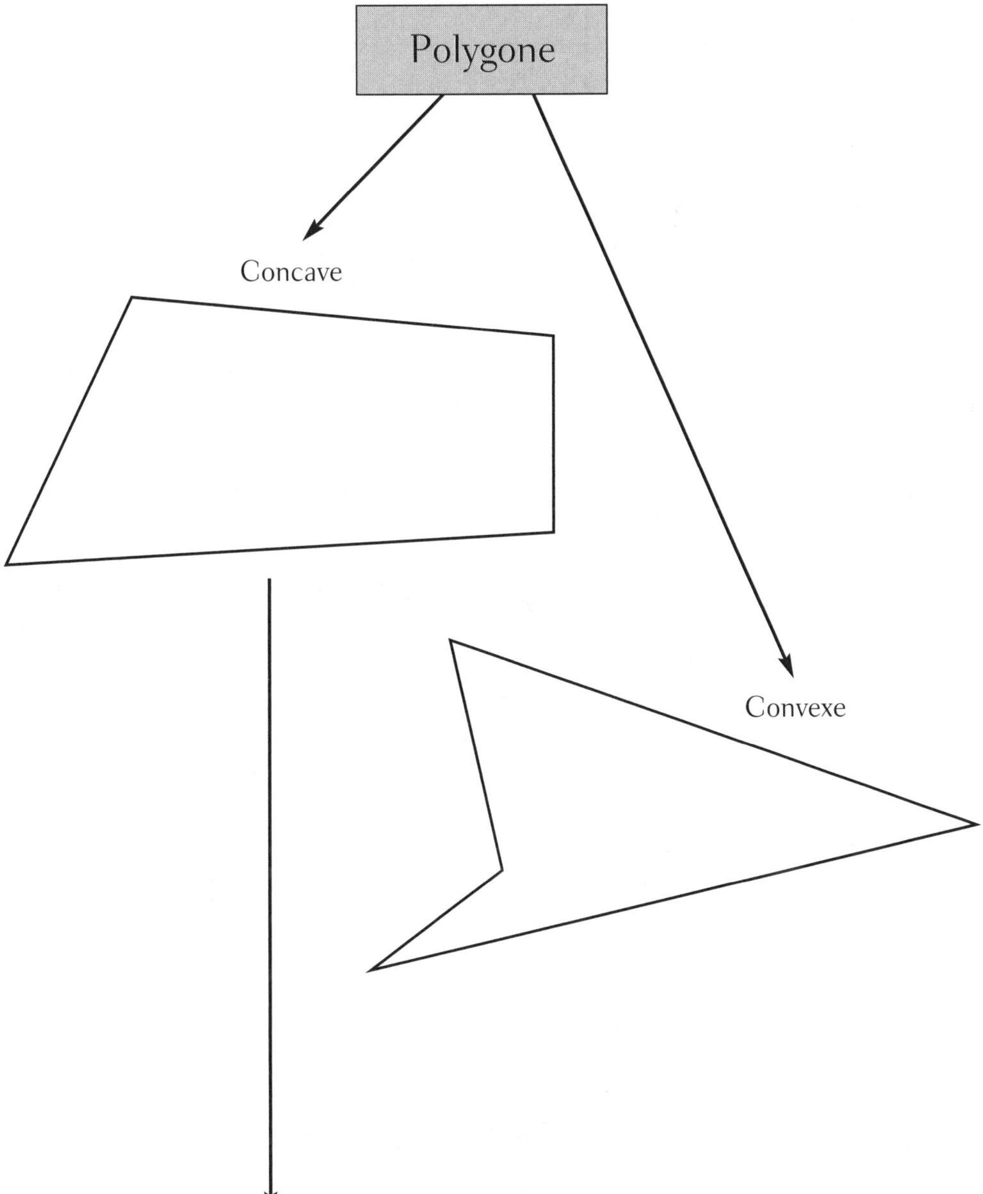

3 côtés	4 côtés	5 côtés	…
triangle	quadrilatère	pentagone	

3 côtés	4 côtés	5 côtés	…
triangle	quadrilatère	pentagone	

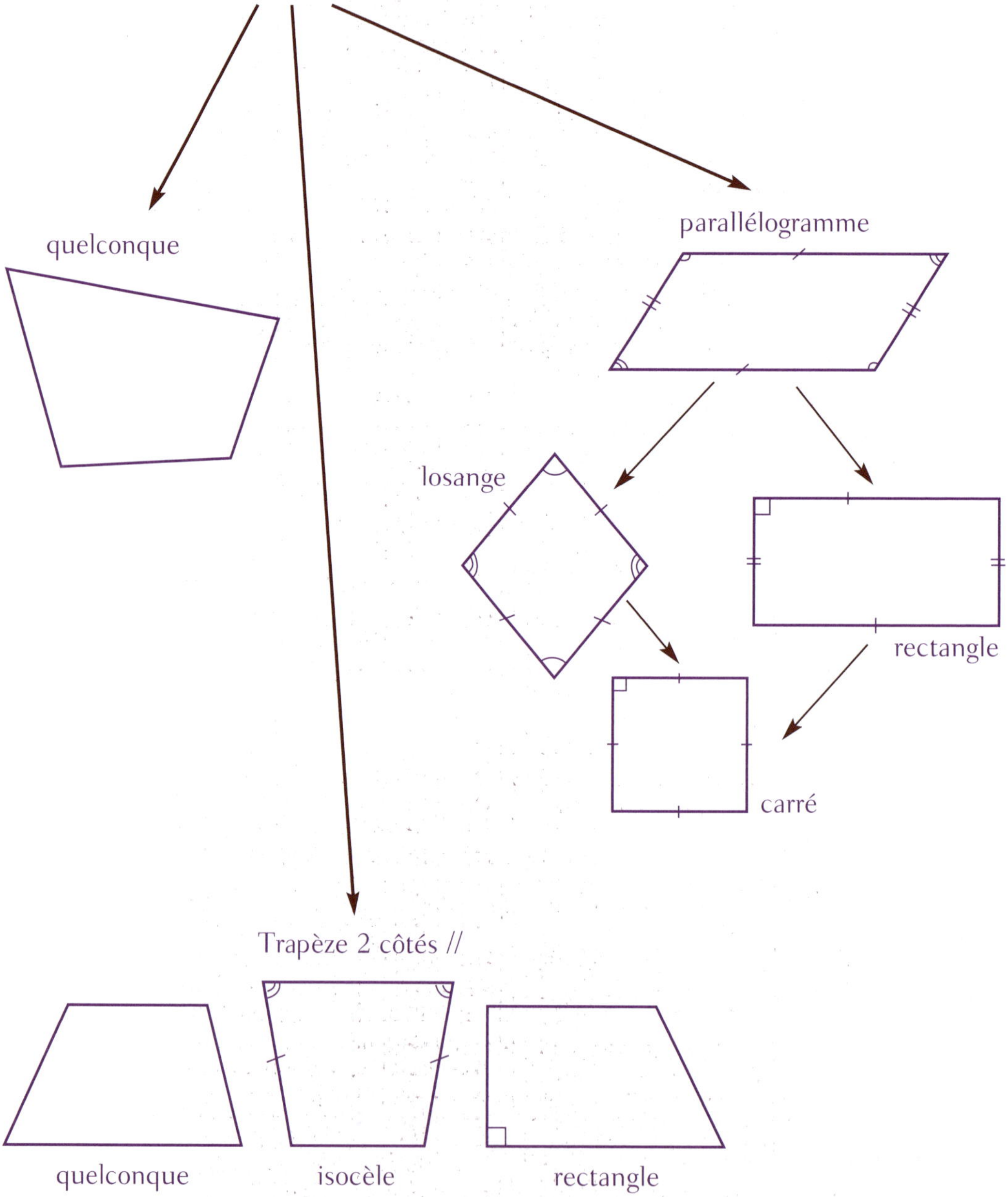

EST-CE VRAI ? PEUT-ON DIRE ?

Que votre enfant sache réciter les propriétés d'une figure ne signifie pas qu'il les a intégrées et sait s'en servir dans un exercice de géométrie. Jouez avec lui au jeu du « Est-ce vrai ? Peut-on dire ? » Ce questionnaire aide à la réflexion et il permet de vérifier que l'enfant a compris ce qu'il a appris.

Est-ce vrai ?
- Le carré est un losange qui a un angle droit.
- Un rectangle est un parallélogramme particulier.
- Un triangle est un polygone.

Est-ce vrai ?
- Si un parallélogramme a trois côtés égaux, il suffit qu'en plus il ait un angle droit pour que ce soit un carré.
- Si un quadrilatère a deux côtés parallèles, il suffit qu'en plus ces côtés soient égaux pour que ce soit un parallélogramme.

Est-ce vrai ?
- Un quadrilatère dont les diagonales sont perpendiculaires est un losange.
- Les diagonales d'un rectangle se coupent en leur milieu.
- Les diagonales d'un losange sont égales.

Peut-on dire ?
- Le quadrilatère ABCD est un parallélogramme car il a deux côtés [AB] et [CD] parallèles.
- Le quadrilatère ABCD est un parallélogramme car ses diagonales se coupent en leur milieu.
- Le quadrilatère ABCD est un rectangle car ses diagonales sont égales.

ACCROCHER UNE LEÇON À UN ACQUIS, À UNE AUTRE LEÇON

Tout nouvel apprentissage en géométrie doit être ramené à un ensemble, à un acquis fraîchement mémorisé ou plus ancien. Ainsi il faut se remémorer comment on calcule l'aire d'un carré quand on aborde le volume d'un cube.
Il est indispensable de vérifier que l'enfant a les acquis nécessaires pour comprendre sa nouvelle leçon, pour faire son exercice. Qu'il tienne des fiches pour résumer ses connaissances, qu'il y revienne régulièrement. Comprendre, c'est faire des liens entre des choses que l'on connaît et des choses à apprendre. On compare, on oppose, on inclut.
Il est absurde d'apprendre la symétrie par rapport à un point sans revenir à la symétrie par rapport à une droite, étudiée l'année d'avant.

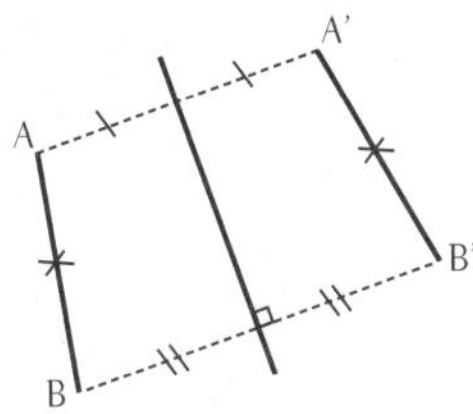

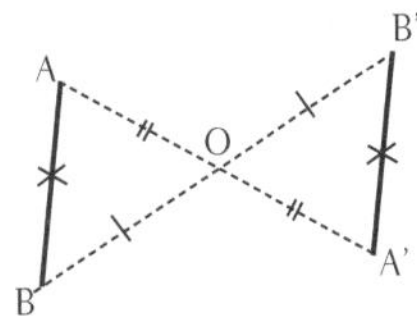

1 Je compare avec l'enfant les deux symétries

Symétrie orthogonale (par rapport à une droite)	**Symétrie centrale** (par rapport à un point)
Elle change l'orientation	Elle conserve l'orientation [AB] // [A'B']

Elles conservent aux figures leur forme et leur grandeur

AB = A'B'

2 Je compare leur mode d'emploi

Comment faire pour construire une symétrie orthogonale et une symétrie centrale ?

FICHE **ÉLÈVE** COLLÈGE

EXERCICE DE GÉOMÉTRIE

1 **Les figures sur ma copie doivent être propres et précises.**

2 **Sur ma figure géométrique, au brouillon, je porte toutes les identités :**
- celles données dans l'énoncé,
- celles que je déduis de l'énoncé,
- celles que je découvre au fur et à mesure.

3 **Pour faire une démonstration, je dois savoir ce qui non seulement est nécessaire mais ce qui est suffisant.** Il suffit de deux angles égaux ou de deux côtés égaux pour démontrer qu'un triangle est isocèle.

4 **Je justifie mes affirmations,** même si ce que j'énonce me paraît évident.
Par exemple, parlant de [AB] et [BC], les côtés d'un carré, je dis « *Si* ABCD est un carré, *alors* ses quatre côtés sont égaux et AB = BC. »

5 Je construis des phrases entières et correctes.

6 J'utilise l'écriture géométrique.

EXEMPLES : l'angle $\widehat{ABC}$, le segment [CB], le côté [BC], la droite (AB).

FICHE **PARENT**

EXERCICE DE GÉOMÉTRIE

Les figures géométriques seront précises et propres si votre enfant anticipe ce qu'il doit faire. Comment tenir une règle, un compas de façon à ce qu'ils ne bougent pas ? Comment tracer la hauteur avec précision ? Quels traits de construction faut-il laisser ? Pour dessiner les figures géométriques, l'enfant fait un dessin à main levée sur son brouillon avant de passer à la figure correcte sur sa copie. Il utilise pour celle-ci un crayon à papier peu gras pouvant se gommer facilement.

Pour apprendre les figures géométriques, il prend règle, rapporteur, équerre, compas, et il les construit. Ainsi leurs propriétés seront plus concrètes. Yann (5e) a compris en les dessinant ce qu'étaient un carré et un losange, qu'il confondait : il a mesuré les angles, les côtés, les diagonales, il les a comparés, il a vérifié les identités.

Beaucoup d'élèves se plaignent de ne jamais savoir par quel bout prendre un exercice de géométrie. Pour la plupart, c'est qu'ils ne s'approprient pas la figure qu'ils dessinent. Ils travaillent sur un dessin et non sur un objet mathématique. Ils doivent porter sur leur figure au brouillon toutes les identités données dans l'énoncé, celles qui en découlent et celles trouvées au fur et à mesure de la résolution du problème.

Quand votre enfant travaille sur ses leçons de géométrie, faites-lui apprendre les théorèmes, mais aussi ce qui lui servira plus directement dans un exercice. Par exemple, quand il aborde le parallélogramme, il doit mémoriser ses propriétés, mais il doit également savoir comment démontrer qu'un quadrilatère est un parallélogramme : des diagonales qui se coupent en leur milieu, ou les côtés opposés parallèles, ou les côtés opposés de même longueur, ou deux côtés opposés parallèles et de même longueur, ou encore les angles opposés de même mesure.
L'enfant situe ce qu'il vient d'apprendre par rapport à ses acquis antérieurs, il crée des liens. Il imagine les utilisations possibles des formules, des définitions et des théorèmes (Quand devra-t-il les utiliser ? Ils lui serviront à prouver quoi ?). Il imagine différents exercices.

Apprenez à votre enfant à justifier ses affirmations, à mémoriser des phrases types, des articulations de démonstration, à écrire de façon rigoureuse et correcte.

GRAMMAIRE

TRAVAILLER SUR LE SENS DES MOTS

Revenez sur le sens des mots tout au long de la scolarité de votre enfant, jusqu'à ce que vous soyez sûr qu'il les a bien saisis.

Pronom = mis pour le nom. Remplace un nom que l'on connaît. Il a les mêmes fonctions qu'un nom.

Complément = complète. Le complément d'objet direct et le complément d'objet indirect complètent le verbe ; le complément circonstanciel complète, selon le cas, le verbe ou la phrase ; le complément du nom complète un nom ; le complément de l'adjectif complète un adjectif.
Complément d'objet second : qui est le second, le deuxième. C'est un complément d'objet indirect que l'on trouve quand le verbe a aussi un complément d'objet direct.
Complément d'agent = celui qui agit. On le trouve dans les phrases passives. Ce n'est pas le sujet qui agit, c'est lui. Il fait l'action.

Possessif = posséder. Il y a des adjectifs possessifs et des pronoms possessifs.

Relatif = met en relation. Le pronom relatif met en relation un mot — son antécédent — et une proposition. La proposition relative relate ce nom, le raconte.

Attention, une erreur fréquente consiste à dire que « le nom se voit dans la tête », ce qui amène les petits à croire que les noms abstraits ne sont pas des noms et que les verbes d'action le sont.

COMPARER, OPPOSER, ASSOCIER LES TERMES

— Ainsi « mot » et « nom ».

Léon	et	Pauline	collectionnent	les	fantômes,	petits	ou	grands.	
1	2	3	4	5	6	7	8	9	= 9 mots
1		2			3				= 3 noms

— Comparez ce que veulent dire préposition et proposition, adjectif possessif et pronom possessif.
— Comparez les compléments essentiels (compléments du verbe) et ceux qui ne le sont pas (compléments de la phrase).
Toutes les nuits, Pauline et Léon vont à la chasse.
« Toutes les nuits » : on peut le supprimer ou le changer de place, c'est un complément circonstanciel, complément de la phrase.
« à la chasse » : on ne peut pas le supprimer ou le changer de place, c'est un complément circonstanciel, complément essentiel du verbe *vont*.

PLACER UNE CONNAISSANCE DANS UN ENSEMBLE, DANS UNE CATÉGORIE

NATURE	
MOTS VARIABLES	MOTS INVARIABLES
Les noms	Les adverbes
Les déterminants	Les prépositions
Les adjectifs qualificatifs	Les conjonctions de coordination
Les pronoms	Les conjonctions de subordination
Les verbes	Les interjections

TROUVER DES EXEMPLES

- **Cherchez avec votre enfant des exemples vivants, absurdes, poétiques... des exemples utilisant des choses qui l'intéressent.**

« Grand-père accroche des ailes à son vieux vélo rouillé pour aller plus vite et gagner le Tour de France. »

- **Servez-vous d'exemples concrets, de métaphores.**

France Pagès[2], orthophoniste, compare les déterminants à des présentateurs de télévision. Les déterminants-présentateurs donnent des informations ; ils disent si le nom est seul (singulier), s'il est connu (article défini), s'il appartient à quelqu'un (adjectif possessif)...

Les adjectifs qualificatifs, eux, sont des magiciens qui transforment le nom. Un cerf-volant devient bleu, ou rouge, ou léger, ou lourd, selon ce que veut le magicien.

Les prépositions, les conjonctions de coordination et de subordination sont des épingles à nourrice. Elles servent à accrocher des mots, des propositions ensemble. Amusez-vous à être les présentateurs, les magiciens, les épingles à nourrice, en partant de noms que vous choisissez à tour de rôle. Ce travail permet également d'identifier toute sorte de noms : les enfants ont des difficultés avec les noms abstraits qu'ils ne peuvent se représenter facilement.

D'AUTRES OUTILS

- **Essayez l'approche kinesthésique.**

Au collège Croix-de-Metz, à Toul, un enseignant a fait acquérir le concept de fonction à ses élèves grâce à une approche kinesthésique[3]. Certains élèves étaient des noms tels que *chien*, *pâtée*, d'autres des verbes tels que *manger*. Puis le professeur appelait le chien, qui ne bougeait pas, ne pouvant rien faire seul (un mot seul n'a pas de fonction grammaticale). Le professeur appelait ensuite le chien et manger. Les deux élèves se donnaient la main, ils se liaient. « Le chien mange, mastique », disait l'enseignant. Puis il appelait la pâtée. Mais où accrocher la pâtée ? Au chien ? Les élèves ne bougeaient pas, la mise en fonction étant impossible. À manger ? Ils se prenaient la main. Les trois élèves levaient leurs mains réunies.

Puis les élèves définissaient la fonction grâce, entre autres, à un dessin, rappel concret, et à une flèche, représentation abstraite du lien.

- **Servez-vous d'images, de dessins, de photos.**

Clara a compris ce qu'étaient la forme active et la forme passive grâce à un dessin que je lui ai montré. On y voyait dans un parc, au-dessus des arbres, une fillette accrochée à un ballon. Clara a dit : « Le ballon emporte la petite fille dans les airs » (forme active). « La petite fille est emportée dans les airs par le ballon » (forme passive).

DES MÉTHODES DE TRAVAIL

LA VÉRIFICATION

Vérifiez que votre enfant a les prérequis nécessaires.
S'il apprend l'adjectif qualificatif, c'est-à-dire l'adjectif qui précise un nom, le qualifie, vérifiez qu'il sait ce qu'est un nom, qu'il ne confond pas le mot et le nom, qu'il reconnaît dans une phrase non seulement ceux qu'il peut visualiser mais également les noms abstraits.

L'APPLICATION

Donnez des savoir-faire à votre enfant : il ne lui suffit pas de savoir les règles, il doit pouvoir les appliquer. Dites-lui comment trouver un COD, comment repérer un participe passé et l'accorder.

LA GRAMMAIRE EST VIVANTE

Travaillez sur la grammaire vivante, c'est-à-dire sur des textes.
Il y a le monde et les noms qui permettent de le dire, de le décrire : « Léon », « chat », « étoile », « voyage »... Il y a la grammaire qui permet, en agençant les mots, en leur donnant une fonction, d'exprimer des choses sur les noms et le monde.
« Léon, quand il partit en voyage vers les étoiles, oublia son chat.
Le chat regarda Léon se préparer pour son voyage vers les étoiles.
Léon pensait qu'il aimait son chat mais qu'il ne l'emmènerait pas avec lui dans son voyage vers les étoiles. »
La grammaire est un outil, un outil vivant. C'est pour cette raison qu'il me paraît absurde de faire réciter à l'enfant le conditionnel du verbe emmener ou de réciter la liste de tous les pronoms personnels, sujets et compléments. Il est beaucoup plus intéressant de travailler sur un texte (mieux vaut un texte court qu'une seule phrase, même dans le cas où vous désirez faire travailler votre enfant sur quelques mots seulement).
« Léon pensait qu'il aimait son chat mais qu'il ne l'emmènerait pas avec lui dans son voyage vers les étoiles. Isidore avait le mal de l'air et Léon savait qu'il n'aurait pas le temps de s'occuper de lui. Trop de manœuvres, trop de choses à s'occuper. Etc. »

On cherche les circonstances exprimées dans le texte et celles non exprimées, que l'on invente. Quand ? Pourquoi ?
On remplace « son chat » par « le chat ». Quel sens différent prend la phrase ?
On imagine que Léon et Pauline partent ensemble : « Pauline et Léon pensaient... » L'enfant termine la phrase.
On imagine que cela est en train de se passer : « Léon pense... »
On précise une qualité du nom « chat », on lui adjoint un adjectif qualificatif. « Comment est le chat ? Roux, ou sauvage, ou... »
On s'interroge. Quel est ce futur étrange qui a les marques du conditionnel : il ne l'emmènerait pas ?
Quelle est la nature du mot « vers » ? Ne sert-il pas à accrocher des mots ensemble ? Lesquels ?

→ VOIR CONCEPT ET STRUCTURE ; L'APPRENTISSAGE CLOISONNÉ ET SES MÉFAITS.

(1) Voir Nature et fonctions des mots, p. 244.
(2) France Pagès, Colloque d'Angers, *La Gestion mentale, voie vers l'autonomie*, Bayard, 1991.
(3) *Pédagogie des gestes mentaux de l'apprentissage, expérimentation en collèges*, CRDP de Grenoble, 1986, 1988.

FICHE **ÉLÈVE** PRIMAIRE

APPRENDRE UNE RÈGLE DE GRAMMAIRE

1 **Je lis la règle et son exemple. Je me l'explique avec mes mots.**

2 **Je me fais mes exemples.**

3 **Je me demande :**
– quand j'aurai à utiliser cette règle (dictée, exercice) ;
– comment savoir que j'aurai à l'appliquer si on ne me le dit pas dans l'énoncé de l'exercice.

4 **Je vérifie que je saurai l'utiliser.**
À quoi me faudra-t-il penser alors ? Qu'aurai-je à faire ?

FICHE **ÉLÈVE** COLLÈGE

APPRENDRE UNE RÈGLE DE GRAMMAIRE

1 **Je l'analyse.** Que veut dire cette règle ? Est-ce que je comprends bien chaque mot ? Je dois être capable de la réciter autrement, de l'expliquer à quelqu'un d'autre.

2 **Je me fais des exemples.** Plus je me fais d'exemples, plus j'aurai de chances de savoir l'utiliser sans difficulté.

3 **Si je dois l'apprendre par cœur, je le fais en comprenant ce que je dis.** À chaque fois que je la récite, je dois passer par le sens.

4 **J'apprends à me servir de cette règle dans des exercices variés** (dictée ou travail écrit, exercice d'application, analyses grammaticale et logique...).

5 **Je corrige toujours mes fautes,** même si cela a été fait en cours. Je les analyse. Je pense à ces corrections avant de commencer un devoir, un contrôle.

FICHE **PARENT**

APPRENDRE UNE RÈGLE DE GRAMMAIRE

Le plus souvent, les enfants apprennent des règles de grammaire dont ils ne comprennent pas vraiment le sens, même si on les leur a expliquées.

Il faut donc vérifier qu'ils comprennent le sens de chaque mot contenu dans la règle et le sens général.
Si un enfant dit que « l'adjectif s'accorde en genre et en nombre avec le nom auquel il se rapporte », il doit comprendre pendant qu'il les énonce le sens des mots *s'accorder*, *genre*, *nombre*. Il doit comprendre que pour savoir écrire la terminaison d'un adjectif, il faut trouver le nom avec lequel il s'accorde.

Connaître la règle ne suffit évidemment pas. L'enfant doit savoir quand il aura à l'appliquer, comment y penser. Il doit connaître aussi la procédure pour la mettre en application correctement. À quoi aura-t-il à penser ? Quelle(s) question(s) devra-t-il se poser ?

IDÉAL PARENTAL

L'écoute et l'accompagnement de l'enfant sont essentiels à son épanouissement. Et aussi la confiance qu'on a en lui, la croyance en ses possibilités.

Il est important que l'idéal parental, en ce qui concerne sa scolarité, ne soit pas un idéal fantasmé se substituant à son propre désir. Dans les premières années de la vie, l'enfant est porté par ses parents, médiateurs de ce désir. Au fil des apprentissages, ils lui permettent de gagner son autonomie. Pour cela, ils le laissent expérimenter et tirer des enseignements de son expérimentation, choisir des voies qui n'auraient pas forcément été les leurs ; ils l'aident à couper le cordon ombilical, acceptent qu'il devienne un enfant-sujet.
Malheureusement, le désir de certains enfants reste enfermé dans celui des parents. Si ces enfants-objets ont un statut vivable, voire confortable, tant qu'ils sont en primaire, cela devient infiniment plus difficile à l'entrée au collège, c'est-à-dire à l'adolescence. Ils perdent toute motivation à travailler.
« Je travaille pour faire plaisir à Maman. » « Mes parents veulent que j'ai tout bon en problèmes. » « Si j'ai pas la moyenne, ils sont pas contents. » Ces phrases reviennent fréquemment dans la bouche des enfants, de ceux qui n'ont pas découvert le goût d'apprendre. Qui n'ont pas appris à apprendre pour eux, pour se construire. « Or se découvrir capable de penser avec plaisir et de penser son plaisir est le préalable nécessaire à toute activité de pensée », dit la psychanalyste Piera Aulagnier[1], ce que nous notons chaque jour avec les élèves, en difficulté ou non, qui viennent consulter.
Rendre l'enfant autonome, c'est aussi l'accompagner, lui donner les repères pour avoir accès à la conscience, à la connaissance, pour occuper sa juste place, la place qu'il aura choisie. C'est lui donner des limites : un espace ouvert repérable.

L'idéal parental doit se rapprocher de ce que l'on pourrait appeler un projet et coïncider avec celui de l'enfant. Nous avons alors des conditions idéales pour que, soutenu avec bienveillance et rigueur, l'enfant puisse travailler.
Quand ce n'est pas le cas, celui-ci s'essouffle à satisfaire ses parents, ce à quoi il n'arrive pas, et, s'il y parvient, c'est au prix de la négation de son propre désir, d'une fragilisation de sa structure psychologique.

(1) *Les Destins du plaisir*, PUF, 1979.

→ VOIR PROJET ; AUTONOMIE

IMAGINATION

Si l'imagination est indispensable dans le domaine de la créativité (art, invention), elle l'est tout autant dans la recherche — que ce soit en mathématiques, en physique ou en biologie. Elles est même présente là où on ne penserait pas la trouver. Quel ingénieur, quel chimiste pourraient s'en passer ? et les archéologues, les ornithologues, les astronomes ? et les architectes, les chefs d'entreprise ? les enseignants qui veulent éveiller l'intérêt de leurs élèves ?
Le rôle de l'imagination est déterminant également dans le quotidien quand il

s'agit de cerner un problème, de faire émerger des solutions. On associe le présent (les données du problème) avec du passé (expériences) pour imaginer le futur. Ou de l'inédit : une pensée mobile, anticipatrice trouve des solutions innovantes aux problèmes. D'où l'importance d'entraîner les enfants à l'imagination pour les préparer à leur vie d'adulte, pour les aider à être à l'aise face aux aléas professionnels : dorénavant, nul n'ayant de vie toute tracée, ils auront à se réorienter, à changer d'activité, peut-être de ville, de pays, à s'associer, à inventer leur métier.
L'imagination n'a rien à voir avec la rêverie. C'est un processus mental, un acte volontaire qui permet d'associer ce que l'on perçoit avec des choses mémorisées, ou des choses mémorisées ensemble, dans une intention précise : anticiper, inventer, créer.

Être capable d'imaginer des possibles, de prendre des initiatives, de se poser des questions, permet aux élèves de réussir des exercices différents de ceux étudiés, et qui demandent de l'intuition et un travail de réflexion.
Aussi, il est intéressant de ne pas les cantonner à des exercices d'application, qui les ferment à l'implicite, à l'inconnu, à ce qui ne leur est pas expliqué. On les laisse parfois vagabonder intellectuellement. On muscle leur imagination. Cela les ouvre à une logique hétérogène (le différent, l'intuition, le paradoxe, l'adaptabilité...), équilibre le cerveau qui, dans les apprentissages, fonctionne principalement sur un mode logico-analytique.

IMAGINATION ET RÉFLEXION

La réflexion repose sur la logique, des règles ; l'imagination ne peut se contraindre à la rigueur. La différence est grande. Pourtant, aussi étrange que cela paraisse, des ponts existent entre ces deux facultés. Leurs démarches sont opposées mais complémentaires. La réflexion sert à ordonner les idées venues de l'imagination, à en faire un tout cohérent, utile. À l'inverse, l'imagination peut aider à la réflexion quand celle-ci bloque : par des sauts hors du champ, elle tente d'autres approches du problème, de la question posée, des rapports d'ordre lointain, elle y revient de manière incidente, elle les saisit autrement.
Pour réfléchir, il faut laisser la pensée prendre des chemins inexplorés, faire des détours créatifs, en prenant garde toutefois qu'elle ne se perde, après quoi on la réancre dans le réel.

INTELLIGENCE

L'intelligence n'est plus ce qu'elle était. Les théories traditionnelles l'avaient limitée aux facultés logiques et analytiques, à l'abstraction. Des approches récentes ont révolutionné cette vision restrictive d'une intelligence que l'on pouvait mesurer, quantifier avec des tests. En fait, il existerait de nombreuses formes sous lesquelles elle peut s'exprimer, même si l'on doit reconnaître que l'intelligence analytique reste l'aptitude la plus étudiée, voire la plus valorisée.

FICHE ÉLÈVE

MUSCLER SON IMAGINATION

1 J'imagine

Après avoir regardé un film, un feuilleton à la télévision, après avoir lu un livre, je fais un travail d'imagination.

J'imagine un héros (ou l'un des personnages) différent : âge, sexe, physique ou caractère.
Je me pose des questions : Qui est-il ? Quelle est sa vie ? Que sont ses relations avec les autres ? Que devient l'histoire en raison de ce changement ?

L'action se passe ailleurs
L'histoire ne se passe plus à Los Angeles ou dans un village d'Afrique mais dans ma ville. Je retrouve l'histoire dans ma tête et je transforme ce qui doit l'être : décor, voitures, habitudes alimentaires et tout ce qui est différent en raison des coutumes propres à chaque pays.

Un autre personnage entre dans l'histoire
Qui est-il ? Âge, sexe, nom, profession, caractère, particularité ?
À quel moment arrive-t-il ? En pleine action ? À un moment inopportun ?
Va-t-il aider le héros ? Va-t-il perturber les relations des personnages, l'action ? Etc.

Je rentre moi-même dans l'histoire
Avec mes qualités, mes peurs, mes points forts (physiques et intellectuels).
Comment ? Que vais-je y faire ? Avec qui vais-je sympathiser ? Pourquoi ?
Ma participation va-t-elle changer le cours de l'histoire ? Etc.

La fin de l'histoire est différente
Je peux trouver une fin drôle, une fin qui permette à l'histoire de rebondir, c'est-à-dire qui permette éventuellement de faire une suite. Je peux inventer une fin mélancolique, une fin absurde, etc.

2 Je crée

Je crée différents labyrinthes.
Je crée des machines qui n'existent pas.
Je crée des jeux en m'aidant d'autres jeux dont je transforme les règles.
Je crée un journal avec différentes rubriques.
Je crée une bande dessinée. J'invente mes héros ou je les emprunte à la mythologie, à des contes, à des bandes dessinées, et je les fais se rencontrer.
Je crée un monde imaginaire avec sa géographie, son histoire, ses lois, ses coutumes, ses croyances, ses sports, ses loisirs.

3 J'organise

J'organise une fête et règle les problèmes qui se posent.
J'organise un grand pique-nique et prévois tout ce qui est nécessaire.
J'organise un jeu de piste et décide du tracé, je trouve les questions à poser, les énigmes à résoudre.

Ainsi, Robert Sternberg[1], professeur à l'université Yale, a élaboré un modèle d'intelligence à trois facettes. Il y aurait :

- **une intelligence analytique** (celle du raisonnement abstrait) ;
- **une intelligence empirique** (celle du savoir-faire) qui est la manière dont un individu se comporte face à un nouvel apprentissage : il améliore sa performance jusqu'à parvenir à un automatisme. Elle est ce que met en œuvre une personne qui apprend à conduire ou un enfant qui maîtrise l'algorithme d'une opération ;
- la dernière facette serait **l'intelligence pratique,** ou l'adaptation de l'individu à son environnement social et culturel, son aptitude à s'y conformer, à le modifier ou à en changer.

Howard Gardner[2], professeur à l'université Harvard, propose, lui, une conception modulaire de l'intelligence. Il part du postulat selon lequel plusieurs intelligences coexistent en chacun de nous :

- **l'intelligence linguistique :** c'est la capacité de décrire et de comprendre le monde par la construction d'un discours intérieur riche. Elle est à l'œuvre dans la communication avec soi-même et avec les autres ;
- **l'intelligence logico-mathématique :** elle permet le raisonnement qui s'appuie sur la logique, sur la précision des faits, sur leur enchaînement. Elle est nécessaire pour l'apprentissage des matières techniques et scientifiques ;
- **l'intelligence spatiale** ou la capacité de représentation visuelle du monde et des choses, d'orientation dans l'espace : elle est l'intelligence de l'imagination créatrice, indispensable aux grandes découvertes.

À ces trois aptitudes reconnues comme nécessaires à l'intelligence, s'ajoutent :

- **l'intelligence musicale.** Cette capacité de recevoir, de ressentir et de produire de la musique apparaît très tôt chez l'enfant ;
- **l'intelligence corporelle et kinesthésique** désigne l'habileté manuelle des artisans, elle est présente aussi chez les danseurs, les sportifs ;
- **l'intelligence naturaliste,** celle qui permet de classer et de définir (entre autres les plantes et les animaux) ;
- **l'intelligence intérieure,** qui est la connaissance de soi-même. Intelligence de ses rythmes de vie, de ses équilibres. Elle favorise un développement harmonieux tout autant qu'efficace ;
- **l'intelligence relationnelle,** ou la capacité d'établir une communication et des rapports riches et agréables avec les autres.

Toujours selon Howard Gardner, aucune de ces intelligences ne serait supérieure aux autres. Sa théorie, en fractionnant l'intelligence en plusieurs facettes, vise à aider « les gens à mieux définir ce qui est important selon les cas. Si vous prenez dix métiers différents dans nos sociétés, dit-il, chacun réclame probablement des combinaisons différentes d'intelligence[3] ».

Dans un apprentissage scolaire, H. Gardner conseille de prendre en compte ces diversités et d'en varier les approches :

– utiliser nombres et classifications ;
– passer par la narration ;
– avoir une approche artistique esthétique ;
– l'aborder par les « grandes questions » ;
– faire et faire faire.

(1) R.J. Stenberg, Beyond I.Q., *A Triarchic Theory for the Measurement of Human Intelligence*, Cambridge University Press, 1985.
(2) H. Gardner, *Multiple Intelligences: The Theory in Practice*, Basic Books, 1993.
(3) Interview parue dans les *Cahiers pédagogiques*, Crap, novembre 2005.

L'ÉVEIL DE L'INTELLIGENCE

L'éveil de l'intelligence chez l'enfant dépend des adultes qui l'entourent au plus près. À la maison comme à l'école, la problématique est de l'amener à s'investir dans sa construction intellectuelle, ce qui est possible si on lui fait une place dans le réel : on le met en position d'observer, de manipuler, de faire, d'expérimenter, de réfléchir.

On est quelque peu surpris lorsque l'on compare le matériel donné à l'enfant dans les cours et sa réalité dans le quotidien, où il est rarement confronté à la vie professionnelle des adultes, à leurs activités, où il est materné jusqu'à ce qu'il quitte le cocon familial. Il ne participe guère aux activités du monde. Soumis la plupart du temps à un système où sévit une ségrégation — d'un côté les apprenants, de l'autre ceux qui ont le savoir et doivent le lui transmettre entre les quatre murs d'une classe —, l'enfant accumule des connaissances, lesquelles, ne résonnant pas dans son réel, ne font pas sens.

Alors faites-le participer à vos expériences, donnez-les lui à comprendre ; apprenez-lui à négocier avec la réalité : les désirs des enseignants, les réussites aux contrôles, aux examens, l'acquisition des connaissances et le développement de son intelligence, qui ne passent pas seulement par le scolaire. Soyez dans un dialogue qui l'amène à s'épanouir dans un rôle d'échange, de partage. **Et n'oubliez pas que l'on apprend plus en faisant qu'en écoutant.**

FICHE **ÉLÈVE**

LES LOIS DE L'INTELLIGENCE

J'apprendrai en m'amusant.

Je m'étonnerai toujours. Je m'émerveillerai.

Je reviendrai sur ce que j'ai appris. Je m'attarderai chaque soir sur une chose apprise ce jour-là. Je lui donnerai de l'importance.

J'analyserai mes erreurs pour ne plus les refaire...

J'imaginerai, je créerai, j'organiserai (voir Imagination, fiche « Muscler son imagination »)

Je me demanderai « pourquoi... »
Pourquoi le ciel est-il bleu ? Pourquoi y a-t-il des vagues ? Pourquoi les yeux ne sont-ils pas tous de la même couleur ? Pourquoi les animaux ne rient-ils pas ? Pourquoi certaines plantes gèlent-elles et d'autres non ?

Je me demanderai « comment... »
Comment puis-je transporter un objet très lourd et sans trop de difficulté ? Comment peut-on envoyer des images de Mars sur la Terre ? Comment mesure-t-on la hauteur des montagnes ? Comment peut-on savoir ce qu'il y a au fond des océans, là où personne n'est jamais allé ?

Je tenterai de répondre à mes questions.
Je chercherai des idées en me servant de ce que je connais et aussi de mon imagination.

Kinesthésique
(l'enfant)

Les élèves kinesthésiques sont ceux qui ont besoin de manifestations motrices pour apprendre, comprendre, pour restituer ce qu'ils ont en mémoire et exprimer leurs pensées. Ce sont les mal-aimés de l'enseignement, dont le système traditionnel repose principalement sur le code verbal, lié à la logique, au raisonnement, à la pensée. Si une place de plus en plus grande est laissée au code visuel dans cet enseignement, rien n'est fait en faveur de l'apprentissage par le corps.

Rares sont les enfants à forte dominante kinesthésique. Cependant beaucoup, selon l'activité proposée, se servent de leur corps pour mémoriser : ils apprennent une leçon en marchant, donnant ainsi à leur pensée le même dynamisme, ils font semblant d'écrire un mot pour en mémoriser l'orthographe, ils se servent de leurs bras pour avoir la perception des angles aigus, obtus, ils expliquent avec des gestes ce qu'ils ne savent exprimer par des mots. Certains crayonnent afin de fixer leur attention quand le professeur parle. Or quel enseignant peut accepter cette attitude s'il ne sait que, pour ces élèves, crayonner ne signifie pas inattention mais au contraire concentration ?

Je sais de quoi je parle. J'ai toujours eu des difficultés à écouter une information si elle est longue (conférence, cours magistral, exposé...) et abstraite, c'est-à-dire présentée sans exemple ou sans support visuel. Quel ennui a été le mien en 3e, pendant mes cours de géographie ! Mon professeur, une heure durant, énonçait noms et chiffres sans rien montrer, ni cartes ni photos ! Je peux fixer mon attention en levant les yeux au plafond ou, mieux, en crayonnant, ce que je n'ai jamais pu faire en classe. On disait que j'étais rêveuse, ce que je suis devenue par la force des choses parce que empêchée de crayonner, donc empêchée de me concentrer : les mots entraient par une oreille et sortaient par l'autre, et je me mettais à rêver.

Le toucher est également un canal pour appréhender l'information, et certains enfants comprennent additions et soustractions grâce à des bâtonnets ou à des objets qu'ils manipulent. Ils comprennent les dizaines grâce à leurs doigts, leurs mains.

Manipulations mathématiques, mais aussi manipulations de mots : quoi de mieux pour les enfants que ces jeux-exercices où ils recomposent une phrase en se servant de cartons sur lesquels sont écrits des mots ? Ils ne connaissent pas la phrase et ils la reconstituent comme un puzzle. Ils apprennent ainsi l'importance de la ponctuation, des majuscules, des accords, ils apprennent à distinguer les homonymes tels que *a* et *à*, *son* et *sont*.

L'enfant a découvert des étoiles de mer à la plage.

| découvert | de | la | plage. | L'enfant | des | mer | étoiles | à | a |

MARINA OU LE CORPS EN MOUVEMENT

Marina est une élève de CM2. Depuis plus d'un mois, elle apprend le carré et le rectangle. Elle connaît les propriétés de ces figures, les formules qui donnent le périmètre et l'aire, sait les reconnaître. Pourtant, elle ne parvient pas à faire les problèmes les plus élémentaires dès qu'ils touchent à la géométrie. Il faut noter que, jusque-là, Marina n'a éprouvé aucune difficulté en mathématiques.

Nous passons beaucoup de temps à dessiner des carrés, des rectangles, à en découper, à colorier des périmètres et à colorier des aires. Nous cherchons des exemples de carré dans mon bureau, nous parcourons des livres d'images à la recherche de carrés, de rectangles, d'aires, de périmètres, de côtés. Mais elle reste désespérément bloquée, et je devine chez sa mère une angoisse : sa fille serait-elle privée de toute intelligence ?

Ce jour-là, Marina me montre son cahier d'exercices. Nous revoyons ensemble un problème qu'elle n'a pas su résoudre et dont elle n'a pas assimilé la correction faite à l'école. « On veut recouvrir un mur de salle de bains de faïence. Ce mur fait 4 m de long et 2,10 m de haut. Quelle surface, en cm^2, faudra-t-il recouvrir ? »

Sans que je le lui aie demandé, Marina convertit les deux nombres en centimètres. Puis elle remarque : « La maîtresse a dit que la hauteur, c'était comme la largeur. » Et elle me fixe avec des yeux où rien ne passe. Comment expliquer à cette fillette, qui ne sait pas résoudre un problème concernant un rectangle tout simple, que la hauteur est une largeur si l'on imagine que le mur est posé à plat. En désespoir de cause, nous construisons un parallélépipède rectangle représentant la salle de bains, et je demande à Marina d'enlever le mur que l'on veut recouvrir de faïence. Elle le pose sur la table.

« Qu'est-ce que c'est ? demandé-je à Marina.

— C'est un rectangle

— Que peux-tu me dire de sa largeur ?

— C'était la hauteur. »

Marina a compris que la hauteur dans ce problème équivaut à la largeur, mais elle ignore comment trouver la surface de ce rectangle.

« À quoi est égale l'aire d'un rectangle ?

— A = L x l

— Que veut dire L ?

— La longueur.

— Et l ?

— La largeur.

— Qu'est-ce que tu connais ?

— ...

— Est-ce que tu connais la longueur ?

— Oui. Quatre mètres.

— Est-ce que tu sais combien mesure la largeur ?

— Oui. Deux mètres dix. »

Mais nous en sommes souvent arrivées là : moi demandant à Marina d'appliquer au moins une formule, de remplacer les lettres par des chiffres qui lui sont donnés dans l'énoncé. Ce qu'elle fait alors en hésitant, et qu'elle ne sait plus faire dès que, de nouveau, elle se trouve confrontée seule à un problème où il est question de mesures.

« Viens avec moi, Marina. »

Je l'entraîne et lui fais parcourir le grand tapis de mon bureau. Main dans la main, moi tirant Marina, puis Marina me tirant, nous parcourons les longueurs du tapis, ses largeurs, le périmètre, le demi-

périmètre. Nous nous amusons dans son aire. Je sens une allégresse en elle. Elle retourne à son problème, le résout.
Les jours suivants, les problèmes ne lui causent plus aucun souci.
« Je comprends tous les problèmes de rectangle en imaginant votre tapis. Je sens mon corps comme si je marchais dessus.
— Et pour le carré, comment fais-tu ?
— J'imagine un tapis comme le vôtre, mais tous ses côtés sont égaux. »

→ VOIR DYSLEXIE

LANGUES ANCIENNES

Qu'apporte l'apprentissage des langues anciennes à l'enfant ? À quoi servent pratiquement ces langues mortes ? D'ailleurs, sont-elles des disciplines indispensables à la culture générale ? Ces questions reviennent, comme un leitmotiv (encore que de moins en moins souvent) au moment du choix des options.

Le latin et le grec sont des disciplines incomparables aux autres. Pourtant, les accès à la culture sont nombreux en ce début de XXIe siècle. Le champ des connaissances s'est tant développé qu'il n'a plus rien à voir avec celui du siècle passé. On ne doit plus forcément faire ses humanités pour être cultivé.

Alors, à quoi sert l'étude des langues mortes ?
À cette question, la réponse naît spontanée : à quoi servent pratiquement la trigonométrie et l'algèbre ? À quoi sert pratiquement de connaître l'article partitif ou l'adjectif numéral cardinal ?
L'étude du latin et du grec est une excellente gymnastique de la pensée qui développe tout autant l'intuition que l'esprit d'analyse. Apprendre ces langues, c'est avoir à passer, tout comme en mathématiques, par la rigueur intellectuelle. De plus, les parentés étant nombreuses entre ces langues et la nôtre, leur apprentissage permet un approfondissement du vocabulaire (sens et orthographe, grâce aux racines grecques et latines des mots).

L'étude de ces langues exige un gros travail de mémoire : déclinaisons, conjugaisons, règles de grammaire, vocabulaire (environ 400 mots par an) pour le latin ; davantage encore, le grec, avec son alphabet qu'il faut mémoriser, ses déclinaisons et ses formes verbales qui n'ont pas d'équivalent en français.
Elle est donc à réserver aux élèves passionnés, aux travailleurs ou encore à ceux qui sont aidés, soutenus.

LES DÉCLINAISONS, OU DE L'IMPORTANCE DES FONCTIONS

Il faut que l'enfant, s'il veut faire du latin ou du grec, ait une aisance dans la reconnaissance des fonctions du groupe nominal. Autrement, veillez à ce que, dans cette première année, il l'acquière et maîtrise parfaitement les déclinaisons au fur et à mesure de leur apprentissage.

Les déclinaisons sont les formes que prennent les noms, pronoms et adjectifs suivant le nombre, le genre et le cas. Six cas correspondent à six fonctions.

PRINCIPAUX EMPLOIS DES CAS EN LATIN	
NOMINATIF	Fonction sujet
VOCATIF	Fonction apostrophe
ACCUSATIF	Fonction complément d'objet (direct)
GÉNITIF	Fonction complément du nom
DATIF	Fonction complément d'attribution
ABLATIF	Fonction complément circonstanciel

PRINCIPAUX EMPLOIS DES CAS EN GREC	
NOMINATIF	Sujet, attribut du sujet
VOCATIF	Apostrophe
ACCUSATIF	Complément d'objet direct Complément de lieu (où l'on va) extension dans l'espace et le temps
GÉNITIF	Complément du nom Complément de lieu (d'où l'on vient)
DATIF	Complément d'attribution et d'intérêt Complément de moyen, de manière, de cause Complément de lieu (où l'on est) et de temps (date)

FICHE ÉLÈVE COLLÈGE

VERSION DE LATIN OU GREC

1 **Je lis le texte.**

2 **Je relis chaque phrase en m'efforçant de comprendre.**
Par intuition ou évidence, je me saisis de bouts de sens, c'est-à-dire que je me fais des traductions partielles instantanées.

3 **J'analyse la phrase en soulignant les verbes. Je me pose des questions à leur sujet.**
Verbe indépendant, principal ou subordonné ? Quel est son mode ? son temps ? À quelle personne est-il conjugué ?

4 **Je construis les phrases dans l'ordre logique du français.**
Dans chaque proposition, je repère pour cela (grâce aux déclinaisons) le groupe sujet, le groupe objet ou le groupe de l'attribut, et le groupe circonstanciel (généralement à la même place qu'en français).

5 **Je cherche le sens des mots que je ne connais pas.**

6 **Je traduis fidèlement mais en bon français.**

LANGUES ÉTRANGÈRES

LES LANGUES ÉTRANGÈRES AU COLLÈGE

Les méthodes actuelles d'apprentissage des langues sont habituellement globales ou semi-globales, c'est-à-dire qu'elles plongent tout de suite l'élève dans la langue. Il entend et lit des phrases. Il les apprend sans que l'on analyse leur construction, sans que l'on traduise le sens de tous les mots. Cette façon d'aborder une langue est motivante car il peut très vite s'exprimer avec quelques phrases.
Il y a cependant un inconvénient : bon nombre d'élèves prennent l'habitude de ne pas sortir les mots du texte, de ne pas observer les structures, ce qui les amène à des imprécisions, des contresens, et provoque aussi des erreurs grammaticales qu'ils ont du mal à corriger par la suite.
De plus, certains élèves préfèrent qu'on leur expose les règles avant de passer aux exemples. C'est leur façon d'apprendre, et les méthodes d'apprentissage global des langues étrangères sont handicapantes pour eux. Si votre enfant est dans ce cas, apprenez-lui à sortir les mots des phrases, à noter leur place, à étudier la structure des phrases (sauf pour les expressions idiomatiques, qu'il faut mémoriser telles quelles). Apprenez-lui à comparer les différentes constructions, les mots qui peuvent prêter à confusion.

UTILISER LA LANGUE POUR LA PARLER

Une enquête de 1992[1] portant sur les copies du baccalauréat montre que si les candidats se débrouillent dans la compréhension globale d'un texte et savent écrire dans un style simple, les difficultés apparaissent au niveau de la syntaxe dès que les phrases se font plus complexes. Les problèmes concernent principalement les verbes, que les élèves ont du mal à conjuguer correctement, à mettre au temps, à la forme et à la voix demandés. Il y a également des erreurs fréquentes dans les locutions ou expressions liées aux notions de temps.
Ce que fait apparaître cette enquête se retrouve dans les devoirs des élèves dix ans plus tard, tant au collège qu'au lycée. Il semble que, quelle que soit la langue, dans leur grande majorité, les élèves ont plus de facilité en version (traduction d'une langue en français) qu'en thème (traduction d'un texte français dans une langue étrangère).
Pour bien parler une langue — et pas seulement la comprendre —, on doit s'imaginer la parler, l'écrire, on doit s'exercer, c'est-à-dire imaginer des situations où l'on aura à le faire. D'où l'importance de l'utilisation d'un mot, d'une expression, d'un temps dans différents contextes, l'importance de la fréquence d'utilisation.

FAIRE DES FICHES DE GRAMMAIRE

Les dictionnaires présentent les mots de deux façons. Les mots étrangers traduits en français et les mots français traduits en langue étrangère. Il n'en est pas de même quand il s'agit de grammaire. Les livres scolaires présentent une grammaire explicative de la langue. Mais rares sont ceux qui groupent les informations grammaticales de façon à être utiles pour le thème, c'est-à-dire à la traduction du français en une langue étrangère. Ainsi, dans les grammaires anglaises, on ne trouve pas regroupées ensemble toutes les traductions de *faire* (on trouve la différence entre *do* et *make*, puis à une autre page la traduction de *faire* quand il est suivi d'un infinitif).

Certains élèves auront intérêt à regrouper les éléments de grammaire au fur et à mesure qu'ils les apprennent, à tenir des fiches et à se faire ainsi une grammaire du français à l'anglais ou du français à l'allemand (par exemple, comment traduire *faire* en anglais).

LES CD AUDIO

Les CD audio correspondant au manuel scolaire sont des aides utiles dans l'apprentissage des langues vivantes.

Des élèves préfèrent écouter les cassettes sans référence au livre. Ils les écoutent, les réécoutent. Elles seraient pourtant plus efficaces pour eux si, à l'une des écoutes, ils suivaient le texte écrit. Cela leur permettrait de repérer les sons entendus qui ne se sont pas transformés en graphies ou en sens.

D'autres ressentent le besoin d'avoir toujours le manuel sous les yeux. Ils devront vérifier leurs acquisitions en fermant le livre et en essayant de retrouver le sens du texte. Ils peuvent s'aider en retrouvant écrits dans leur tête les mots qu'ils entendent.

LA PRONONCIATION

Prononcer un mot étranger, c'est comme chanter : il faut ajuster sa voix à un modèle. Quand on chante, on place sa voix sur une gamme, on reconnaît à l'oreille la différence entre les notes, même voisines. Quand on parle une langue étrangère, on place sa voix selon des modèles, des accents particuliers au pays, on différencie des sons voisins, on apprend à prononcer au plus juste des sons inhabituels. Il faut que les mots, comme des notes, existent à l'intérieur de soi.

Quand le professeur parle, que votre enfant répète les mots avec sa voix intérieure, qu'il s'écoute et qu'il ajuste leur prononciation au fur et à mesure des leçons. Qu'il surmonte sa peur du ridicule et prenne la parole le plus souvent possible en essayant de calquer les mots sur l'écho des mots qu'il a mémorisés.

LE VOCABULAIRE

Le vocabulaire est mémorisé en passant par une image de sens. Ainsi, l'enfant ne peut apprendre des listes de mots privés de sens : le chat = *the cat* (anglais) ou *el gato* (espagnol) ou *die Katze* (allemand). Il doit se représenter mentalement un chat, qu'il associe au mot *cat*, ou *gato*, ou *Katze*. Dès qu'il possède un minimum de vocabulaire, il apprend un mot en l'associant à d'autres qu'il connaît, en le plaçant dans une phrase.

Il faut comparer les mots qui peuvent prêter à confusion. Si l'enfant apprend l'anglais et l'allemand, il compare certains mots quand ils se ressemblent dans les deux langues : école = *school* (anglais), *Schule* (allemand)

La seule méthode pour l'apprentissage du vocabulaire dans une langue est la méthode cumulative : un peu chaque jour.

(1) « Évaluation en anglais », dossiers *Éducation et Formation* n° 22, décembre 1992.

LANGUE ÉTRANGÈRE : L'ANGLAIS

APPRENDRE LA GRAMMAIRE

→ L'enfant compare des structures de phrase.

Who came ? Qui est venu ? *Qui* est sujet : pas d'auxiliaire.

Who do you prefer ? Qui préfères-tu ? *Qui* n'est pas sujet : présence de l'auxiliaire *do*.

→ Il rassemble ses connaissances à l'aide de tableaux.

PRONOM PERSONNEL SUJET	PRONOM PERSONNEL COMPLÉMENT	ADJECTIF POSSESSIF	PRONOM POSSESSIF
I	me	my	mine
you	you	your	yours
he	him	his	his
she	her	her	hers
it	it	its	its
we	us	our	ours
you	you	your	yours
they	them	their	theirs

Attention, connaître les tableaux ne suffit pas. L'enfant place chacun de ces mots dans une phrase.

→ Il utilise des graphismes

Traduction de *depuis* : différence entre *since* et *for*.

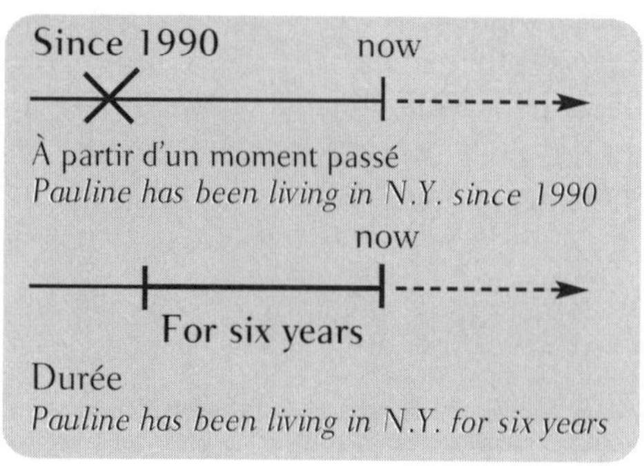

→ Il s'aide de dessins pour mémoriser

→ Il mémorise des exemples références ou des structures qui lui servent de modèles.

Pour la phrase négative, il mémorise une phrase de son choix :
I don't play tennis
ou Sujet + auxiliaire + négation + verbe

FICHE **ÉLÈVE** COLLÈGE

MÉMORISER UN MOT ANGLAIS

— **Pour apprendre un mot en anglais, je me fais mentalement une image. J'apprends l'orthographe du mot. Je me parle les difficultés.**

 *the moon* ~~**lune** = *moon*~~

— Je mémorise l'image de la lune, sous laquelle j'écris *the moon*.

— **J'accroche ce mot à d'autres que je connais :**
the moon (la lune) et *the sun* (le soleil)

— Si je glisse ce mot dans une phrase courte et simple, j'ai encore plus de chances de le retenir : *The moon shines in the sky.*
La lune brille dans le ciel.

— **Je m'exerce à me servir de ce mot oralement.** J'apprends les mots en les prononçant à voix haute.

— **J'apprends toujours les verbes avec leur préposition.**
To look at = regarder
To look to = faire attention à
To look after = s'occuper de

— **Le vocabulaire s'apprend à petites doses mais en plusieurs fois.**
De même, les révisions sont courtes mais fréquentes.

FICHE **ÉLÈVE** COLLÈGE

AVOIR UN BON ACCENT ANGLAIS

L'accent est important non seulement pour bien parler et se faire comprendre, mais aussi pour reconnaître le mot pris dans un ensemble de mots, pour le reconnaître dans une phrase.

J'apprends les mots comme j'apprends à reconnaître les notes de musique.
J'écoute un mot. Je me le redis avec ma voix intérieure, puis je dis à voix haute le mot qui résonne comme un écho dans ma tête. Quand le professeur dit le mot de nouveau, je vérifie que je l'ai mémorisé correctement.
Je réajuste jusqu'à ce que je sache le prononcer.
Je n'oublie pas que c'est l'écoute attentive, l'intériorisation et la répétition qui permettent de parler correctement.

Je regarde la bouche du professeur quand il prononce un mot. Je note les syllabes sur lesquelles il accentue sa voix, je note celles que l'on perçoit à peine.
Je m'entraîne à prononcer les *h* et les *wh* expirés : je souffle en prononçant la syllabe.

Je note les différentes façons de prononcer les lettres.
Ainsi, les *a* de *calm*, *cat*, *fat*, *mare*, *was* n'ont pas la même prononciation.

FICHE **ÉLÈVE** COLLÈGE

APPRENDRE UNE RÈGLE DE GRAMMAIRE ANGLAISE

1 **Je lis une règle et son exemple.** Je me l'explique. Je me demande quand j'aurai à l'utiliser, dans quel cas, comment je pourrai l'appliquer, c'est-à-dire à quoi il me faudra penser alors.

2 **Je me fais des exemples.**
Plus je me ferai d'exemples, plus j'aurai de chances non seulement de savoir l'utiliser, mais encore de la passer en automatisme.

3 **Je corrige mes fautes** dans mes contrôles, même si cela a été fait en cours. Je les analyse. Je pense à ces corrections avant de commencer un prochain contrôle et avant de parler.

FICHE **ÉLÈVE** COLLÈGE

MÉMORISER UNE CONSTRUCTION GRAMMATICALE ANGLAISE

1 **Je lis une phrase,** je l'examine et j'observe comment elle est fabriquée.

2 **J'enregistre la place des mots.**
Par exemple, je me dis : *never* se met avant le verbe. Avec *never*, je ne mets pas d'auxiliaire.
Pauline never sings (Pauline ne chante jamais).

3 **Je quitte l'exemple des yeux et je vérifie que j'ai bien enregistré dans ma mémoire cette construction grammaticale.**

4 **J'imagine un autre exemple, mon exemple.**

5 **Je compare différentes constructions.** Je me dis les ressemblances et les différences.

ATTENTION : je ne décompose pas une expression idiomatique, expression typique de la langue, je l'apprends telle quelle.

LANGUE ÉTRANGÈRE : L'ALLEMAND

LES DÉCLINAISONS

Un point important en allemand est la connaissance des déclinaisons (articles, noms, adjectifs, pronoms personnels, adjectifs possessifs). Il faut savoir maîtriser au plus tôt la déclinaison de l'article défini, car il détermine le cas, donc la fonction, le genre et le nombre.

PRINCIPAUX EMPLOIS DES CAS EN ALLEMAND	
NOMINATIF	Sujet, attribut du sujet
ACCUSATIF	Complément d'objet
DATIF	Compl. d'objet indirect et compl. d'objet second
GÉNITIF	Complément du nom

APPRENDRE LA GRAMMAIRE

- **L'enfant compare des structures de phrase.**

- **Il rassemble ses connaissances à l'aide de tableaux.**

PRONOM PERSONNEL		PRONOMS RÉFLÉCHIS	
ACCUSATIF	DATIF	ACCUSATIF	DATIF
mich	mir	mich	mir
dich	dir	dich	dir
ihn	ihm	sich	sich
sie	ihr	sich	sich
es	ihm	sich	sich
uns	uns	uns	uns
euch	euch	euch	euch
sie	ihnen	sich	sich
Sie	Ihnen	sich	sich

Attention, connaître les tableaux ne suffit pas. L'enfant place chacun de ces mots dans une phrase.

- **Il utilise des graphismes, des dessins pour mémoriser.**

1

nach Paris fahren = aller à Paris

En allemand, les mots du groupe verbal s'enchaînent, à l'inverse du français.

2

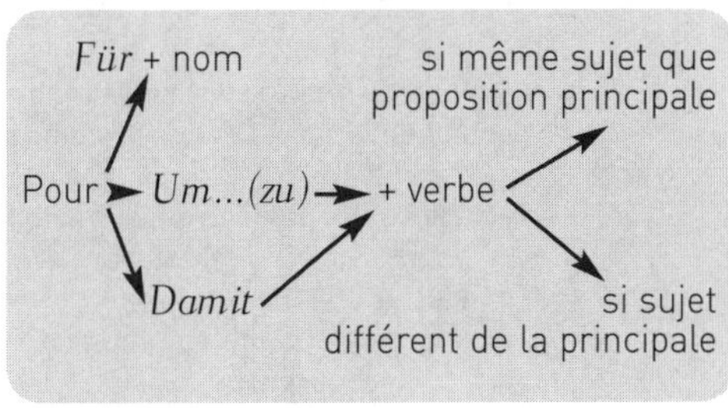

- **Il mémorise des exemples références ou des structures qui lui servent de modèles.**

plus que : Leon ist *schneller als* Pauline.
aussi que : Leon ist *so klein wie* Pauline.
moins que : Leon ist *nicht so faul wie* er aussieht.

MÉMORISER UN MOT ALLEMAND

— **Pour apprendre un mot en allemand, je me fais mentalement une image. J'apprends l'orthographe du mot. J'observe les difficultés.**

 *der Mond*   ~~**la lune** = *der Mond*~~

Je mémorise l'image de la lune, sous laquelle j'écris *der Mond.*

— **J'accroche ce mot à d'autres que je connais :**
der Mond (la lune) et *die Sonne* (le soleil)

— **Je le glisse dans une phrase courte et simple :**
Der Mond scheint am Himmel.
La lune brille dans le ciel.

— **Je m'exerce à me servir de ce mot oralement.**
J'apprends les mots en les prononçant à voix haute.

— **J'apprends les noms avec leur article,** au singulier comme au pluriel. Je n'oublie pas que les noms s'écrivent toujours avec une majuscule. La lune : *der Mond,* les lunes : *die Monde.*
Pour mieux les mémoriser, je peux colorier chaque mot selon son genre (bleu : neutre ; rouge : masculin ; vert : féminin).

— **Réciter par cœur les déclinaisons ne suffit pas. Je dois obligatoirement apprendre les mots en les plaçant dans des phrases simples.** Ainsi, j'apprends comment se dit le mot quand il est sujet (nominatif), quand il est complément d'objet direct (accusatif)... Je passe plus rapidement à l'automatisme.

— **J'apprends le cas exigé par les diverses prépositions.**

EXEMPLE : prépositions suivies de l'accusatif : *durch, fur, gegen, ohne, um...*
Là aussi, je fais des phrases.

Le vocabulaire s'apprend à petites doses mais en plusieurs fois.
De même, les révisions sont courtes mais fréquentes.

FICHE **ÉLÈVE** COLLÈGE

AVOIR UN BON ACCENT ALLEMAND

J'apprends les mots comme j'apprends à reconnaître les notes de musique.
J'écoute un mot, je me le redis avec ma voix intérieure, puis je dis à voix haute le mot qui résonne comme un écho dans ma tête.
Quand le professeur dit le mot de nouveau, je vérifie que je l'ai mémorisé correctement.
Je réajuste jusqu'à ce que je sache le prononcer.
Je n'oublie pas que c'est l'écoute attentive, l'intériorisation et la répétition qui permettent de parler correctement.

Je marque fortement l'accent tonique.
Je suis attentif aux voyelles longues et aux voyelles brèves.
Je prononce toutes les lettres, sauf le « h » après une voyelle et le « e » après le « i ».
J'évite les liaisons entre les mots, même composés.

FICHE **ÉLÈVE** COLLÈGE

APPRENDRE UNE RÈGLE DE GRAMMAIRE ALLEMANDE

1. **Je lis une règle et son exemple.** Je me l'explique. Je me demande quand j'aurai à l'utiliser, comment je pourrai l'appliquer, c'est-à-dire à quoi il me faudra penser alors.

2. **Je me fais des exemples.**
Plus je me ferai d'exemples, plus j'aurai de chances non seulement de savoir l'utiliser, mais encore de la passer en automatisme.

3. **Je corrige mes fautes** dans mes contrôles, même si cela a été fait en cours.
Je les analyse. Je pense à ces corrections avant de commencer un prochain contrôle, avant de parler.

FICHE **ÉLÈVE** COLLÈGE

CONSTRUCTION D'UNE PHRASE EN ALLEMAND

1. **Je lis une phrase, j'observe comment elle est fabriquée.**

2. **J'enregistre la place des mots.**
Par exemple, je me dis : une virgule sépare la principale d'une dépendante. Le verbe de la subordonnée est toujours à la fin de la proposition.
Da Pauline heute keine Schule hat, spielt sie mit Leon.

3. **Je quitte l'exemple des yeux** et je vérifie que j'ai bien en tête cette construction grammaticale.

4. **J'imagine un autre exemple,** mon exemple.

5. **Je compare différentes constructions.** Je me dis les ressemblances et les différences.

ATTENTION : je ne décompose pas une expression idiomatique, expression typique de la langue, je l'apprends telle quelle.

LANGUE ÉTRANGÈRE : L'ESPAGNOL

APPRENDRE LA GRAMMAIRE

- **L'enfant fait des comparaisons.**
  termino : je termine
  terminó : il termina
  término : le terme

- **Il rassemble ses connaissances à l'aide de tableaux.**

PRONOMS			
SUJETS	COMPL. DIRECTS	COMPL. INDIRECTS	PRÉCÉDÉS D'UNE PRÉPOSITION SAUF *CON-*
yo	me	me	mí
tú	te	te	ti
él, ella	se, lo	le	él, ella, sí
usted (vouvoiement d'une personne)	la	le	usted
nosotros (nosotras)	nos	nos	nosotros (nosotras)
vosotros (vosotras)	os	os	vosotros (vosotras)
ellos, ellas	se (los, las)	les	ellos, ellas, sí
usted (vouvoiement de plusieurs personnes)	los, las	les	ustedes

Attention, connaître les tableaux ne suffit pas. L'enfant place chacun de ces pronoms dans des exemples.

- **Il utilise des graphismes, des dessins pour mémoriser.**

***Este** gato es mío*

***Ese** gato es tuyo*

***Aquel** gato es suyo*

- **Il mémorise des exemples références ou des structures qui lui servent de modèles.**

A mí me encanta el baile : J'adore la danse
A él le encantan los coches : Il adore les voitures

A + nom ou pronom + verbe intransitif à la 3ᵉ personne.
Le verbe s'accorde avec le sujet réel (la danse, les voitures).

FICHE **ÉLÈVE** COLLÈGE

MÉMORISER UN MOT ESPAGNOL

— **Pour apprendre un mot en allemand, je me fais mentalement une image. J'apprends l'orthographe du mot. J'observe les difficultés.**

 *la luna*

la lune = ~~*la luna*~~

Je mémorise l'image de la lune, sous laquelle j'écris *la luna*.

— **J'accroche ce mot à un ou plusieurs mots que je connais :**
la luna y el sol (la lune et le soleil)

— **Je peux glisser ce mot dans une phrase courte et simple.**
La luna brilla en el cielo.
La lune brille dans le ciel.

— **Je m'exerce à me servir de ce mot oralement.**
J'apprends les mots en les prononçant à voix haute.

— **J'apprends toujours les verbes avec leur préposition.**
Je maîtrise les deux verbes être (*ser* et *estar*), les verbes irréguliers, les verbes à diphtongaison.
Je maîtrise l'emploi du subjonctif.

— **J'apprends les noms avec leur article** car certains noms ont un genre différent du français. Ou je connais par cœur les terminaisons des mots masculins et celles des mots féminins.

— **J'apprends le vocabulaire en plusieurs fois, à petites doses.**
Les révisions se font de même : elles sont courtes mais fréquentes.

FICHE **ÉLÈVE** COLLÈGE

AVOIR UN BON ACCENT ESPAGNOL

J'apprends les mots comme j'apprends à reconnaître les notes de musique.

J'écoute un mot. Je me le redis avec ma voix intérieure, puis je dis à voix haute le mot qui résonne comme un écho dans ma tête.
Quand le professeur dit le mot de nouveau, je vérifie que je l'ai mémorisé correctement.
Je réajuste jusqu'à ce que je sache le prononcer. Je n'oublie pas que c'est l'écoute attentive, l'intériorisation et la répétition qui permettent de parler correctement.

Je suis attentif : — au *j* (la jota) ; je le prononce de façon gutturale, je comprime le fond de la gorge ;
— au *r* ; je le roule, je fais vibrer la pointe de la langue derrière les incisives supérieures.
Je roule doublement s'il y a deux *r* ou si le *r* se trouve au début du mot.

Quand j'apprends le vocabulaire, je prête une attention particulière à l'accent tonique de chaque mot : il dépend de la dernière lettre.
— Si le mot se termine par une voyelle, ou un *s*, ou un *n*, je mets l'accent sur l'avant-dernière syllabe.
— Si le mot se termine par une consonne (sauf le *s* ou le *n*), je mets l'accent sur la dernière syllabe.
— Des mots échappent à ces règles : ils portent un accent aigu à l'endroit où se place l'accent tonique (l'endroit où je dois insister).

LEÇON
(histoire, géographie, sciences de la vie et de la Terre)

Les leçons doivent être comprises par l'élève pour être mémorisées à court terme (contrôle), à long terme (brevet ou bac), et, ce qui est plus important, pour qu'elles fassent partie de ses acquis, c'est-à-dire qu'elles intègrent son bagage culturel. Il écoute l'enseignant, se saisit du sens, et une fois à la maison, il retrouve les points principaux du cours dans sa mémoire. Puis il lit sa leçon, observe dans son livre les cartes, les schémas, les illustrations, il affine sa compréhension, il va plus loin dans son appropriation de la leçon.

L'ÉLÈVE MÉMORISE DU SENS

- **Il comprend tous les mots du texte.**

Vérifiez, en parcourant avec votre enfant l'une de ses leçons, le vocabulaire qu'il connaît. Il y a des chances que vous soyez surpris. En 6e, sept élèves sur dix pensent que *précéder* veut dire *suivre*. En 3e, le même pourcentage confond *démocratie* et *république*, même si rien dans leur leçon ne permet de faire cette confusion. Clément (3e) n'a du mot *économie* que le sens très restrictif du bas de laine, ce qui lui pose problème en géographie. Sophie (5e) traduit *récapituler* ainsi : « C'est se rendre à l'ennemi deux fois », et elle ne comprend pas ce que ce mot fait en haut de certaines pages de son livre de biologie.

- **Il saisit le sens des phrases, des paragraphes, de l'ensemble de la leçon.**

La plupart des élèves ont d'une leçon, qu'ils pensent avoir apprise, des morceaux de sens qu'ils n'ont pas attachés ensemble. La leçon ressemble à un puzzle en construction. Il y a des pièces isolées (des phrases), des ensembles de pièces plus ou moins importants (des idées, des bouts de paragraphes). Que dire du puzzle en son entier, de la leçon ?

➔ ALICE OU LE MANQUE DE SENS DANS L'APPRENTISSAGE D'UNE LEÇON

Je donne à Alice (6e), en difficulté dans l'apprentissage de ses leçons, un texte à lire, tiré d'un vieux livre qui traîne sur mon bureau. Il s'agit de deux paragraphes sur la création de l'Égypte. Or, il y a deux mois, Alice a étudié l'histoire de l'Égypte antique :
« À la fin de la préhistoire, le climat devient très chaud et très sec dans le nord-est de l'Afrique. Le désert s'étend de plus en plus. Les hommes sont obligés de rechercher des régions plus humides. Ils s'établissent le long du Nil, où l'eau est abondante.
Mais il faut d'abord conquérir cette vallée marécageuse, encombrée de fourrés impénétrables de roseaux comme le papyrus, et infectée d'animaux sauvages...[1] »
Je vérifie que tous les mots sont connus d'Alice, puis je la prie de relire le texte et de m'en parler. Elle me récite, presque mot à mot, le premier paragraphe, mais oublie deux éléments principaux, *À la fin de la préhistoire* et *dans le nord-est de l'Afrique*, et quand je le lui fais remarquer, elle hausse les épaules, me signifiant ainsi que cela n'a guère d'importance. Elle évoque le deuxième paragraphe : « Il faut conquérir une vallée marécageuse... »
Je lui demande :
« De quelle vallée s'agit-il ?
— Je ne sais pas.
— N'est-ce pas la région située le long du Nil ?
— ... »

Alice n'a pas relié les deux paragraphes ensemble. Il y a à cela deux raisons : d'abord, elle n'a aucune connaissance géographique de l'Égypte, malgré le cours où une carte a été étudiée ; ensuite, elle n'a pas repéré devant *vallée marécageuse* le déterminant *cette*, qui n'a pas la même signification que *une*, et qui signifie qu'il s'agit d'une vallée dont on a parlé. Alice ne s'est pas saisie du texte ; elle est restée dans une mémorisation par cœur, à laquelle elle a superposé des bribes de compréhension.

LA LEÇON DOIT ÊTRE STRUCTURÉE

La leçon doit être structurée, hiérarchisée en idées principales, idées secondaires, idées accessoires et détails[2]. Demandez à votre enfant de retrouver les grandes idées ou posez-lui des questions qui le poussent à réfléchir, analyser, synthétiser, à faire retour à d'autres connaissances (leçons précédentes, actualité, reportages, articles, livres).

Si, pour se rassurer ou parce qu'il en a pris l'habitude, il apprend par cœur, vous ne pouvez vous satisfaire de sa récitation, même parfaite, car cela ne signifie ni qu'il s'est approprié la leçon ni l'inverse. Interrogez-le. A-t-il structuré sa leçon ?

LES DÉTAILS DANS LES LEÇONS

Les manuels scolaires d'histoire, de géographie et de SVT, œuvres de spécialistes, sont pour la plupart bien documentés et illustrés ; mais ils croulent sous la masse d'informations, de détails signifiants pour un adulte — qui sait chercher, sélectionner, aller au sens, regrouper — mais dans lesquels un élève se noie. C'est à l'enseignant de montrer comment se servir du manuel : aller à l'essentiel, puis se servir des détails pour étoffer ses connaissances, sans essayer pourtant de tous les mémoriser. Certains le font. Ils apprennent à leurs élèves à comprendre, ils leur apprennent à apprendre, à devenir plus intelligents.

Malheureusement, d'autres dictent des cours qui croulent souvent sous la même masse de mots nouveaux, quand ce ne sont pas des résumés privés de sens à force d'être synthétisés, mais où est regroupée une foule de détails. Le sens est alors aboli au profit de la masse d'informations apportées. Le quantitatif prime sur le qualitatif.

Sachez que la mémorisation des détails ne doit intervenir qu'après l'acquisition des connaissances de base, des connaissances générales. L'essentiel d'une leçon doit être appris d'abord ; dans un second temps, on y ajoute les éléments accessoires[3].

UNE LEÇON DE BIOLOGIE NOYÉE SOUS LES DÉTAILS

Dans le manuel de SVT[4] de Marine (6e), l'aile des oiseaux est enseignée de manière vivante : les mots nouveaux sont intégrés dans la description du faucon en train de voler. « Le mouvement complexe de l'aile est assuré par de nombreux muscles dont le principal est le grand muscle pectoral s'attachant sur le bréchet et sur l'humérus. En se contractant, ce muscle provoque l'abaissement de l'aile qui prend appui sur l'air et propulse l'oiseau vers l'avant. » Ces éléments sont représentés sur un croquis de l'aile du faucon.

(1) *Histoire et géographie*, Armand Colin, 1977.
(2) Voir Compréhension (lecture et) ; Concept et structure.
(3) Voir Mémoire (conditions favorables à la mémorisation)
(4) Collection J. Escalier, Bordas, 1986.

En revanche, dans le cours dicté par le professeur, et que celui-ci demande d'apprendre, la description de l'aile passe par une énumération des plus ennuyeuses, une description qui se perd dans les détails puisqu'on y compte sept mots de plus que dans le manuel. Je cite cette partie du cours : « L'aile est le membre antérieur de l'oiseau. Il a :

— une main effilée et étroite à trois doigts,
— un cubitus et un radius,
— un humérus,
— une épaule composée de trois os : la clavicule, l'omoplate, le coracoïde.

Les plumes sont grandes sur les ailes et imperméables, ce sont des rémiges. Celles de la queue sont des rectrices, celles du corps sont des tectrices. Les muscles pectoraux sont très développés (blanc du poulet) et permettent les mouvements de l'aile. Ils sont fixés sur le bréchet et l'humérus. »

Dans cette leçon, le détail prime. L'essentiel, le vol, est absent. L'élève ne peut guère se faire d'images de sens pour comprendre et mémoriser facilement. Il est contraint à l'apprentissage par cœur d'une liste de noms qu'il va s'empresser d'oublier.

Interrogée deux mois plus tard, Marine ne peut rien dire de sa leçon. Elle l'a oubliée. Aussi, je lui pose des questions. Elle ne sait pas m'expliquer comment vole un oiseau, mais elle a pour certains mots une mémoire de reconnaissance. Quand je lui demande ce que sont les rémiges, elle se souvient qu'il s'agit de plumes. Mais de quelles plumes ?

Je lui dis :

« Et les muscles pectoraux ? »

Marine éclate de rire :

« C'est le blanc de poulet. »

Cela l'a amusé et elle s'en souvient.

« Le coracoïde ?

— C'est un os.

— Où est-il situé ? »

Silence accompagné d'une moue d'ignorance. Elle se rappelle que le cubitus et le radius font partie de l'aile. Mais sont-ce des os, des muscles ?

Marine n'avait rien mémorisé en ce qui concerne le vol, elle avait une vague reconnaissance des mots de sa leçon. Elle savait ainsi que ceux que je lui demandais d'identifier concernaient l'aile des oiseaux.

Deux jours plus tard, j'interroge Lionel, qui est dans la même classe. Je lui demande de me parler des tectrices, des rectrices, du cubitus, du radius, du coracoïde, du bréchet, je les lui nomme les uns après les autres, lentement, lui laissant le temps de chercher dans sa mémoire. Mes premiers mots n'évoquent rien. Au quatrième, il s'exclame enfin :

« C'est le bout d'un oiseau.

— De quelle partie de son corps s'agit-il ?

— De son aile.

— Peux-tu préciser ?

— ... »

Lionel sait lui aussi que les muscles pectoraux sont le blanc du poulet, et il finit par se souvenir, sans que je lui en parle, que les rémiges sont des plumes et que les plumes sont imperméables. Voilà à quoi se résume sa leçon apprise deux mois plus tôt.

De quoi est composée une aile ? Comment fonctionne-t-elle ? Comment vole un oiseau ? Le même silence a suivi mes questions quand je les ai posées à Marine et à Lionel. Ils avaient pourtant, l'un et l'autre, appris leur cours consciencieusement. Ils n'avaient pu passer par la compréhension du fait que la leçon se résumait à une énumération, ils l'avaient donc mémorisée par cœur : les détails avaient noyé l'essentiel — qui est le sens.

LE CONCEPT

Si vous étudiez avec votre enfant le vol à partir de ce qui est dit du vol du faucon, vous pouvez lui donner la définition du mot. C'est « l'ensemble de mouvements coordonnés faits par les animaux capables de se maintenir en l'air pour s'y mouvoir[5] ».
Il est cependant plus intéressant de travailler avec lui en cherchant ce qui caractérise ce concept. Un attribut essentiel du vol est le déplacement en l'air, un autre est que, pour ce faire, l'oiseau possède des ailes, un troisième est que c'est la contraction de muscles qui permet leur mouvement.
Puis vous détaillez la structure des ailes : muscles, os, plumes ; vous les comparez : une paire d'ailes pour l'oiseau, la chauve-souris, deux paires d'ailes pour les insectes. Vous abordez les différents vols : vol plané ou ramé (à battements rapides), vol à voile (particulier aux oiseaux à longues ailes qui utilisent les courants). Ensuite, vous vous intéressez aux animaux qui volent : les insectes, certains mammifères (chauve-souris). Vous cernez ainsi les attributs essentiels, les attributs spécifiques aux uns et aux autres, les exemples.
Que se passe-t-il habituellement lors d'un contrôle quand on demande aux élèves de parler du vol de la chauve-souris ? Ils n'ont comme référence qu'un seul exemple (le faucon), dont le vol a des caractéristiques différentes de celui de la chauve-souris. Et les élèves de se plaindre : on n'a pas appris la chauve-souris. De plus, leur leçon n'ayant pas été structurée, ils se souviennent de détails mais n'ont pas gardé en mémoire les attributs essentiels du concept de vol.
Il s'agit donc de déterminer les attributs essentiels du vol, en prenant en compte ce que l'enfant connaît. Il faut bien différencier ces caractéristiques des attributs particuliers à certains vols, des détails.

LES DATES

Les dates seules n'ont pas beaucoup de signification. Les événements, les batailles ne se chargent de tout leur sens qu'en fonction d'autres événements.
En fait, si l'on considère que seules sont chargées de sens les dates qui marquent un tournant dans l'Histoire : ainsi 1789 pour la Révolution française, avec son avant (sujets) et son après (citoyens), son « liberté, égalité, fraternité », ou la guerre de 1939-1945, avec les changements survenus alors dans le monde, peu de dates apprises (et aussitôt oubliées) sont vraiment signifiantes. Bien entendu, je parle là de dates précises. Il importe de situer des événements historiques dans le temps : savoir que Christophe Colomb découvrit l'Amérique au XVe siècle et qu'au même moment Gutenberg inventait la presse à imprimer (même si plus de cinquante ans séparent ces deux événements) me semble plus important que de connaître l'année de la mort de Charlemagne (814).
Si cela ne doit pas amener de conflit avec l'enseignant, apprenez à votre enfant à ne mémoriser que les dates essentielles de ses cours, mais à les placer dans un espace-temps qui a un sens.

(5) Dictionnaire Le Robert.

Pour retenir une date, il peut l'écrire au-dessous d'une image de sens. Dans sa tête, Philippe (CM2) écrit 1789 sous l'image de la Bastille, Anaïs (CM2) sous une femme portant un bonnet phrygien.

L'enfant peut également associer des dates entre elles, compter les années qui les séparent, les combiner autrement qu'elles le sont dans son cours. Ainsi, Johan se dit que l'Allemagne signe en 1936 avec le Japon le pacte anti-Kominterm, dirigé contre l'URSS, puis signe, en août1939, avec cette même URSS, un pacte de non-agression, et que, en 1941

FICHE **ÉLÈVE COLLÈGE**

HISTOIRE, GÉOGRAPHIE, SVT

1 **Avant de regarder mon livre ou mes notes, je vais tenter de me rappeler le cours,** ce que le professeur a dit, ce qu'il a écrit au tableau.

2 **J'apprends ma leçon.**
Je la lis, je la comprends. Je la reformule avec mes mots, je m'en fais des images. Je m'intéresse au sens de tous les mots nouveaux.
Quelle que soit ma façon de faire — soit en commençant par les titres et les sous-titres, soit en apprenant paragraphe après paragraphe —, il me faut assembler les idées ensemble, les structurer : idées principales, idées secondaires, idées accessoires. Je fais mon plan, l'enchaînement logique de la leçon.

3 **Je récite ma leçon à voix haute** (est-ce que je trouve mes mots ?), **après quoi je vérifie,** en relisant le cours, que je n'ai pas fait d'erreur et que je n'ai pas oublié de choses importantes. Je corrige dans ma tête si nécessaire.

4 **Je relie cette leçon à la leçon précédente ou à ce que j'ai appris en dehors de l'école.** Qu'est-ce que je sais sur ce sujet ? À quelle(s) autre(s) connaissance(s) puis-je le comparer, l'associer, l'opposer ?

5 **Livre fermé, j'imagine les questions qui pourront m'être posées. J'y réponds.**

Si je dois réviser, je le fais d'abord livre fermé. J'essaie de retrouver les grandes idées de la leçon.

J'apprends par cœur les dates principales en histoire. Je les relie les unes aux autres.
Je n'oublie pas de regarder les cartes en géographie mais aussi en histoire.
Je mémorise en les étudiant, en me les décrivant. Je regarde aussi les graphiques, les schémas qui figurent dans mes livres de géographie et de SVT.

J'apprends ma leçon en plusieurs fois. Mieux vaut trois fois dix minutes qu'une demi-heure d'affilée. **La première séquence d'apprentissage a lieu le soir même du cours.**

FICHE **PARENT**

HISTOIRE, GÉOGRAPHIE, SVT

Il existe diverses stratégies dans l'apprentissage des grandes leçons. Certains préfèrent apprendre leur leçon bout par bout, d'autres d'un seul tenant, d'autres aiment se faire un résumé avec leurs mots. Certains se rassurent avec le par-cœur, d'autres soulignent les mots importants.
Aidez votre enfant à repérer si ses stratégies sont efficaces. Ne le contraignez pas à changer sous prétexte que vous n'étudiiez pas ainsi, ou que son aîné fait différemment et réussit mieux, ou que tel livre dit que... Il faut savoir que l'on ne doit pas contraindre quelqu'un à procéder autrement qu'il le fait, car on risque une efficacité moindre ou, plus grave, un rejet.

A-t-il appris sa leçon en une fois ou en deux fois, en entier ou par petits bouts, a-t-il appris dans l'ordre ou fait des retours en arrière ? A-t-il écrit un résumé, fait un plan ? A-t-il souligné des mots clés ou des idées clés ? A-t-il recherché dans le dictionnaire des mots inconnus de lui ? Peut-il expliquer leur sens ? N'en a-t-il qu'un sens vague ? A-t-il observé les cartes, les schémas, les illustrations, ou les a-t-il juste survolés ? A-t-il réorganisé des idées ? A-t-il fait retour à des acquis ? A-t-il fait des ajouts personnels ? A-t-il appris par cœur ? A-t-il reformulé la leçon avec ses mots ?

Observez avec lui sa façon de travailler et, si elle n'est pas performante (rapport temps/note, mais aussi mémorisation à long terme), suggérez-lui d'autres manières de s'y prendre, d'autres procédures. Poussez-le à acquérir une stratégie efficace, la sienne.
Une chose est incontournable cependant : il comprend sa leçon, s'empare du sens le plus finement possible. Il la sait à partir du moment où il est capable de l'expliquer avec ses propres mots.

— deux ans après le début de la guerre —, elle l'attaque brusquement. Or, dans son cours, le pacte avec le Japon et le pacte de non-agression sont signalés dans une leçon sur l'Allemagne nationale-socialiste, à des paragraphes différents, et l'attaque de l'URSS, dans un autre leçon qui traite la guerre de 1939-1945.

L'IMPORTANCE DES ILLUSTRATIONS

Au cours d'une recherche, menée par une équipe de professeurs et la documentaliste d'un collège, sur le rôle des illustrations dans les manuels scolaires de 6e, il a été montré que les images sont perçues par les élèves comme une information négligeable ; elles seraient, selon eux, destinées à décorer[6]. Ils accordent la priorité à l'écrit, commente Brigitte Chevalier, maître de conférence à l'université Paris-VIII, alors que photographies, schémas, croquis et dessins sont plus nombreux que les textes.
J'ai moi-même souvent remarqué ce fait au cours de mon travail avec les enfants. Rares sont ceux qui exploitent les messages schématiques (cartes de géographie, schémas, graphiques...). Ils jettent parfois un œil aux messages figuratifs (dessins, photos...) et ne s'en servent, pour mémoriser et comprendre, que si l'image est suffisamment explicite.
Ainsi, Jules (CM2), comme je lui demande de lire un texte sur les Vikings avec pour consigne de me le raconter ensuite, se sert du dessin d'un drakkar pour imaginer les Vikings venant ravager les côtes

(6) B. Chevalier, M. Colin, « Exploiter l'information au CDI », INRP, *Rencontres pédagogiques* n° 29, 1991.

de France, et encore l'image du drakkar est-elle floue dans sa tête : il note la voile carrée mais pas les rames. Jules ne jette pas un œil sur la carte montrant le parcours des Vikings à partir de la Scandinavie.
Je donne à Justine (3e) deux pages d'un manuel de géographie afin qu'elle me les résume[7]. On y évoque la France. Quatre paragraphes ont pour titre : « Un pays de taille moyenne », « Un pays riche », « La modestie des ressources naturelles » et « Une démocratie ». Plus de la moitié de l'espace est occupée par des graphiques comparant la superficie de la France, sa population, son PNB, ses productions à ceux d'autres pays du monde ; une carte situe la France dans deux ensembles de pays, pays à démocratie pluraliste et pays dont le niveau de vie des habitants est élevé. Graphiques et carte sont très explicites, s'ajustent bien au texte, ils le complètent. Or c'est à peine si Justine parcourt ces illustrations, car elles ne sont évidemment pas compréhensibles au premier coup d'œil : elles doivent être décodées.
Il faut savoir que certaines illustrations sont difficiles à lire pour l'enfant qui n'en a pas l'habitude : ainsi les schémas statiques, alors qu'ils représentent une dynamique (par exemple, un circuit électrique avec ses différents symboles : fil conducteur, connexion, pile, ampoule, interrupteur ouvert, interrupteur fermé). Si on lui apprend à en réaliser lui-même, il prend plus facilement conscience de l'importance des éléments à représenter et de leurs liens.

Le fait de délaisser les illustrations est regrettable car non seulement l'enfant se prive d'une source d'informations, mais, comme le souligne Brigitte Chevalier, il ne met pas à contribution son cerveau droit, domaine de l'image et de la synthèse. Or c'est le travail complémentaire des deux cerveaux qui permet de développer toutes ses potentialités.
Encore faut-il savoir comment mémoriser les illustrations : pour mettre clairement en mémoire des images telles que des cartes de géographie, des schémas, des photos, des graphiques, il ne suffit pas de les regarder, même longtemps. Il faut se parler avec sa voix intérieure, commenter les informations mises en images. Il faut se décrire ce que l'on regarde. C'est ce que l'on se dit, ce que l'on commente (et pas seulement ce que l'on voit) qui s'inscrit visuellement dans la mémoire.

➔ CARTE DE GÉOGRAPHIE

Alain Lieury, directeur du laboratoire de psychologie expérimentale à l'université de Rennes, a fait travailler des collégiens sur des cartes de géographie[8]. Il en est arrivé à la conclusion qu'une surcharge de données nuit à la mémorisation. Or les cartes abondent de noms, d'informations. Une carte de géographie ne doit pas être la même si elle s'adresse à vous ou à vos enfants. Pourquoi ? Parce que vos connaissances vous permettent d'établir des stratégies, de sélectionner les informations utiles, d'accrocher les données nouvelles à vos acquis. Admettons que vous deviez apprendre les fleuves d'Asie. La carte de ce continent peut vous être présentée avec le nom des pays et des villes, car votre connaissance des pays traversés par ces cours d'eau vous aidera à les mémoriser, à mémoriser leur parcours.
Il n'en sera pas de même pour vos enfants qui n'ont que très peu de connaissances de l'Asie. Il faudrait leur présenter une carte plus dépouillée : le contour de ce

continent, avec le tracé des grands fleuves et leur nom, le nom des principaux pays traversés, et y ajouter les éléments qu'ils connaissent déjà ou doivent mémoriser, et seulement ceux-là. Si tel n'est pas le cas, aidez-les à localiser les éléments essentiels.

Il faudrait qu'il y ait dans la bibliothèque de chaque famille un atlas géographique. Nul besoin d'ouvrage complexe et onéreux. Mais un livre avec de grandes cartes où les enfants se reportent dès que dans une leçon on parle d'un pays, d'une ville, d'un fleuve. Ils associeraient alors ce terme géographique à une image, à une localisation précise.

Apprenez-leur à se repérer à ce qui ne change pas, c'est-à-dire les mers, les côtes, les fleuves. Montrez le nord, le sud, l'occident, l'orient. Si plusieurs continents sont dessinés, indiquez leur emplacement. Faites en sorte simplement qu'ils retrouvent sur les cartes quelques repères qu'ils enrichiront au fil du temps.

(7) *Histoire et Géographie, Initiation économique*, Belin, 1989.
(8) Alain Lieury, *Mémoire et réussite scolaire*, Dunod, 1991.

FICHE **ÉLÈVE**

DESSINER UNE CARTE DE GÉOGRAPHIE

1 **Je dessine le tracé de la carte.**
Je me fais d'abord un commentaire des contours de la carte, de ses proportions, de la place des éléments principaux dans l'espace, de leur distance les uns par rapport aux autres.
Dans le même temps, je dessine ce que je me dis dans ma tête.
Puis je fais le tracé. Si je ne me sens pas assez adroit, j'utilise un calque ou un carbone.

2 **Je dessine l'intérieur de la carte.**
Je suis un ordre précis. Je commence, par exemple, par les frontières, les fleuves, puis les montagnes, les grosses agglomérations...
Je me décris le tracé d'un fleuve, je le visualise, puis je le dessine sur ma feuille.

3 **Je colorie en respectant le code des couleurs.**

4 **J'ajoute les signes, les symboles, les abréviations utilisés dans cette carte.**
- ⩍ tunnel routier
- ● agglomération de 1 million d'habitants
- ⊙ agglomération de 200 000 à 1 million d'habitants
- ⊡ agglomération de – de 100 000

J'écris les noms des mers, des villes.

5 **Je porte l'échelle en bas de la carte. J'écris la légende.**
La légende permet d'interpréter les couleurs, les symboles, les signes que j'ai portés sur la carte.

6 **Dans le cas d'une carte historique, je la date.**

FICHE **PARENT**

DESSINER UNE CARTE DE GÉOGRAPHIE

Donnez à votre enfant de bons réflexes : une carte que l'on dessine doit être mémorisée dans le même temps, ce qui se fait en se décrivant les éléments et en les visualisant avant de les dessiner.
Le fait d'enregistrer mentalement tous ces éléments aide d'ailleurs à réaliser un tracé bien plus équilibré, correct et précis.

Attention, apprenez-lui à vérifier qu'il n'a pas oublié de reporter sur sa carte l'échelle, la légende (éventuellement la date). Sans ces éléments, qui sont des décodeurs, la carte ne veut rien dire.

FICHE **ÉLÈVE**

MÉMORISER UNE CARTE DE GÉOGRAPHIE

1. **Je mémorise l'échelle et la légende de la carte,** c'est-à-dire la signification des couleurs, des symboles (hachures, pointillés, flèches...), afin de pouvoir utiliser ces symboles dans un devoir.
2. **Je mémorise la carte elle-même : forme du pays, pays frontaliers.** Je me décris la forme du pays, je note ses limites, les mers et les pays qui l'entourent. Je revois la carte dans ma tête.
3. **Je fais de même pour les grandes villes, les fleuves, les montagnes.** Je repère leur emplacement que je visualise.
4. **Puis je dessine la carte sans regarder le modèle, je vérifie que ce que j'ai mémorisé est juste.** Je vérifie n'avoir rien oublié. Je corrige ce que j'ai mis en mémoire si nécessaire.

FICHE **PARENT**

MÉMORISER UNE CARTE DE GÉOGRAPHIE

Vouloir comprendre la géographie ou l'histoire sans consulter de cartes est absurde. Incitez votre enfant à se reporter sans cesse à elles quand il apprend ses leçons.

Quand on veut mémoriser une carte de géographie, il ne suffit pas de la regarder, même longtemps. Il faut se parler avec sa voix intérieure, la commenter. Il faut se décrire ce que l'on regarde.

Le codage verbal d'une image complexe n'est pas une chose évidente et il n'est pratiquement jamais enseigné à l'école. Entraînez votre enfant à développer des stratégies qui lui permettront de structurer l'information, de la hiérarchiser, ce qui facilite la mémorisation : il doit partir des informations les plus générales pour arriver au détail. Il peut aussi repérer en premier les éléments qui lui sont familiers. Apprenez-lui à développer des stratégies de dénomination, c'est-à-dire à acquérir un vocabulaire descriptif.

Pour mettre en mémoire des cartes de géographie, certains enfants peuvent s'aider en dessinant avec un doigt une carte imaginaire dans l'espace.

Lire au CP

LIRE

Un bon lecteur est celui qui sait identifier les mots. Identifier un mot signifie qu'il y a reconnaissance du sens à la seule perception de ce mot et non grâce au contexte. C'est la combinaison des lettres qui amène au sens du mot.
Le contexte doit permettre la compréhension du mot dans le texte, la construction du sens. Car si identifier un mot est nécessaire pour être un bon lecteur, ce n'est pas suffisant. Il faut savoir tirer du texte les indices qui font sa cohérence (indices grammaticaux, inférences...)[1].

LES DEUX ASPECTS DE LA LECTURE

Il y a deux aspects fondamentaux et inséparables dans la lecture : la lecture de compréhension ou lecture globale, et la lecture de prononciation ou lecture de déchiffrement d'un mot nouveau.

LA LECTURE DE COMPRÉHENSION

L'enfant se saisit du sens globalement. Il va d'unité de sens en unité de sens. Au fil des lectures, il affine cette approche. Il recherche le sens de différentes façons :
— par la compréhension du texte : recours au contexte ;
— en reconnaissant un mot ;
— en comparant avec des termes qu'il connaît ;
— en analysant et synthétisant : prélèvement d'indices et organisation des éléments identifiés ; reconnaissance de lettres, de combinaisons de lettres (an, ou, ch, ph...)[2], de leur place dans le mot.

LA LECTURE DE DÉCHIFFREMENT

On est là dans une lecture purement mécanique. On fait correspondre des structures graphiques et des structures phonétiques. Cette lecture se fait à voix haute. L'opération inverse est l'écriture : traduction d'un son en graphie — je dis bien écriture et non dictée, car quand on écrit un texte, on ne peut laisser de côté le sens, et c'est d'ailleurs ce qui pose problème à des enfants qui écrivent des sons sans passer par le sens. (*date de n'essence* pour « date de naissance », *partir enafric* pour « partir en Afrique »).

(1) Voir Compréhension (lecture et)
(2) Le graphème et le phonème sont des unités simples, l'une d'écriture, l'autre de parole. Il ne faut pas confondre les graphèmes et les lettres. Cette notion est importante pour l'apprentissage de la lecture.
Ainsi, *a* peut être un graphème qui correspond au son *a* et il peut être la lettre *a* qui est un dessin, lequel se combine avec d'autres lettres pour faire des sons différents : *ai, au, an, ain*...
an suivi d'une consonne correspond au graphème *an* : c *an* tine
an suivi d'une voyelle correspond aux graphèmes *a* et *n* : c *a n* ard
Le phonème est un élément sonore : *ou* est un phonème contenu dans *poule, amour, douce*.
La correspondance entre phonèmes et graphèmes n'est pas systématique. Ainsi, au phonème /ɛ/ correspondent plusieurs graphèmes : *è, ê, ei, ai*.
Pour ne pas compliquer, j'ai évité quand cela était possible de parler de phonème et de graphème : je parle de son, de combinaison de lettres, de graphie correspondant à un son...

➔ LA NÉCESSITÉ DES DEUX LECTURES

Les deux aspects sont nécessaires. Et il faut en tenir compte dans la façon d'aborder la lecture.

On doit apporter les compléments de mécanique aux élèves qui privilégient une lecture « devinette ». On leur apprend à analyser le mot, à le décortiquer, syllabe après syllabe, à l'écrire dans leur tête, à le mémoriser, afin de pouvoir le reconnaître au milieu d'autres mots et de ne pas le confondre avec d'autres, proches graphiquement, afin de n'avoir pas à chercher le sens de ce mot grâce au contexte.

Quant à ceux qui privilégient naturellement l'approche de déchiffrement, il faut les aider à identifier les mots pour les reconnaître, sans être contraints de les syllaber. L'analyse des mots, leur mémorisation, leur permet de les lire « d'un coup ».

LE DÉCHIFFREMENT D'UN MOT NOUVEAU

Lire un mot nouveau, c'est déchiffrer à voix haute des structures graphiques, l'une après l'autre : on traduit en sons des structures graphiques. On est dans une séquentialité.

L'opération inverse est écrire : traduction d'une structure phonétique en structure graphique.

Ainsi, il paraît aberrant de commencer certains apprentissages tels que la copie, la dictée, avant d'avoir travaillé sur les structures phonétiques et syllabiques, avant d'avoir fait appréhender le temps à l'enfant.

• On dit à l'enfant que dans *Pauline* on a *li,* on a la lettre *i,* mais on a aussi le *l* devant le *i.*

On lui apprend à déchiffrer *li* et *il*, *la* et *al*, *le* et *el.* On lui fait reconnaître la place des lettres les unes par rapport aux autres, la place de *li* dans le mot.

• On lui apprend donc que les lettres, qui, seules, n'ont pas de sens, deviennent signifiantes par leur nombre et par leur ordre, que l'on écrit de gauche à droite. On lui apprend que l'on déchiffre un mot inconnu de la même façon, syllabe après syllabe, de gauche à droite.

L'enfant ne devine plus un ensemble à partir de certaines lettres. Il apprend que les lettres ont un ordre précis dans le mot. Quand il parle, il y a une lettre qu'il prononce en premier.

EXEMPLE : bri = *bbbbbbri*

Quand il écrit, il écrit cette lettre en premier, la deuxième étant la deuxième qu'il entend : *brrrrri*

Dans l'apprentissage de l'écriture, on lui fait appréhender le temps et la place des lettres dans le temps. Dans un mot, il y a une lettre (ou un son : *ou*, *ch*) que l'on prononce en premier, et c'est celle que l'on écrit, puis on écrit celle qui suit. Dites à l'enfant de ne pas écrire les lettres sans avoir prononcé le mot lentement, sans avoir recherché leur place dans le mot. Même s'il a reconnu certaines lettres, il ne les écrit qu'à leur tour, et pas avant. Si vous prononcez le mot *cru*, il y a un son qu'il va tout de suite identifier, le *u.* Demandez-lui de ne pas se précipiter et de ne pas l'écrire. Qu'il prononce le mot lentement, très lentement pour entendre s'il n'y a pas un son avant le *u*. Il y a *cr.* Faites-lui décomposer *cr* pour reconnaître les lettres qui le forment, etc.

De même, si l'enfant dit *char*, il repère le *ch*, puis le *a*, puis le *r*.

Je voudrais signaler un travail particulièrement intéressant, celui du docteur Gisèle

Gelbert, aphasiologue. Elle a construit un schéma des fonctions linguistiques et mis au point une technique de rééducation pour enfants non lecteurs que des années d'orthophonie et de psychothérapie n'ont pas ouverts au monde de l'écrit. L'approche de la lecture passe par le travail sur la syllabe, celle-ci étant, d'après Gisèle Gelbert, la quantité d'écrit que le cerveau appréhende et traite le plus facilement. Le sens s'installe ensuite de lui-même lorsque la mécanique fonctionne bien[4].

SI L'ENFANT DÉCHIFFRE MAIS NE COMPREND PAS

Si l'enfant stagne dans une lecture de déchiffrement, s'il ânonne, s'il a du mal à reconnaître un mot, à anticiper le mot suivant, s'il ne cherche pas à appréhender le sens de la phrase, il faut déscolariser la lecture et l'intéresser au sens, au contenu de la chose écrite : lisez des livres qu'il aime, faites-lui envoyer des cartes, des lettres, écrivez-lui des messages tendres et rigolos et laissez-les traîner partout (l'un d'eux indique, par exemple, le lieu où vous avez caché un paquet de biscuits pour son goûter), lancez des jeux qui nécessitent un peu de lecture, écrivez ensemble la liste des courses et confiez-la lui.

Travaillez avec votre enfant sur un mot, puis vérifiez qu'il le repère dans un texte sans avoir à le déchiffrer. Prenez un paragraphe ou une page de lecture. Extrayez un mot. Décortiquez-le, syllabe après syllabe (accent, lettre muette, consonne simple ou double, graphie des sons). Demandez-lui de l'écrire dans sa tête tout en le prononçant, syllabe après syllabe. Puis faites-le écrire pour vérifier qu'il l'a mémorisé correctement. Enfin, demandez-lui de retrouver le mot dans le texte — sans lire, en parcourant simplement le texte du regard.

Autre exercice qui permet l'anticipation : vous lisez avec votre enfant une phrase, mais vous cachez les deux ou trois mots de la fin. À lui de la terminer. Puis il compare sa réponse avec ce qui est écrit. Bien entendu, le contexte et le début de la phrase doivent être suffisamment explicites pour qu'il puisse deviner les éléments manquants.

SI L'ENFANT DEVINE MAIS N'IDENTIFIE PAS LE MOT

S'il confond les mots, qu'il utilise le contexte non pour lire mais pour deviner, s'il ne peut déchiffrer un mot dont il connaît pourtant les lettres, il faut le faire travailler sur la syllabe, sur la correspondance son/graphie, et sur le mot.

Roland Goigoux a catégorisé différentes démarches pédagogiques dans de nombreuses classes. Puis, en fin de CP et en milieu de CE1, il a fait passer des tests de construction de sens aux enfants, il a testé leur compréhension d'un texte et pas seulement leur faculté à identifier des mots[5]. Quatre-vingts pour cent des enfants en échec avaient été privés de l'enseignement rationnel de la concordance son/graphie.

Le linguiste Alain Bentolila[6], qui parle de cette recherche, dit qu'au milieu du deuxième trimestre, à l'époque où habituellement le sens se fait jour, ces élèves commençaient à oraliser de façon incohé-

(3) Voir Vocabulaire (La mémoire lexicale)
(4) Gisèle Gelbert, *Lire, c'est vivre*, éd. Odile Jacob, 1996.
(5) Roland Goigoux, « Apprentissage et enseignement de la lecture en Segpa », IUFM Auvergne — ministère de l'Éducation nationale, 1998.
(6) Alain. Bentolila, *Lecture : apprentissage, enjeux de société*, Folivres, Grillon, 1994.

rente, ils regroupaient les lettres de façon non syllabique. Ainsi pour le mot *cartable : art- rta- tab*. Ces élèves, privés de l'enseignement des relations grapho-phonologiques, en prenaient soudain conscience et la mettaient en pratique de façon incohérente. Pour certains, cela se rationalisait, mais d'autres se récupéraient mal.

L'ENFANT ÉCOUTE

Le caractère phonétique est un aspect primordial de la lecture et de l'écriture : l'enfant procède des sons vers la graphie. Si le vôtre a du mal à analyser auditivement un mot ou même une syllabe, s'il a des difficultés à les écrire, suggérez-lui de les prononcer lentement et d'écouter ce qu'il prononce.

— Exercez-le à repérer tout d'abord les voyelles dans un mot : « Dis-moi si tu entends le *a* dans ce mot. »

Faites-lui compter le nombre de *a* se trouvant dans un mot : papa, chat, marchera.

— Puis entraînez-le à reconnaître une consonne précise dans un mot : « Y a-t-il un *r* dans ce mot ? un *f* ? » Vous commencez bien entendu par les consonnes les plus facilement identifiables du fait que leur son se prolonge : *fffffff, lllll*...

— Faites-lui repérer des sons tels que *an*, *ch*...

— Apprenez-lui à reconnaître :

1 le nombre de syllabes qu'il entend.
Combien y a-t-il de syllabes ?
animal : *a + ni + mal*

2 la place des sons dans une syllabe.
mal : *m a l*
cha : *ch a*

L'enfant signale le son qu'il a entendu (et prononcé) en premier et qui s'écrit au début de la syllabe. Il dit ce qu'il a entendu (et prononcé) en dernier et qui finit la syllabe. Faites de même avec des syllabes plus complexes : *bra, fur, pli*.

— Finissez par mélanger tous ces exercices. Inventez-en d'autres. Le principal est qu'il apprenne en jouant.

ÉCRIRE

Associez toujours l'apprentissage de l'écriture à celui de la lecture. Dictez à votre enfant des lettres, des combinaisons de lettres (*ou*, *ch*, *in*), des syllabes, des mots. Par exemple, dictez une syllabe et demandez-lui de la prononcer lentement tandis qu'il l'écrit. Prononcer la syllabe en même temps qu'on l'écrit rend plus facile la transcription du son en graphie. Il en est de même pour le mot. L'enfant doit écrire le mot, syllabe après syllabe, tandis qu'il le prononce.

Écrire permet de mieux lire et de découvrir les fonctions de l'écrit.

Il ne sert à rien d'apprendre à l'enfant à écrire des mots alors qu'il ne sait pas encore le nom des lettres. L'apprentissage de l'écriture doit se faire en fonction des lettres ou des graphèmes qu'il connaît.

COMMENT ÉCRIRE UN MOT ?

L'oralisation est un mécanisme vocal naturel chez l'enfant qui écrit. Ce mécanisme est peu à peu intériorisé, encore qu'il arrive à l'adulte de « syllaber » un mot long ou nouveau pour lui (mot étranger, nom propre). En CP et en CE1, les élèves qui prononcent les mots commettent moins d'erreurs que les autres, qu'ils écrivent sous la dictée ou spontanément.

Écrire un mot, c'est écrire du sens, mais c'est aussi transcrire des sons en graphies, transcrire des syllabes. Donnez à l'enfant l'habitude de prononcer le mot, une syllabe après l'autre, tandis qu'il écrit. Cela lui évitera d'oublier des lettres, de les intervertir, de sauter une syllabe. Prononcer un mot ne veut pas dire forcément parler à voix haute : l'enfant apprend peu à peu à détacher les syllabes avec sa voix intérieure.

NOTIONS DE BASE

En début de CP, vérifiez que votre enfant possède les notions de base nécessaires pour l'apprentissage de la lecture et de l'écriture.

— Sait-il où sont le haut et le bas d'une page ?

— Reconnaît-il la droite et la gauche ?

— Connaît-il le sens de la lecture et de l'écriture ? De gauche à droite, et retour à la ligne, à gauche.

ATTENTION : « Le chat de Léon ». Dites : « Le mot *chat* est avant le mot *de* ».

Avant (écrit avant) et non *devant*.

LES LETTRES

DIFFICULTÉ DANS L'APPRENTISSAGE DE CERTAINES LETTRES

Aidez celui qui confond certaines lettres en lui faisant parler leur dessin par rapport à la ligne d'écriture et au sens de l'écriture. Proposez-lui des associations, des moyens mnémotechniques amusants, signifiants pour lui.

EXEMPLES : le *b*, le *d*, et le *p*

le *b* : Le bébé a un gros ventre

le *d* : Le d a un gros derrière

le *p* : le pépé a une canne

Vous proposez. Vous n'imposez pas. Vous avancez des idées différentes et il en choisit une qu'il fait sienne.

LES LETTRES ET LE GESTE

L'enfant peut, d'un doigt, écrire les lettres dans l'espace ou se servir de tout son corps.

o : les bras forment un cercle au-dessus de la tête.

n : l'enfant s'appuie sur une jambe, puis sur l'autre.

LETTRES MOBILES

Découpez des lettres dans un gros carton ou achetez des lettres mobiles. L'enfant retient mieux la forme et le nom d'une lettre qu'il manipule, il assimile beaucoup mieux l'orthographe d'un mot qu'il reproduit en le composant avec ces lettres.

VOYELLES ET CONSONNES

On enseigne d'abord les voyelles (on diffère l'apprentissage du *y*) avant de passer aux consonnes. Puis on commence par les consonnes dont le son se prolonge. Elles sont plus facilement identifiées : *fffffff*, *sssssss*, *vvvvvv*, *jjjjjjj*. On poursuit avec les consonnes dont le son est bref : *p*, *b*, *d*, *t*.

On s'assoit à côté de l'enfant (pas en face) et, tout en traçant une lettre, on lui parle du chemin de cette lettre : « *b* : je trace un bâton avec un ballon devant. » Puis l'enfant écrit la lettre dans sa tête en la prononçant.

LE B, LE D, LE P, LE Q

Surtout, n'essayez pas d'apprendre à votre enfant le *b*, le *d*, le *p*, le *q* en même temps, sous prétexte que leurs dessins sont très voisins. C'est la raison qui rend leur mémorisation laborieuse. De plus,

ces lettres ont des sons courts qui, du fait qu'on ne peut les prolonger, sont difficiles à différencier. Seules les vibrations des cordes vocales distinguent le *p* du *b*.
L'orientation différencie ces lettres. Commencez par l'une d'elles ; parlez de sa forme, de son orientation, jouez avec des formes découpées (un rond et une barre) que l'enfant assemble pour faire la lettre. Puis demandez-lui de fermer les yeux et d'écrire la lettre dans sa tête, graphie associée au son qu'il prononce alors. Surtout, ne passez à l'apprentissage d'une autre lettre qu'une fois la première parfaitement mémorisée. Revenez en cours d'apprentissage à la première, comparez les deux lettres.

APPRENTISSAGE PROGRESSIF

Prenez garde de ne pas trop rapprocher dans le temps certains apprentissages. Ainsi, le *c* est observé et appris quand il est avant *a*, *o*, *u*. Une fois qu'il est bien mémorisé, on peut passer à *cl*, *cr*, puis, plus tard, à *ce*, *ci*, ainsi qu'à ç. On revient toujours aux acquis quand on aborde un nouvel apprentissage. Ainsi, quand on apprend *ce* à l'enfant, on revient à *ca*, *co*, *cu*, *cl*, *cr*.

LETTRES MUETTES

Certaines lettres ne se prononcent pas à la fin des mots, ce sont le *e*, le *s*, le *t*, le *d*. Donnez comme consigne à votre enfant d'écrire les lettres muettes des mots nouveaux dans une autre couleur ou de les entourer.
Vous pouvez lui demander, avant de lire un mot, de souligner les lettres muettes. Auparavant, il aura retrouvé dans sa mémoire quelles sont les lettres qui parfois sont muettes et à quelle place elles le deviennent.
Ainsi, à l'intérieur du mot, on prononce le *s*, le *t*, le *d*, mais pas en fin de mot.
Le *e* se prononce au milieu du mot et à la fin des petits mots *je*, *me*, *te*, *le*, *se*, *de*.
On signale à l'enfant qu'il y a toujours des exceptions et qu'on les lui signalera quand on les rencontrera (exemple : la *vis*).
Faites-lui faire également ce genre d'exercice pour les lettres muettes placées dans un mot.
Repérer les lettres muettes est nécessaire pour savoir écrire les mots correctement.

LA SYLLABE

Présentez à l'enfant une syllabe (sa graphie), prononcez-la tout en faisant un mouvement de gauche à droite, mouvement de l'écriture tout autant que direction de la lecture. Au début de l'apprentissage, vous allez toujours accompagner l'étude d'une syllabe d'un mouvement de la main de gauche à droite (bien entendu, vous êtes assis à côté de l'enfant et non en face).
Pendant un certain temps, l'enfant a tendance à séparer les sons, à lire *b – a – ba*, *f – é – fé*. Ce qu'il ne doit pas faire. Vous pouvez au début vous servir de la prononciation ralentie pour qu'il perçoive la composition de la graphie associée à celle du son : *bbbbaaa*, *fffféé*, mais il doit les lire d'un seul coup : *ba*, *fé*.
Assis à côté de lui, prenez dans votre main gauche un carton sur lequel est écrit *b*, par exemple. Dites : « b ». Puis, dans votre main droite, un carton sur lequel est écrit *a*. Dites : « *a* ». Assemblez-les et dites : « *ba* » en les posant devant lui.

Continuez cet exercice avec la même consonne et en changeant de voyelle, ou à l'inverse en changeant de consonne mais en conservant la voyelle.
Si votre enfant ne sait pas assembler des lettres, aidez-le pour ne pas le laisser en échec. Mais ne le faites pas non plus systématiquement, car il pourrait attendre que vous lui souffliez à chaque fois qu'il a des difficultés à lire.
Apprenez-lui à lire les syllabes, grâce à ces cartons que vous assemblez, ou à les écrire. Dans ce cas, c'est lui qui les assemble.
L'apprentissage des syllabes formées de trois lettres se fait de la même façon. Là aussi, exercez-le à les prononcer en une seule fois.
Consonne + voyelle + consonne : *fol*, *par*.
consonne + consonne + voyelle : *flo*, *pra*.
Faites un travail identique avec le *ou*, le *an*, le *in*... au sein d'une syllabe.

LE SON

Habituez votre enfant à se référer à ce qu'il dit pour vérifier ce qu'il écrit : quel son entend-il ?

LA DIFFÉRENCE ENTRE CERTAINS SONS

On peut faire sentir la différence entre le *f*, qui a un son sourd, et le *v*, qui est sonore. Posez ses doigts sur votre cou, puis sur le sien, faites-lui sentir les vibrations des cordes vocales lorsqu'un *v* est prononcé.
On peut faire sentir de même la différence entre le *ch* sourd et le *j* qui fait vibrer les cordes vocales.

LA PRONONCIATION RALENTIE

On peut utiliser la prononciation ralentie pour aider à percevoir la succession des sons dans un mot.
ville = *vvvvviiiiiiilllllll(e)*

LES MOTS RÉFÉRENCES

Ce sont des mots simples, que l'enfant connaît : moto, bonbon, lune. L'un d'eux peut être son prénom. Ils lui permettent d'identifier des lettres dans d'autres mots. Ils sont utiles pour identifier le *on*, le *ou*, par exemple, pour ne pas les confondre.
N'imposez pas un mot référence. Vous pouvez lui proposer plusieurs mots parmi lesquels il en choisit un, auquel il fera retour en cas de difficulté, quand il ne saura déchiffrer le son *ou* qu'il ne saura plus l'écrire.

MÉMORISATION DE *ON*, DE *OU*...

S'enfant travaille sur le mot *bonbon*, puis sur le *on*. Il dessine un bonbon, il écrit *on*. Puis il ferme les yeux, dit : « *On* comme dans bonbon », et il doit voir dans sa tête, sur son écran mental, le dessin et le *on* du mot bonbon. On fait de même pour le *de*, la graphie des sons qu'il a du mal à mémoriser.
Revenez toujours, à chaque apprentissage, aux graphèmes de formes voisines qu'il connaît — et seulement à ceux-là.

LES MOTS OUTILS

Ce sont les pronoms personnels (je, il...), les déterminants (mon, ce...), les prépositions (sur, dans...), les adverbes (non, ne pas...) que l'enfant apprend en CP dès le premier trimestre.
Il faut veiller à ce qu'il analyse les lettres (a, o, n...) et les combinaisons de lettres (an, on...) connues de lui, et qu'il note leur place dans les mots avant de le mémoriser. Cela peut lui éviter de buter sur ces mots

pendant des années et de confondre *un* et *une*, *les* et *des*.
S'il a appris un mot outil avant même de connaître une lettre ou une combinaison de lettres, revenez sur le mot au moment de leur apprentissage. Ainsi, revenez à *dans* au moment où la leçon porte sur le *an*.

LE MOT

Il importe que l'enfant identifie les mots. Aussi, soyez attentif à ce qu'il les lise réellement et ne récite pas des phrases apprises par cœur. Variez la lecture. Travaillez sur des lettres, des combinaisons de lettres (*ch*, *eau*, *ain*), des syllabes, des mots. L'intelligence du texte ne peut exister si les mots n'ont pas été correctement étudiés et ne sont pas possédés par l'enfant. Il faut analyser le mot, le décortiquer pour le stocker correctement dans la mémoire. Il est l'unité de sens primordiale autour de quoi tournent la langue. Si le mot n'a pas été analysé, l'enfant n'est pas capable de l'écrire correctement. Certains élèves ont des difficultés pour n'avoir pas appris à décortiquer un mot. En CM1, ils écrivent : *j'usqu'à* ou *par ce que* ou *rihnocéros*. Ils ont noté que dans ces mots il y avait des espaces, des apostrophes, un h ; ils l'ont noté globalement sans passer par l'analyse du mot, sans noter les lettres qui composent chaque syllabe, leur place dans le mot.

L'APPRENTISSAGE D'UN MOT NOUVEAU

• On donne à l'enfant une phrase ou un paragraphe à lire. Il lit et, ce faisant, il relève quelques mots inconnus de lui.
Il analyse chaque mot, syllabe après syllabe, (accents, lettres muettes, consonnes simples ou doubles, graphies correspondant aux sons : *o*, *au*, *eau*...).
Il écrit le mot dans sa tête.
Il vérifie, en l'écrivant sur une feuille, qu'il l'a bien intériorisé.
• L'enfant lit le paragraphe en identifiant les mots qu'il a analysés. Il ne doit pas les déchiffrer.
• Consigne lui est donnée d'essayer dorénavant, lorsqu'il rencontrera ces mots, de les reconnaître et de les lire « d'un coup ». Quand il lui faudra les écrire, il ira les chercher dans sa mémoire ; il les écrira tout en syllabant.
• Vous pouvez apporter une aide à l'enfant : sous votre direction, il trace avec un doigt le mot dans l'espace ou sur sa table de travail. Ou il manipule de lettres mobiles correspondant aux lettres du mot (ces lettres peuvent être découpées dans du gros carton).

L'APPRENTISSAGE DES GRAPHIES DIFFICILES

En CM2, huit enfants sur dix sont incapables d'écrire correctement : vieille, vieux, bouteille, réveil, feuille, cueillir. Apprenez à l'enfant à décomposer le son, à écouter le mot qu'il prononce.
L'enfant dit : « bouteille. » Il reconnaît les sons *é*, *i*, *ll*.
Il dit : « feuille. » Il reconnaît les sons *eu*, *i*, *ll*.
Il avance le doigt de gauche à droite au fur et à mesure qu'il prononce le mot. Puis il le prononce à un rythme normal. Il photographie le mot mentalement, syllabe après syllabe. Il l'écrit sans regarder le modèle tout en décomposant le son. Après quoi il vérifie avoir enregistré le mot correctement. Il n'oublie pas de le décomposer chaque fois qu'il doit l'écrire.

APPROCHE VARIÉE, RETOUR AUX ACQUIS

Au cours de la même séance de travail, variez l'approche de la lecture : écouter, lire, écrire, trouver des mots — par exemple avec *on* (et cela à l'écoute ou/et à la lecture), travaillez sur des syllabes, des mots, des phrases, utilisez des couleurs pour souligner des sons différents ou des lettres muettes...
N'oubliez pas de revenir à ce qui a été appris dans les leçons précédentes. Il faut réviser, répéter, sans oublier de toujours diversifier la façon de présenter afin que l'enfant ne s'ennuie pas, l'ennui étant catastrophique pour l'apprentissage.

LA LECTURE SILENCIEUSE

Quand vous avez l'impression que votre enfant a franchi un premier palier (vers le milieu du deuxième trimestre environ, mais cela varie selon les enfants), faites-lui aborder la lecture silencieuse grâce à de petits exercices de perception visuelle rapide.
Demandez-lui de vous désigner du doigt dans un texte un mot dont il a auparavant analysé la graphie et qu'il a mémorisé. Il doit parcourir le texte des yeux et ne pas le lire.
Ou encore repérer le mot parmi d'autres le plus vite possible. Ainsi le mot *marin* : mardi – marge – marron – rinma – minra – nimbe – mira – marinier – marine – marieur – rimmel – marier – marin – maris – narine – nantir – niais – rimer.

Les exercices peuvent se complexifier l'année suivante : trouver, en parcourant un paragraphe des yeux, un mot, un groupe de mots ou une phrase qui exprime une idée, un renseignement.
Ne vous affolez pas si, en CP ou en CE1, il semble avoir du mal à lire sans oraliser. « Pendant douze à dix-huit mois après le commencement de l'acquisition de la lecture, la forme verbale est plus aisée que la forme silencieuse chez la quasi-totalité des jeunes écoliers[7]. »

DIFFICULTÉ À LIRE À VOIX HAUTE

Si votre enfant, après le CE1, ânonne, bute sur certains mots, il est probable qu'il reste dans une lecture de déchiffrement, avec le désir de ne pas se tromper, et qu'il a oublié la finalité de la lecture, qui est le sens. Demandez-lui de lire d'abord le texte pour le comprendre, puis seulement après de dire les mots.

SENS ET ATTRAIT DE LA LECTURE

Un attrait de l'apprentissage de la lecture est pour l'enfant de pouvoir déchiffrer ce qui est écrit, et cela va du nom sur les enseignes des magasins aux titres des journaux que ses parents laissent traîner sur une table et surtout aux livres qu'il a reçus en cadeau, et dont, avant qu'il ne s'endorme, on parcourt quelques pages à voix haute — ce qui lui donne un si grand plaisir.

(7) B. Toresse, *Comment apprendre à lire aux enfants de 6-7 ans*, éd. Hachette Écoles, 1988.

Mais l'attrait de l'apprentissage de la lecture, pour certains enfants, est lié à celui de l'écriture. Former de belles lettres, écrire son nom, celui de ceux qu'on aime, puis envoyer une lettre (ou même un courriel) qui amène une réponse que l'on peut déchiffrer.
Savoir écrire et lire permet de communiquer. Lire et écrire a un sens.

Et c'est l'absence de sens qui, souvent, prive d'attrait cet apprentissage. Que donnent à lire certains livres ou certains manuels de lecture ? Un langage simplifié à l'extrême qui n'a plus rien à voir avec celui qu'entendent les enfants, un langage sans musique. Ils proposent des textes écrits dans une langue qui est en fait une fausse langue, un leurre. Ces phrases sont plates, sans complexité, sans variété de temps ou encore sans subordonnée, c'est-à-dire sans aucune des marques de l'écrit. Le vocabulaire y est souvent d'une grande pauvreté. Ce qu'il faut diminuer, c'est la difficulté et non la complexité. On estime que la lecture est facile pour l'enfant à partir du moment où il domine 80 % des notions linguistiques et culturelles contenues dans le texte.
Pensez à tout cela quand vous achetez un livre. Ne faites pas un choix seulement en fonction des images.

DES TEXTES VARIÉS

Dès que votre enfant maîtrise bien la lecture, vous devez lui offrir à lire un choix de textes divers : contes, poèmes, lettres, recettes, modes d'emploi...
Certains doivent lui donner le goût de la lecture grâce au plaisir apporté par l'imaginaire. D'autres, utilisant les supports réels de son environnement, peuvent le convaincre de son utilité. Il prend conscience que le fait de savoir lire le rend moins dépendant.
Lire, ce n'est pas seulement savoir lire les mots, c'est établir un lien entre eux et le contexte, ce qui permet de construire du sens. Pour cette raison, Évelyne Charmeux, professeur à l'IUFM de Toulouse, propose de remplacer les manuels de lecture par des journaux, des catalogues, des lettres, des affiches, car, dit-elle, un objet de lecture qui n'a aucune fonction sociale n'a pas de sens. Il est d'ailleurs plus difficile à lire puisqu'on a gommé son contexte[8].
L'enfant devrait être, à partir d'objets de lecture variés, familiarisé avec les différentes langues (une recette de cuisine ne parle pas la même langue qu'un conte, qu'une bande dessinée, un poème, un article...).
Il devrait entendre à la maison non seulement la langue que lui-même utilise, mais aussi différents types de discours, il s'adapterait plus facilement à ceux qu'il découvre dans sa scolarité, il s'adapterait à la façon d'écrire propre aux mathématiques, à l'histoire.

L'ÉCRIT : UNE AIDE POUR L'APPRENTISSAGE DE LA LECTURE

Pour certains élèves en blocage dans l'apprentissage de la lecture, il est possible de passer par le langage parlé et l'écrit. Partez de textes produits par l'enfant lui-même. Ce sont de courtes phrases. Il les dit, les écrit (écriture provisoire), puis, à votre tour, vous les écrivez en faisant des commentaires : « Madame, ça commence comme maman (mot qu'il connaît). » Vous prononcez les deux mots en insistant sur le *ma* tout en l'écrivant. Puis l'enfant travaille les mots de ses textes[9] (il les analyse, les mémorise). Dans un troisième temps, il lit un texte que vous avez écrit et dans lequel il retrouve les mots de ses propres phrases, les mots qu'il a étudiés, mémorisés, les mots devenus familiers.

Vous pouvez également partir d'un texte que l'enfant énonce. Assis à côté de lui, vous écrivez lentement chaque mot tout en le syllabant. Après quoi vous faites des commentaires sur les mots, aidant à les analyser, puis vous lui dictez deux ou trois mots, ou tous, l'important étant de l'amener à des réussites, de lui donner confiance. Ce travail se termine avec la reconnaissance dans un texte des mots étudiés ou, s'il le peut, la lecture de ce texte.

Une progression par paliers

Ne vous affolez pas si votre enfant semble stagner à certains moments. Comme dans tous les apprentissages, l'enfant ne progresse pas de façon constante. Cela est particulièrement visible quand il apprend à lire. Il avance par paliers. Vous avez l'impression qu'il ne comprend pas, qu'il ne fait que deviner, et puis, soudain, voilà qu'il franchit une étape, jusqu'à une prochaine phase de stagnation. L'apprentissage de la lecture influe souvent sur toute la scolarité. Si l'enfant acquiert ces mécanismes en se sentant soutenu par vous et par l'enseignant, si vous lui montrez votre confiance, si vous êtes patient et que les séances de lecture après l'école se font tranquillement, si vous savez accueillir ses fautes non avec agacement mais avec humour, il y a toutes les chances pour qu'il aborde les apprentissages dans les autres classes avec optimisme. Dans le cas contraire, il se peut qu'il éprouve des difficultés ultérieures, rejette tout apprentissage, voire qu'il n'aime plus l'école.

La compréhension du texte

Dès le CP, demandez à votre enfant de se faire des images de ce qu'il lit. « Que vois-tu dans ta tête ? Comment te représentes-tu la princesse ? Et la planète où atterrit la fusée ? » Amusez-vous ensemble à comparer vos images. Jouez avec lui à mettre en scène mentalement tout ce qui est dit dans le texte, et pas seulement les images les plus marquantes. Cela est déterminant pour la compréhension. Si l'enfant prend la mauvaise habitude d'intérioriser des bouts d'un texte et non celui-ci en son entier, lorsque les phrases se complexifieront, au fil des années, il ne fera pas l'effort nécessaire pour leur donner du sens, il ne saura pas le faire.

(8) Évelyne Charmeux, *Apprendre à lire, Échec à l'échec*, éd. Milan, 1987.
(9) Voir Orthographe d'un mot.

Plus tard, une fois qu'il a pris l'habitude de se saisir correctement de l'explicite, interrogez-le sur ce qui est sous-entendu dans un texte. Si on lit que Léon est allé à l'aéroport une valise à la main, il n'est pas écrit qu'il va prendre un avion, mais on le déduit. Questionnez-le sur ses ajouts au texte, ses transformations : s'il est écrit que Léon est monté dans un avion, l'enfant peut l'imaginer dans un petit biplace (pourquoi pas, après tout, si rien dans le texte ne vient démentir cette image). Ou il peut le voir assis dans un avion qui serait rose framboise et armé de super gadgets futuristes. Vous pouvez lui expliquer qu'il y a peu de chances qu'il en soit ainsi, mais là encore, si rien ne le contredit vraiment, c'est sa liberté. En revanche, s'il est écrit que Léon est monté dans un Airbus, vous direz à l'enfant qu'il a transformé le texte. Il peut bien entendu garder son image de petit avion rose, mais il doit alors être conscient que l'histoire qu'il a dans sa tête n'est pas tout à fait celle qu'il est en train de lire.

ALPHABÉTISER N'EST PAS « LECTURISER »

Alphabétiser, c'est apprendre à un enfant à identifier les mots, à lire correctement, mais cela ne fait pas de lui un lecteur. Il maîtrise les techniques, comprend un texte, mais lire n'a pas de véritable signification pour lui. Devenu adulte, il lit pour s'informer, pour travailler, mais il évite cette activité dans la mesure où elle ne lui est pas nécessaire. Il ne s'intéresse à la lecture que si elle est d'une utilité pratique.

« Lecturiser », c'est bien autre chose, c'est donner le goût de la lecture à l'enfant, lui faire découvrir l'ouverture au monde qu'elle implique. C'est lui faire appréhender tout ce que les livres peuvent lui apporter pour son plaisir, son enrichissement, c'est lui donner à savoir qu'ils sont une source de savoir illimitée, c'est le sensibiliser à la magie émotionnelle qu'ils contiennent. L'enfant doit apprendre que les mots n'ont d'importance qu'à partir du moment où ils transmettent un sens. Ils n'ont en eux-mêmes aucune signification intrinsèque, ils ne sont que des représentations. Pour avoir envie de lire, dit Bruno Bettelheim, l'enfant doit être convaincu que cela lui ouvrira un champ d'expériences merveilleuses et lui permettra de « comprendre le monde et de maîtriser son destin[9] ».

(9) B. Bettelheim et K. Zelan, *La Lecture et l'enfant*, éd. Robert Laffont, 1983.

LISTES

(Tenir des listes)

FICHE **ÉLÈVE**

TENIR DES LISTES

Je corrige les erreurs de mes devoirs et de mes contrôles.
Je sais ce que j'aurai à faire la prochaine fois.
Qu'est-ce qui doit m'arrêter ? Quelles questions vais-je me poser ? À quoi dois-je penser : à une règle ou à un exemple mémorisés ? Avec quoi ne dois-je pas confondre ?.

Je sais maintenant **quand** et **comment** j'aurai à utiliser ces connaissances dont je n'ai pas su me servir correctement.

Je me fais, dans chaque matière, une liste des choses à vérifier.
Par exemple, placer correctement les chiffres dans la multiplication ; ne pas oublier le *s* aux verbes à la 3e personne du singulier en anglais ; ne pas oublier qu'en allemand, sauf exception, l'infinitif utilisé comme nom commun est toujours du genre neutre et n'a pas de pluriel.

Si, en dictée, je fais beaucoup de fautes, je m'attaque à chacun des points de la liste, mais l'un après l'autre, ou à deux points à la fois, mais pas davantage.
Je peux décider, par exemple, de résoudre mon problème avec les participes passés. Je m'arrête à chaque fois que j'aurai à les écrire. Dès que j'en repère un (j'ai guetté comme le pêcheur attentif au moindre mouvement de sa ligne), je cherche dans ma tête les questions que je dois me poser ou les exemples mémorisés, et, seulement ensuite, j'écris. Je fais cela à l'école, dans une dictée, un contrôle, chez moi, dans mes devoirs.
Quand écrire un participe passé ne me pose plus de problème, je m'attaque à un ou deux autres points de ma liste.

Je modifie régulièrement mes listes.
Je barre ce qui est devenu un automatisme, c'est-à-dire ce à quoi j'ai pris l'habitude de penser et auquel je ne fais plus d'erreur.
J'ajoute de nouveaux points en fonction de mes erreurs, je note même les fautes d'inattention.

Je pense à ma liste pendant chaque devoir ou contrôle.

FICHE **PARENT**

TENIR DES LISTES

L'important pour l'enfant dans le fait de tenir des listes est dans l'intention. Il est dans l'intention de ne plus refaire les mêmes erreurs. Il ne va plus désormais écrire correctement un participe passé s'il y pense, mais il va s'arrêter à tous les participes passés parce qu'il les aura guettés. Grâce à ses listes, il sait dans chaque matière sur quoi doit porter spécialement son attention.
Les tenir à jour est bien entendu une nécessité.

→ VOIR ERREURS ; CORRECTIONS ; VÉRIFICATION DANS LES DEVOIRS

LIVRES

Tous les livres ne sont pas destinés au même usage.

LES LIVRES DONNÉS EN LECTURE PAR L'ENSEIGNANT

Au début du primaire, ce sont des manuels de lecture pour apprendre à bien lire. On prête attention aux fautes. On repère les mots sur lesquels l'enfant bute. Il les analyse : de quelles lettres sont-ils composés ? Puis il les écrit dans sa tête, ce qui lui permettra de les reconnaître une fois prochaine et de les identifier sans se tromper.

Intéressez-vous dans les années suivantes à ce qu'il pense du livre donné par son enseignant. S'il n'est pas accroché par l'histoire et qu'il ne lit rien d'autre, il y a de grandes chances qu'il ne trouve pas, pour longtemps, le goût de lire — s'il le trouve un jour.

Au collège, les élèves abordent le théâtre de Molière, pièces qui rebutent ceux qui ne sont pas de bons lecteurs. Si votre enfant est dans ce cas, ne le laissez pas seul face à ce qui pour lui est un pensum, aidez-le à y trouver de l'intérêt. Rien n'est plus drôle et moderne que *Les Fourberies de Scapin*. Faites une lecture de la pièce à deux voix. Debout. Jouez-la comme si vous étiez sur une scène.

LES LIVRES POUR LE PLAISIR

L'enfant doit appréhender à travers ces ouvrages l'enrichissement, le plaisir, l'émotion qu'apporte la lecture. Ce sont des livres dans lesquels, quand il est petit, il plonge avec ses parents ou celui des parents qui a du bonheur à cette activité. On lit afin d'être ensemble, de partager un plaisir. On ne travaille pas avec ces livres. On commente les histoires, les images.

On crée un contact vivant entre l'enfant et le livre.

Le moment de la lecture doit être un moment privilégié. Et pour que le partage ait lieu, pour que passe l'émotion, on s'implique dans cette activité, on vit l'histoire que l'on raconte.

Quand l'enfant est en CP, on ne le force pas à lire tout seul : il ne peut encore facilement transposer ses acquis ailleurs que dans son livre de classe. En CE1 et CE2, et pourquoi pas après, l'enfant lit, puis sa mère, puis l'enfant. Ou la mère lit un soir quand l'enfant a envie d'écouter comme quand il était tout petit, ou encore parce qu'il est trop fatigué pour le faire : lire n'est pas une activité passive comme regarder un film, mais un acte de création, et il requiert de l'énergie, une disponibilité, un effort.

Il m'arrivait encore, quand ma fille avait 12 ans, de lire avec elle pour le plaisir de partager et celui de redécouvrir des livres que j'avais aimés à son âge. Je lisais quand elle était fatiguée par une journée d'école et n'avait pas le courage de s'y mettre, ou qu'elle avait du mal à commencer un roman un peu difficile ou à entrer dans l'histoire. Nous lisions ensemble et nous parlions de ce que nous avions lu, nous partagions émotions et rires, nous nous questionnions sur ce que les pages suivantes nous offriraient le lendemain ou encore sur les livres que nous aimerions lire après celui-là. Ah ! le plaisir que nous avons eu chaque soir à ouvrir *Le Petit Chose*, d'Alphonse Daudet !

Maintenant, si nous lisons plus rarement ensemble, nous nous parlons de nos livres et, les déclamant ou les murmurant, nous nous offrons des phrases ou des pages parce qu'elles sont belles.

LES LIVRES DE CLASSE

Certains élèves n'ont jamais ouvert leurs livres d'histoire ou de géographie, ils apprennent les cours dictés par leurs professeurs, sans aller puiser à d'autres sources, sans regarder les cartes, les schémas, les illustrations. En début d'année, les livres sont achetés parce qu'ils sont sur une liste donnée par le collège ; ils sont revendus intacts ; ou s'ils sont écornés, salis, c'est pour avoir traîné dans les cartables. Ils sont ouverts quand les enseignants donnent des exercices et que les élèves sont donc dans l'obligation de s'y référer.
Ainsi Coralie (14 ans) qui, n'ayant pas compris une leçon de mathématiques, veut que j'y revienne avec elle. Je lui demande d'ouvrir son livre pour que je puisse choisir des exercices. Elle me regarde sans esquisser un geste. « Si ton professeur t'a donné un cours, tu vas le retrouver également dans ton livre », dis-je. « Où ? » demande-t-elle. Ce *où* est incroyable. Coralie n'a jamais cherché dans une table des matières et ne sait comment s'y prendre.
Coralie a l'esprit vif : elle comprend dès que nous entreprenons une tâche, que ce soit en mathématiques, en français ou en anglais ; enfin, quoi que je lui explique, elle le saisit, alors qu'elle est en très grande difficulté — elle a 6-7 de moyenne dans toutes les matières. Quand les élèves ont des résultats aussi mauvais, ils sont généralement bloqués. De plus, il leur manque beaucoup d'acquis, et travailler avec eux demande une attention, une énergie sans faille. Ce n'est pas le cas avec Coralie qui plonge dans ce que je lui donne de façon déterminée.
Alors que se passe-t-il ? Elle n'a pas compris qu'elle a à se construire et que peu importe l'enseignant (ses professeurs, moi ou encore sa mère, un peu dépassée). Elle est venue en consultation parce qu'on veut lui faire abandonner les études classiques. Elle veut bien redoubler, mais ne peut dire si elle travaillera davantage l'année suivante. Elle est capable de curiosité, d'élan personnel, d'intérêt, mais seulement dans mon bureau, sans doute parce que je l'exhorte à cela et que le rapport duel permet moins la distraction. Elle n'a pas encore pris l'habitude de cette implication dans l'apprentissage solitaire, elle ne sait pas chercher dans un livre, un dictionnaire, et fouiller dans une encyclopédie ne lui est jamais venu à l'esprit.
Il a suffi que Coralie s'implique davantage dans ses apprentissages à la maison pour que sa moyenne (oh ! pas tout de suite et pas de façon miraculeuse) monte de façon significative. Je lui avais demandé que chaque cours l'amène à une recherche personnelle dans un manuel, une grammaire, une encyclopédie, j'avais suggéré que quelqu'un la seconde. Coralie l'a fait tout d'abord entraînée par sa mère et parce qu'elle ne voulait pas être rejetée du système scolaire. Puis, avec le temps, elle y a pris plaisir. Au lycée, elle a trouvé que les cours étaient plus intéressants maintenant qu'elle s'impliquait davantage. Elle m'a dit un jour savoir des choses (apprises lors de ses recherches) que d'autres ne savaient pas, et elle en était fière.

→ VOIR BIBLIOTHÈQUE

LIRE AU COLLÈGE

Le texte à lire peut être un roman, une pièce de théâtre.

PENDANT LA LECTURE

1 **Je lis avec un crayon à papier dans la main.**
Je note dans la marge un D (pour description) suivi du nom du personnage lorsque je veux signaler que l'auteur décrit un personnage. Je fais de même en utilisant un C (pour caractère) suivi du nom lorsqu'il est question d'un trait de caractère.

2 **Sur une fiche, je prends des notes au fur et à mesure de ma lecture,** sans oublier d'indiquer le numéro des pages.

3 **Je ne survole pas le texte, je lis de façon attentive.**

A) Les personnages
Qui sont-ils ? Je différencie les personnages principaux des personnages secondaires. Les autres, les silhouettes, ne font pas avancer l'action, et leurs liens avec les héros ne sont pas déterminants.
Descriptions physiques et psychologiques. Milieu social. Comportements et actions.
Relations entre les personnages.

B) Les temps
À quelle époque se situe l'histoire ? Sur combien de temps se déroule-t-elle ? L'histoire est-elle racontée de façon chronologique ? Y a-t-il des retours en arrière ?
Je signale dans la marge d'un T les indications temporelles importantes.

C) Les lieux
Où se passent l'action ou les actions ? Est-ce que ce sont des lieux importants pour l'action ?
Les personnages ont-ils des liens affectifs avec ces lieux ? Y a-t-il unité de lieu ?

D) L'intrigue, les actions
Que se passe-t-il ?
Je note en abrégé les mouvements des personnages, les causes et les conséquences de leurs actes. Je note l'histoire : quelques mots, quelques lignes à la fin de chaque chapitre, de chaque scène. Je relève une ou deux phrases déterminantes.

4 **Je prête attention à l'écriture.**
Je désigne dans la marge, grâce à un S, quelques passages qui me semblent caractériser l'écriture de l'auteur : style, mais aussi vocabulaire, rythme, registres de langue, figures de style, lyrisme...

APRÈS LA LECTURE

1 **Je note le genre littéraire.**
S'agit-il d'un drame social, psychologique, d'une comédie, d'un conte, d'une biographie, etc. ?

2 **Je note le ou les thèmes traités.**

3 **Je résume le livre.**
Résumer ne signifie pas raconter l'histoire de façon chronologique : il s'agit de trouver le fil conducteur, quelques rebondissements, quelques passages clés menant au dénouement.

4 **Je m'intéresse à l'auteur :** sa vie et ses œuvres majeures.
J'étudie l'importance de l'œuvre dans la production de l'auteur, mais aussi dans la production littéraire de l'époque. Retrouve-t-on ailleurs dans son œuvre les thèmes traités dans ce livre ?

5 **Je donne mon impression personnelle.**
Quel intérêt ai-je trouvé à cette lecture ?

LYCÉE (voir dossier pp. 227 à 241)

MATHÉMATIQUES

LES MATHÉMATIQUES ET L'ARITHMÉTIQUE

Selon Stella Baruk, formatrice d'enseignants et rééducatrice en mathématiques, l'enseignement confond communément les mathématiques et l'arithmétique[1]. Il y a l'arithmétique, considérée depuis toujours comme un savoir de base aussi utile que l'orthographe, et il y a les mathématiques, dont les problèmes, les nombres, les figures n'ont rien à voir avec ceux rencontrés dans le quotidien.

Apprendre les mathématiques, c'est entrer dans l'abstraction, faire irruption dans une autre réalité, c'est apprendre une langue étrangère. Et, quoi qu'on en pense, cet accès au savoir mathématique peut apporter du plaisir aux enfants, quel que soit leur âge ; mais, pour cela, nombres et figures géométriques doivent leur être présentés comme des conceptions de l'esprit, doivent être « dégagés du parler et donc du penser courant ». Ainsi, une addition ou une soustraction de nombres ne peuvent être ramenées à la seule addition ou soustraction de francs ou de mètres.

LE SENS

Vincent (fin de 6e) est un élève qui a l'habitude d'apprendre par cœur, de seulement appliquer des règles. Jamais il ne se pose de questions, jamais il n'imagine qu'il peut utiliser ce qu'il apprend d'une autre manière, jamais il ne passe par le sens. En primaire, il était, aux dires de ses instituteurs, un élève « aux performances médiocres ». Il s'est effondré à l'entrée du collège : ses résultats se révèlent catastrophiques.

Au cours de son bilan, je m'aperçois qu'il confond les angles aigus et obtus, et nous trouvons un moyen mnémotechnique pour qu'il s'en souvienne. Vincent associe la pointe de la lame d'un couteau — qui est pointu, aigu — à l'angle aigu. Puis nous poursuivons notre travail en géométrie. En fin de séance, pour vérifier s'il a mémorisé les angles, je dessine deux figures, un parallélogramme et un triangle. Je lui demande de me nommer les angles.

« Mais il n'y en a pas », dit Vincent.

Je m'écrie : « Comment, il n'y en a pas ?

— Non, il y a un parallélogramme et un triangle.

— Mais tu ne vois pas d'angle dans ces figures ?

— Si, il y a quatre angles dans le parallélogramme et trois dans le triangle, mais il n'y a pas d'angles aigus ni d'angles obtus. »

Pour Vincent, les angles aigus et obtus existaient dans la représentation de deux droites qui se rejoignent. Ils ne pouvaient être inclus dans une figure géométrique. Les angles du parallélogramme et du triangle étaient tout simplement des angles et ils n'avaient rien en commun avec les angles aigus et obtus. On comprend que Vincent se trouvait parfois dans la plus grande confusion.

Cet enfant n'est pas vraiment un cas, si tant est que l'on puisse parler de cas. Lorsqu'on donne en primaire des énoncés tels que : « Dans une classe, il y a treize garçons et douze filles. Pouvez-vous calculer l'âge de la maîtresse ? », 83 % des

(1) Stella Baruk, *Fabrice ou l'école des mathématiques*, Le Seuil, 1977, 1994.

élèves interrogés répondent en additionnant les nombres de l'énoncé. Pour eux, la maîtresse a 13 + 12 = 25 ans. « Pour des centaines de milliers d'écoliers ou de lycéens transformés en ce que j'ai appelé des "automathes", commente S. Baruk, les mathématiques, dont on pourrait imaginer qu'elles sont le comble du sens, sont parfaitement dénuées de sens. »

Nombre d'élèves à l'école primaire savent calculer, c'est-à-dire faire des additions, des soustractions, des multiplications et même des divisions simples, mais ils ne savent pas résoudre des problèmes. Ils ne connaissent pas le sens de ces procédures, dont ils ne peuvent également interpréter le résultat. À quoi sert une division ?
L'avenir mathématique se joue souvent dans les activités de problème. Certains élèves, parce qu'ils restent en incompréhension en CM1 CM2, ont toujours par la suite des difficultés à s'intéresser à un questionnement mathématique.
Il faut donc, pour que l'enfant comprenne les mathématiques, les aime, qu'il puisse donner du sens à ce qu'il apprend.

CES ENFANTS QUI SE CROIENT NULS EN MATHS

Beaucoup pensent ne pas être doués en mathématiques car ils ne savent pas qu'il est normal de ne pas trouver tout de suite la solution d'un problème ou d'un exercice de géométrie. De nombreux problèmes et exercices sont nécessaires à l'apprentissage. Les erreurs indiquent simplement que l'apprentissage n'est pas terminé et permettent de saisir pourquoi quelque chose n'a pas été compris.

La réussite en mathématiques est le résultat d'efforts et de tâtonnements. On calcule, on fait des essais plus ou moins fructueux, on obéit à des lois, on suit des algorithmes, on examine les résultats obtenus, on les évalue.
L'important est de faire comprendre à l'enfant que la solution d'un problème est rarement immédiate mais que l'utilisation de stratégies et de techniques particulières permet d'y arriver.

RÉSOLUTION D'EXERCICE ET CONFIANCE EN SOI

Votre enfant aura envie de chercher à résoudre un problème, un exercice, s'il pense qu'il est capable de trouver une solution et si vous lui donnez la possibilité de se tromper sans que vous en soyez agacé. Il osera agir, il osera risquer.
— **Apprenez-lui à se concentrer pour s'approprier le problème,** c'est-à-dire pour y entrer. Et cela commence par la lecture de l'énoncé[2].
— **Apprenez-lui à persévérer, même si le problème « résiste », pour le mener à son terme.** Dites-lui qu'il est normal que la solution ne lui apparaisse pas d'évidence. On cherche en se servant de la donnée, de ce que l'on a mémorisé, on tâtonne, et puis on trouve ; ce qui donne le plaisir de faire des mathématiques, c'est cet effort récompensé par la réussite.
— **Apprenez-lui à organiser son travail, à le rendre efficace :** tenue de brouillon[3] ; recherche (après l'appropriation de l'énoncé) des savoirs mémorisés, des exemples références ; réorganisation du problème en une séquence de problèmes qui lui sont familiers...

➔ DES ÉLÉMENTS INTÉGRÉS À LONG TERME

Il faut aider votre enfant, après qu'il a résolu un problème ou un exercice, à en intégrer des éléments dans l'ensemble de ses connaissances afin de les consolider et de les enrichir. Il ne peut le faire seul si l'habitude ne lui en a pas été donnée.
Il se pose cinq questions :
— Qu'est-ce que je savais ? (acquis)
— Qu'ai-je appris de nouveau ? (nouveaux savoirs)
— Que sais-je faire de plus ? (savoir-faire)
— Que sais-je différemment ?
— Où situer, où placer ce problème, cet exercice ?

L'INTUITION EN MATHÉMATIQUES

L'intuition en mathématiques est la capacité à associer des connaissances à une situation nouvelle. Cette compréhension est soudaine et donne l'impression de ne pas passer par une démarche logique. Alain Taurisson distingue deux formes d'intuition[4]. La première, nécessaire à tout élève, est celle associée au sens du nombre, d'une figure géométrique, de la proportionnalité... Sans ce type d'intuition, un élève peut refaire des problèmes à l'identique, il restitue ce qu'il a appris sans adaptation ni transformation, mais il ne peut réussir ceux qui demandent des regroupements, une déduction, une réflexion.
La seconde forme d'intuition, liée à la découverte immédiate de la solution d'un problème est, selon A. Taurisson, « l'apanage de certains élèves à certains moments ». Elle n'est pas indispensable —, fort heureusement, car elle ne peut être enseignée. Elle ne repose sur aucune analyse, mais souvent sur une perception globale, des rapprochements visuels, parfois sur l'analogie (l'élève a l'idée d'un autre problème, d'un autre énoncé), et vient l'illumination. L'un des éléments constitutifs de cette intuition est la mémorisation de données, d'algorithmes, de problèmes déjà faits, de solutions types.

LE VOCABULAIRE MATHÉMATIQUE

Elsa (CM2) doit refaire un problème qu'elle n'a su résoudre correctement en classe. Or elle ne comprend pas où est son erreur malgré la correction faite au tableau par l'enseignant. L'énoncé est le suivant : « Mes parents veulent acheter un salon. Le fauteuil coûte 280 euros et le canapé deux fois plus. Mes parents disposent de 800 euros. Ont-ils assez d'argent pour faire ces achats ? »
Elsa a résolu ainsi le problème :
« Le salon coûte : 280 + 2 = 282 euros
Il reste à mes parents :
800 – 282 = 518 euros »
Pour Elsa, le terme *plus* entraîne toujours une addition. Elle ne connaît pas le sens du terme *fois*, élément multiplicateur ou diviseur. Elle ne sait donc pas que pour calculer le prix du canapé, il lui faut multiplier par deux celui du fauteuil.

La connaissance du vocabulaire est d'une grande importance en mathématiques. Un travail préliminaire sur les mots évite de faire des erreurs dues à un flou ou à une méprise.

(2) Voir Énoncé
(3) Voir Brouillon
(4) A. Taurisson, *Pensée mathématique et gestion mentale*, Bayard, 1993.

Ainsi *partage*. Ce mot, contrairement à ce que croient beaucoup d'enfants, ne veut pas dire en parts égales. Si Léon partage ses billes entre Pauline et Julie, cela ne veut pas dire qu'il leur donne forcément le même nombre. La division mathématique est le partage en parts égales.
Équi- est un préfixe signifiant « égal », d'où il découle :
— équilibre, égalité de forces, de poids ;
— équidistant, qui est à distance égale ;
— équilatéral, dont les côtés sont égaux entre eux.
Bis- est un élément indiquant le redoublement. Bissectrice veut dire « qui divise en deux parties égales ». Une bissectrice est une droite qui partage un angle en deux parties égales.

SENS COURANT / SENS MATHÉMATIQUE

Certains mots n'ont pas le même sens en maths et dans le langage courant. Il est utile de travailler sur cette différence.
Hypothèse : dans le vocabulaire utilisé en général, une hypothèse est une supposition ; son contraire est la certitude. Alors qu'en mathématiques une hypothèse est une proposition, une convention que l'on doit considérer comme une réalité.
Somme : attention au sens qu'en ont beaucoup d'enfants, limité à une quantité d'argent, alors que la somme mathématique est le résultat d'une addition. C'est la quantité formée de quantités additionnées.
Parenthèse : dans un texte écrit, le contenu des parenthèses est un ajout dont on peut se passer car il n'est pas indispensable au sens de la phrase ; en mathématiques, il est non seulement important mais prioritaire.
Côté : le mot est associé couramment à *près de*, *à côté de*, à une partie (le côté du corps), alors qu'en mathématiques le mot *côté* est un segment de droite (les côtés d'un triangle, d'un rectangle). Ainsi, il est arrivé que des élèves de CE2 qui devaient repasser en rouge le côté le plus long d'un triangle colorient en fait toute une partie de l'intérieur du triangle[5].
Les élèves utilisent souvent un vocabulaire qui n'est pas approprié. Ainsi, le mot *trait* peut être employé à la place de segment, le mot *rond* à la place de cercle ; *oblique* et *diagonale* sont confondus.

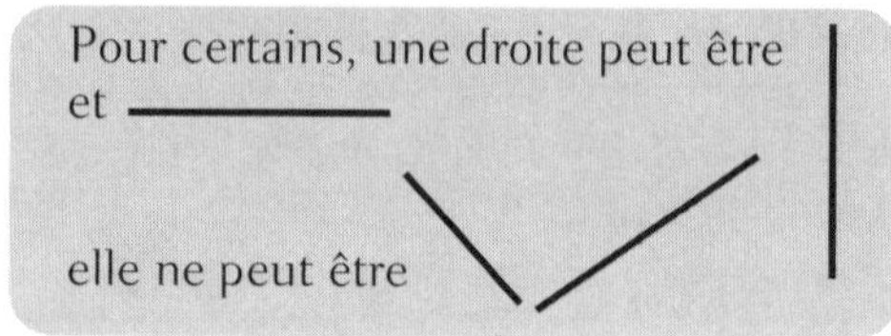

DES RACINES COMMUNES

Vous pouvez vous servir d'exemples sortis du vocabulaire courant pour étudier les mots du langage mathématique.
Poly- est un préfixe grec signifiant « nombreux ». Un polygame est un homme qui a plusieurs épouses. Un polyglotte est une personne qui parle plusieurs langues. Un polygone est une figure à plusieurs côtés.
Secteur : zone, partie d'un territoire. Le secteur angulaire est une portion de la surface d'un angle. Un secteur circulaire est une portion de la surface d'un cercle.
Quadri-, *quadru-*, éléments tirés du latin ; ils signifient « quatre ». Ainsi, un quadrimoteur est un avion possédant quatre moteurs. Un quadrupède est un animal à quatre pattes. Quadrupler signifie multiplier par quatre. Le quadrilatère est une figure géométrique à quatre côtés.

(5) C. Dubois, M. Fénichel, M. Pauvert, *Se former pour enseigner les mathématiques*, Armand Colin, 1993.

→ VOIR CALCUL ; GÉOMETRIE ; OPÉRATIONS ; NOMBRES , PROBLÈME

FICHE **ÉLÈVE** COLLÈGE

POUR ÊTRE BON EN MATHS

1 **Je sais parfaitement les définitions. Je comprends ce qu'elles signifient.** Cela me permet de maîtriser le vocabulaire et les notions nouvellement apprises.
Pour utiliser un théorème dans un problème, je dois connaître ses conditions d'application.

2 **J'écoute ce que dit le professeur sur la démarche à suivre pour un exercice. Je me la redis dans ma tête et je la revois étape après étape.** J'insiste sur les pièges, les détails à ne pas oublier.

3 **J'apprends le cours, je m'attaque, sans les relire auparavant, aux exercices faits en classe.**

4 **J'écoute soigneusement les corrections faites par le professeur.** Dans le cas où un corrigé est donné sur un polycopié, je le lis, j'analyse mes erreurs jusqu'à ce que j'aie compris, ou que je sache à quel point du développement je ne comprends plus. J'ai alors une question précise à poser au professeur.

5 **Je refais une semaine plus tard les exercices que je n'ai su faire correctement et qui ont été corrigés.** Je vois ainsi si je les ai bien compris.

FICHE **PARENT**

POUR ÊTRE BON EN MATHS

Pour être bon en maths, il faut de la régularité. Régularité dans l'apprentissage des cours et dans les exercices à faire.

Rien de pis pour un enseignant qu'un « Je n'ai rien compris ». Votre enfant doit apprendre à analyser ses erreurs, à travailler sur la correction, jusqu'à ce qu'il sache où sa compréhension achoppe. Il a alors une question précise à poser, à laquelle son enseignant peut répondre. De plus, sa réponse, ou la vôtre, a plus de chances d'être entendue – et par entendre, je veux dire comprendre, enregistrer – parce qu'elle correspond à une demande, à une interrogation.

Refaire, une semaine plus tard, les exercices où l'on a été en difficulté est un excellent moyen de vérifier si on les a réellement compris et de les ancrer plus profondément dans la mémoire.

FICHE **ÉLÈVE** COLLÈGE

APPRENDRE UNE LEÇON DE MATHS

1 **Je lis le cours et je reviens sur les exercices faits en classe.**

2 **J'apprends par cœur les formules, les définitions, les théorèmes** (mots, symboles, dessins).

3 **Je me pose des questions.**
— Qu'est-ce que je connaissais déjà et qui peut m'être utile ? Par exemple, lorsque je travaille sur la hauteur dans un trapèze, je reviens à mes connaissances sur la hauteur, lorsque j'apprends la multiplication de fractions, je me demande ce que je sais sur les fractions qui peut m'être utile dans ce cas précis.
— Quels exercices peut-on me donner ?

4 **Je fais une fiche pour résumer le cours.**

FAIRE DES FICHES DE MATHS

A] **Je fais des fiches de mathématiques.** Je les tiens à jour, au fur et à mesure de mes cours. Je les garde. Même celles de 6e peuvent m'être utiles jusqu'au brevet.
Ces fiches doivent contenir les choses essentielles. J'y mets des couleurs, je surligne ce que je crains d'oublier.

EXEMPLE : priorités des opérations dans les expressions numériques
— S'il y a plusieurs **+** et **–**, je les effectue de gauche à droite
— S'il y a plusieurs **x** et **:** je les effectue de gauche à droite.
— S'il y a des **( )**, je commence par les calculs à l'intérieur. Je commence par la **( )** la plus intérieure.
— S'il n'y a pas de **( )**, je fais les **x** et les **:** puis les **+** et les **–**

Je peux résumer avec des exemples si je préfère.

Je peux aussi écrire les fiches en abrégé. Attention, elles doivent être assez explicites.

[ ] et **( )** puis **x** et **:** puis **+** et **–** de la **G** vers la **D** →

B] **En géométrie, je peux tenir quatre sortes de fiches.**

1 **Des fiches « comment construire »**

EXEMPLE : le triangle isocèle.
Il me faut une règle et un compas.
— Je trace la base du triangle. J'écarte mon compas (à la mesure des côtés si je la connais). Pointe du compas à une extrémité de la base, je fais un arc de cercle. Idem à l'autre extrémité.

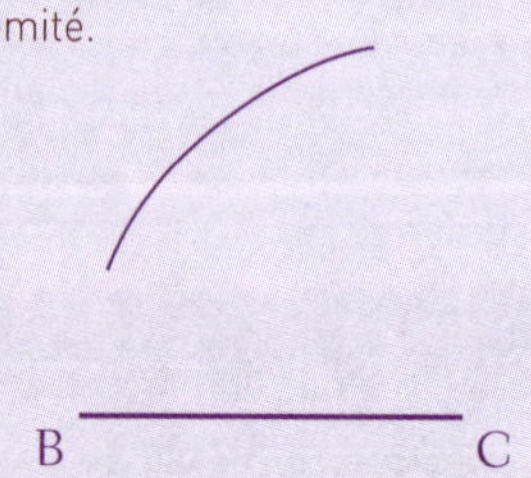

— Je dessine le triangle en partant du point de rencontre.

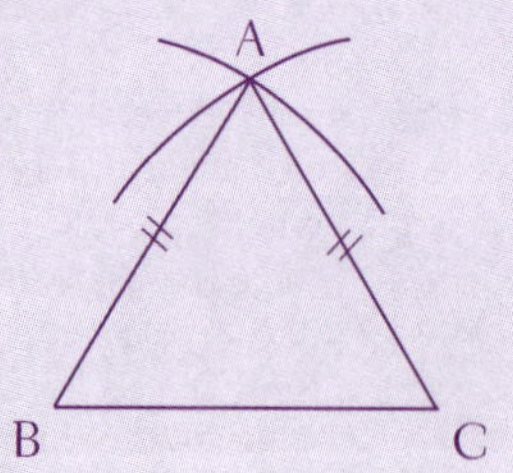

2 Des fiches résumant les propriétés des figures géométriques

EXEMPLE : le losange.

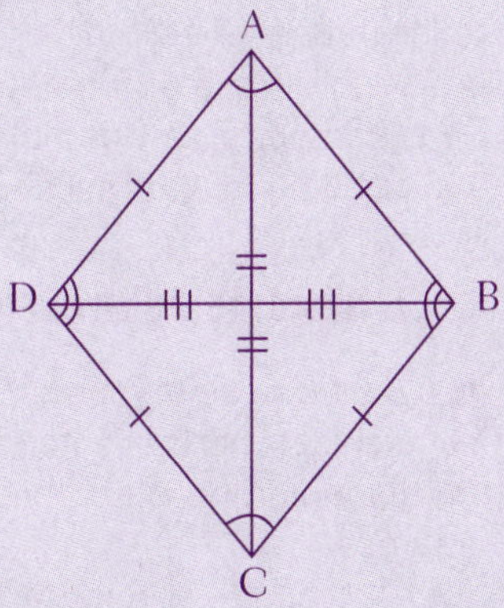

— Côtés égaux : AB = BC = CD = CA
— Deux grandeurs d'angle : $\hat{A} = \hat{C}$ et $\hat{B} = \hat{D}$
— O milieu de [AC] et [BD]
— (AC) ⊥ (BD)

3 Des fiches « comment démontrer »

Comment démontrer que deux angles sont égaux ?
Deux ^ sont =
— s'ils sont opposés par le sommet ;
— si ce sont les angles opposés d'un parallélogramme ;
— si ce sont les angles à la base d'un triangle isocèle ;
— s'ils ont le même angle complémentaire ou supplémentaire ;
— s'ils sont symétriques ;
— si ce sont les deux moitiés d'un angle coupé par une bissectrice.

Ces fiches sont complétées au fur et à mesure des leçons. Elles doivent être sues par cœur, bien entendu. À chaque fois que j'énonce l'une des conditions, je dois m'en faire une image dans ma tête.

Je dis :
Deux angles sont égaux
s'ils sont opposés par le sommet.

Je vois :

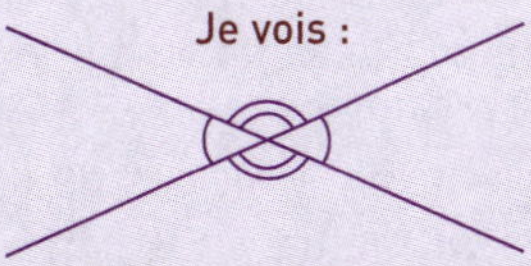

3 Des formulaires de géométrie

Sur une fiche, je note toutes les formules que j'apprends en géométrie : aire, volume...

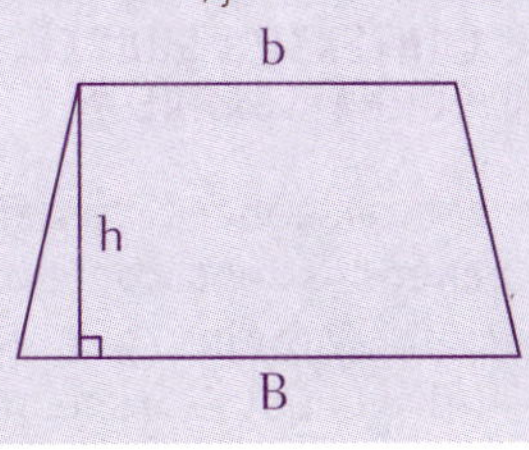

$$\text{Aire trapèze} = \frac{(B+b)h}{2}$$

MÉMOIRE

Nous avons deux types de mémoire. Les informations qui parviennent à notre cerveau via nos cinq sens passent par une **mémoire transitoire**. Là, elles s'effacent assez vite, à moins qu'elles ne soient traitées et stockées dans une **mémoire permanente**.

LA MÉMOIRE À COURT TERME

Cette mémoire transitoire est aussi appelée mémoire de travail car elle stocke les informations nécessaires à la réalisation d'un travail. Elle contient deux sortes d'informations : celles, nouvelles, qui parviennent au cerveau par les cinq sens ; et celles qu'elle emprunte à la mémoire à long terme et qui sont nécessaires à la compréhension et au traitement des premières. Les élèves l'utilisent en classe.
Mais elle est éphémère : elle dure quelques heures à peine. Les élèves qui ne transfèrent pas dans leur mémoire à long terme ce qu'ils ont compris pendant le cours en ont oublié 50 % le lendemain.
Dans la mémoire de travail, l'information est assimilée ; là se construit le sens, qui sera stocké dans la mémoire permanente. S'il semble qu'il n'y ait pas de limite à ce que l'on peut mettre dans cette dernière, il n'en est pas de même pour la mémoire de travail. Elle sature quand on tente d'y mettre trop de choses à la fois. Aussi, pensez à faire des petites pauses quand vous travaillez avec votre enfant pour qu'il ait le temps de mémoriser chaque donnée. Laissez-le engranger, stabiliser, consolider.
Il faut évoquer également dans cette mémoire à court terme une mémoire immédiate, volatile. Elle permet d'écrire sur un carnet une adresse ou un numéro de téléphone. C'est celle de l'enfant capable de répéter ce que le professeur vient de dire, même s'il n'a fait que l'entendre et non l'écouter, et qui aura tout oublié moins d'une minute plus tard. Cette mémoire se vide automatiquement au bout de quelques secondes.

LA MÉMOIRE PERMANENTE

On peut dire de la mémoire à long terme qu'elle est permanente car, en principe, sa disponibilité n'est pas limitée par le temps.
Elle est celle des acquis. Certaines données y sont installées parfois depuis des mois, des années. Elle se réactive grâce à la répétition, à l'utilisation des informations stockées.
Elle permet l'ancrage de nouvelles connaissances. Sans elle, il n'y aurait pas de compréhension et de réflexion possibles puisque l'on comprend, réfléchit, et même imagine, en se servant de ce que l'on sait déjà.
Nous n'avons jamais accès directement à cette mémoire. Que nous stockions une donnée ou que nous retrouvions, plus ou moins volontairement, une donnée ancienne (un savoir ou un souvenir), tout, semble-t-il, passe par la mémoire de travail.

LE CONTEXTE : SOUVENIR OU CONNAISSANCE ?

Les connaissances restent un temps attachées à leur contexte, puis elles s'effacent à moins que la répétition, c'est-à-dire d'autres rencontres avec ces connaissances dans d'autres contextes, **finisse par les ancrer définitivement,** et ce en dehors de toute circonstance.

LE BRACELET D'ÉLOÏSE

Prenons le cas d'Éloïse, élève de 8 ans, qui souffre de gros problèmes d'orthographe de mots d'usage. Elle n'écrit jamais deux fois le mot de la même façon. Il semble qu'elle n'ait mémorisé aucun mot depuis le CP, et quand elle écrit, elle transcrit des sons (le mot *effort* peut aussi bien s'écrire *et fort*, *aifort*, *effaurt*). J'ai appris à Éloïse à s'emparer du sens de chaque mot nouveau, puis à analyser son orthographe, je lui ai appris à la mémoriser dans le but de la retrouver quand elle en a besoin. Bref, parfois, au cours de nos séances, je fais avec elle des exercices amusants pour lui donner l'habitude de se faire des représentations mentales.
Ce jour-là, je dessine un carré à l'intérieur duquel je place des mots, des nombres et des dessins. Je demande à Éloïse de mémoriser le tout. Elle a l'habitude de ce genre d'exercice et sait qu'elle doit ouvrir un écran mental de la forme de ce carré et se parler pour y placer chacun des éléments.

Le carré à gauche est ce que je lui demande de mémoriser.

HYPOTHÈSE  325 523 RENAISSANCE	Hypothèse  325 523 renaissance
Mon carré	**Ce qu'a mémorisé Éloïse**

Les mots *hypothèse* et *renaissance* sont des mots difficiles pour Éloïse, mais je sais qu'elle peut fort bien les mémoriser (bien entendu, je lui explique le sens de ces mots). J'ai écrit des nombres inversés, me demandant si elle le remarquerait et si cela l'aiderait à les mémoriser. Quant aux dessins, il y a une fleur, un visage de fillette, puis un bracelet, le bracelet qu'elle vient de m'offrir ce matin-là, et qu'elle a fait elle-même avec des perles de couleur. Éloïse me demande si elle peut, pour mémoriser, refaire mon carré. Je lui dis que cela me semble inutile, mais que, si elle le veut vraiment, je ne m'y opposerai pas. Aussitôt, elle dessine le carré, elle écrit *hypothèse* après avoir étudié ce mot, l'avoir mémorisé : je le vois à ses yeux qui quittent la feuille, aux mouvements du crayon qui découpe le mot de façon imaginaire. Elle fait de même avec le mot *renaissance*. Puis elle écrit l'un des nombres, écrit l'autre, remarquant qu'ils sont « presque pareils ». Dans le coin gauche en haut, elle dessine la fleur. Tout cela prend environ une minute. Elle regarde le visage que j'ai dessiné.
« Qui est-ce ? » me demande-t-elle.
Je réponds : « Je ne sais pas. »
Eloïse me dit qu'il ne peut s'agir d'elle : ses cheveux sont moins longs que ceux du dessin, en revanche sa sœur a cette coupe de cheveux, etc. Puis elle dessine le portrait tout en s'interrogeant sur qui il représente, et je l'écoute, fascinée. Nous en venons au bracelet.
« Il n'est pas ressemblant », observe-t-elle. Je lui rétorque que cela n'a pas beaucoup d'importance : « Dessine-le dans ta tête comme tu le veux. Dessine un bracelet, c'est tout. » Mais elle ne m'écoute pas.
« Le bracelet que je t'ai fait, dit-elle, a des perles bleues et orange. »

Là encore, il lui faut un bon bout de temps pour dessiner ce bracelet, le colorier (ce qui n'est pas le cas de mon dessin). Ce faisant, elle me parle.
Je prie Éloïse de vérifier si elle a enregistré correctement tout ce qui est dans le carré. Elle doit pour cela le quitter des yeux et regarder dans sa tête ce qu'elle a mis, puis vérifier, en comparant avec le modèle, qu'elle ne s'est pas trompée.
Nous passons à un autre genre d'exercice. Quarante minutes plus tard, je l'interroge sur ce qu'elle a mémorisé du carré. Les mots ont été correctement enregistrés, à la place qui est la leur. Les nombres aussi. Éloïse a remarqué que les nombres étaient composés des mêmes chiffres, mais n'a pas vu qu'ils étaient inversés. Elle dessine une fleur. S'arrête. Elle se tait un long moment. Soupire : « Il y avait quelque chose au milieu, mais je ne me souviens plus quoi... Dans le coin à droite aussi... » Je laisse à Éloïse le temps de retrouver ce qu'elle devrait avoir mémorisé. Sans résultat.
« Pourquoi crois-tu que tu ne te rappelles pas ces choses ?
— Je n'ai pas dû les mettre dans ma tête.
— Peut-être as-tu tellement parlé que tu n'as pas pris le temps de t'en faire une image mentale, peut-être aussi était-ce si facile que tu as cru possible de t'en souvenir sans avoir à le faire ?
— ...
— Il s'agit de deux dessins, lui dis-je. Tu n'étais pas d'accord sur la façon dont je les avais faits, surtout l'un d'eux parce que tu ne le jugeais pas ressemblant.
— C'est un portrait et le bracelet que je t'ai donné, s'écrie-t-elle alors.
— Quand je t'ai demandé de vérifier dans ta tête si tu avais tout enregistré sans erreur, est-ce que tu l'as fait ?
— J'ai vérifié les mots et les nombres mais pas les dessins. Je croyais qu'on se souvenait toujours des dessins. »

CONNAISSANCE OU SOUVENIR ?

Éloïse n'a pas mémorisé ce qui, pourtant, lui paraissait le plus facile. Elle a parlé, dessiné, sans prendre le temps d'intérioriser. Ce faisant, elle était sans intention de réutiliser ces deux données, c'est-à-dire de pouvoir m'en parler ou de les redessiner quand je le lui demanderais. Mais comment se les est-elle rappelées par la suite ? Grâce au contexte. Je lui ai dit : « J'ai fait deux dessins et tu trouvais que l'un d'eux n'était pas ressemblant. » Et cela a ramené le souvenir de ce début de séance, d'elle assise face à moi, de ce que nous nous étions dit, et par conséquent de ces deux données. Éloïse n'en avait pas une connaissance, elle en avait un souvenir, ce qui est différent.
Le souvenir est une mémoire épisodique qui est lente, désordonnée, peu fiable car marquée par l'affectivité. Il faut retrouver le contexte de l'apprentissage pour se le remémorer. Il n'y a pas d'autre voie d'accès.
Le passage de l'information dans la mémoire lexicale (mémoire orthographique) ou dans la mémoire sémantique (mémoire du sens, de la compréhension) permet une plus grande facilité de rappel. L'information cesse d'être un souvenir pour devenir une connaissance. Cela est possible grâce à :
— des ancrages différents. On associe l'information à diverses choses connues ;
— la répétition. Retrouver l'information dans divers contextes la place plus profondément dans la mémoire et efface peu à peu les éléments des circonstances de l'apprentissage. Elle décontextualise l'information.

➔ CAS D'ÉLOÏSE (SUITE ET FIN)

Revenons au cas d'Éloïse. Pendant longtemps, elle s'est souvenue de l'orthographe des deux mots *hypothèse* et *renaissance* parce que nous avions beaucoup ri ce jour-là. Elle en a parlé à sa mère : « Je me suis rappelé les choses compliquées et j'ai oublié des dessins! » Ces deux mots sont donc restés dans sa mémoire parce qu'ils étaient contextualisés : elle y avait accès en se remémorant la scène. Puis les mois ont passé, et Éloïse ne s'est plus rappelé que vaguement l'histoire : il y avait, disait-elle, des mots très difficiles qu'elle avait su écrire (mais quels mots ?) alors que des dessins lui étaient sortis de la mémoire (quels dessins ?). Elle a fini par confondre le bracelet avec un petit chien en terre cuite qu'elle m'avait offert à une autre occasion. Heureusement, j'ai fait en sorte que, dans d'autres occasions, à travers des lectures, des exercices de grammaire, elle retrouve ces deux mots. Ils sont passés dans sa mémoire sémantique (mémoire du sens) et dans sa mémoire lexicale (mémoire orthographique). Ces mots se sont, en raison d'ancrages variés et de répétitions, inscrits dans sa mémoire à long terme.

LA NÉCESSITÉ DE LA RÉPÉTITION

La réactivation est l'un des outils de la mémorisation. Il ne suffit pas de comprendre pour apprendre ; les répétitions aident à ancrer le nouveau savoir. Elles sont indispensables, pour le stockage des connaissances dans la mémoire à long terme.

• Aussitôt après l'apprentissage, réactivation

Dans l'heure qui suit, le cerveau est au mieux pour un premier ancrage.

Il ne sert à rien de tout répéter. Suffisent idées principales, résumé, schéma, tableau, théorème, règle ou exemple. Quand, comment utiliser cette nouvelle connaissance ? Bref, il s'agit de revenir sur les bases, sur les axes qui structurent le sujet.

C'est à l'enfant de faire ce travail. Vous pouvez l'aider ou au moins être attentif à ce qu'il le fasse correctement, à ce qu'il ne mémorise pas, par exemple, un détail à la place d'une idée principale.

Cette réactivation devrait se faire à l'école après chaque cours : le soir, les élèves ne se souviennent plus que de 50 % de ce qu'ils ont appris — quand ils ont été attentifs — et dans ces 50 %, combien d'idées essentielles, de mots clés, d'informations utilisables ? Au bout d'une semaine, si la mémoire n'a pas été réactivée, la déperdition de mémoire est de 75 %. Prenez le temps de vérifier cela en interrogeant votre enfant, vous serez surpris.

• Le soir, reprise des cours de la journée

L'enfant tâche de se souvenir de ce qu'il a appris ce jour-là. Cours après cours. Il vérifie dans ses livres, ses cahiers, qu'il a correctement mémorisé, qu'il n'a pas oublié des choses importantes.

Il fait un premier apprentissage par cœur des formules, des théorèmes, du vocabulaire étranger.

Il refait de même avant un devoir à la maison, avant un cours, un contrôle à l'école : il retrouve dans sa mémoire ce dont il aura probablement à se servir, puis il vérifie qu'il n'a pas fait d'erreur et qu'il n'a rien oublié.

- **Dans les semaines et les mois qui suivent, retour sur ce qui a été mis en mémoire**

Le fait que l'enfant ne le fasse pas est responsable de ce qu'il oublie les verbes irréguliers anglais, le vocabulaire d'allemand, les propriétés des figures géométriques, qu'il oublie totalement ou presque ses leçons d'histoire et de géographie (posez-lui des questions sur un cours de l'année passée !). Oui, me dit-on, mais les élèves ne savent pas grand-chose des notions de grammaire qu'ils ont pourtant abordées trois années durant. Dans ce cas, la réactivation a été trop espacée, les répétitions à l'identique leur ont donné la pénible impression de rabâcher, ce qui n'est pas favorable à la mémorisation. Une autre raison sans doute est que la grammaire a été privée de sens : l'apprentissage est resté trop abstrait, il a été cloisonné et limité à des exercices d'application[1].

LA MÉMOIRE ET LE CERVEAU

Le cerveau met un certain temps pour enregistrer ce qui lui parvient. Quand il y a un embouteillage dû à trop d'informations, le cerveau ne stocke plus.
Aussi, travaillez avec votre enfant par courtes séquences entre lesquelles vous installez le silence qui permet l'intériorisation. Dites-lui ce qu'il doit faire : « Tu vas mettre tout ça à l'intérieur de toi : reformule-le avec ta voix intérieure, fais-en des images. Imagine quand, comment, tu l'utiliseras. »

Le cerveau, à l'instar de l'ordinateur, mémorise ce qu'il enregistre et uniquement cela. Si l'enfant ne décide pas de stocker l'information, c'est-à-dire s'il n'est pas dans l'intention de la réutiliser, elle reste disponible le temps de la mémoire à court terme, qui permet un travail immédiat, mais ne laisse aucune trace ensuite.

Le cerveau limbique (celui des émotions) inhibe l'attention, bloque la mémorisation en cas de stress, de peur, de déception ou encore au souvenir d'un échec. Il agit de même si l'information est sans plaisir ou sans intérêt. Aussi le travail doit-il mêler rigueur, excitation intellectuelle, jeu. Encouragez votre enfant. Valorisez-le.

Le cerveau travaille bien dans un temps limité : de vingt à quarante minutes, selon la difficulté de la tâche, l'âge de l'enfant et son habitude à passer par un travail réfléchi. Après quoi l'efficacité va en diminuant. Pensez à laisser des pauses entre deux séquences de travail.

Le cerveau mémorise mieux en début de séquence. Commencez par exposer les données principales. Dites-les, écrivez-les (règles et exemples). À la fin du travail, demandez à l'enfant de vérifier qu'il les a bien enregistrées. Faites-lui verbaliser l'essentiel.

Le cerveau déteste la routine. Il s'ennuie vite. Il filtre les informations et ne laisse passer que celles jugées intéressantes ou importantes. Il faut donc l'exciter intellectuellement, le surprendre, l'amuser. Pour mobiliser l'attention de votre enfant, éveillez sa curiosité en proposant des activités inhabituelles, des exercices originaux, drôles.

(1) Voir apprentissage cloisonné.

LES CLÉS DE LA MÉMOIRE

Une donnée en mémoire est récupérable grâce à ses points d'ancrage. Que sont les ancrages ? Ce sont les associations créées entre la donnée à mémoriser et d'autres éléments déjà mémorisés. Plus on crée de liens, plus la récupération en mémoire devient aisée. Et ce non seulement pour cette information, mais aussi pour celles qui lui sont associées.
La mémoire s'enrichit, se renforce en permanence. Certains liens se créent après l'encodage. Des liens nouveaux permettent de classer, de simplifier, de structurer, de dégager des lois. La mémoire utilise les éléments qu'elle a engrangés pour en produire d'autres. Elle reconstitue, elle déduit.

Julie apprend l'article indéfini *un*. « Je dis *un* chat, s'explique Julie, car je ne sais pas de quel chat il s'agit. »
Elle écrit dans sa tête :

Article indéfini = **un**, une, des

Deux semaines plus tard, elle apprend les déterminants. Elle classe alors l'article *un* dans une hiérarchie.

DÉTERMINANT							
Article		Adjectif					
défini	**indéfini**	indéfini	poss.	démonstr.	interrog.	exclam.	numéral
le les	**un** des	tout	son	ce	quel ?	quel !	deux

Quelques jours plus tard, Julie comprend ce que veut dire « indéfini ». Elle crée une flèche, lien entre article et adjectif indéfinis :

Article		Adjectif				
défini	**indéfini**	indéfini	poss.	démonstr.	interrog.	.....
le les	**un** =	**tout** **toute** **tous** **toutes**	son	ce	quel ?	

Et Julie s'explique le signe = : « Si je dis *un* chat, ou si je dis *tous* les chats, je ne sais pas de quels chats exactement il s'agit. » Puis elle précise : « *Un* est un article indéfini, *tous* est un adjectif indéfini. »

Deux mois plus tard, au cours d'un exercice, Julie comprend en quoi un article défini est différent d'un article indéfini. Elle le comprend comme cela :

Défini		**Indéfini**
je connais **le** chat	≠	je ne connais pas **un** chat

Elle complète le tableau dans sa tête :

DÉTERMINANT							
Article		Adjectif					
défini	**indéfini**	**indéfini**	poss.	démonstr.	interrog.	exclam.	numéral
le **les** ≠ Je connais	**un** **des** = Je ne connais pas	**tout**	son	ce	quel ?	quel !	deux

Julie pourra donc retrouver *un* dans sa mémoire en passant par « déterminant », « article », « indéfini », mais aussi par « article défini » et même par « adjectif indéfini » ou encore par *tout*.
Julie a créé plusieurs points d'ancrage. Si sa mémoire est réactivée correctement, *un*, article indéfini, fera partie de ses acquis.

LES RÈGLES DE LA MÉMOIRE À LONG TERME

Il est préférable d'apprendre en plusieurs courtes séquences plutôt qu'en une seule longue. Ainsi, pour gagner en efficacité, on mémorise les verbes irréguliers anglais, les déclinaisons latines ou les conjugaisons, en trois fois vingt minutes plutôt qu'en une heure d'affilée. De même pour une leçon d'histoire, de géographie, de sciences de la vie et de la Terre...

Les pauses sont nécessaires pour que le cerveau enregistre. On lit, et quasi instantanément, on mémorise à court terme, puis on fait une pause : on se répète avec sa voix intérieure les verbes irréguliers, on reformule la leçon de géographie avec ses mots, on se fait des images, des associations, et la construction de l'information gagne en netteté. On est en train d'enregistrer à long terme.
On écoute, on mémorise à court terme, simultanément ou presque, puis on fait une pause, et, de la même façon que dans l'acte de lecture, on enregistre à long terme grâce à des images et à sa voix intérieure, aux associations que l'on crée.

Il faut faire des retours fréquents aux acquis, les mêler aux nouvelles connaissances. On évite ainsi qu'une donnée en chasse une autre. On permet une réactivation des connaissances anciennes[1].

LES CONDITIONS FAVORABLES À UNE BONNE MÉMORISATION

L'INTENTION

L'intention de réutiliser une connaissance facilite la mémorisation à long terme. Quand, comment, vais-je me servir de cette règle ? Quand aurai-je à utiliser ce théorème ? Comment vais-je réussir à différencier un COI et un complément du nom ? Quelles questions puis-je me poser alors ? Si au-delà de cette simple restitution existe un projet personnel d'apprentissage, la mémorisation est d'autant plus efficace[2].

LA MOBILISATION DE TOUTES LES AIRES CÉRÉBRALES

La mémorisation est améliorée si toutes les aires cérébrales sont stimulées. Qu'est-ce que je vois ? Qu'est-ce que j'entends ? Qu'est-ce que je me dis ?
Il ne faut pas se limiter aux aires visuelle et auditive, surtout pour les enfants en difficulté, pour les dyslexiques. On leur apprend à tracer les mots dans l'espace pour se rappeler leur orthographe, à se servir de leurs bras pour mémoriser les angles, à construire les figures géométriques, à les découper.

LES ANCRAGES ET LE RAPPEL

Le rappel est rendu plus aisé si le niveau de traitement de l'information est profond. Donc s'approprier une connaissance par la compréhension plutôt que par le par-cœur, le rabâchage.
Une information est plus facilement mémorisée et récupérée si elle est reliée à d'autres informations déjà stockées. Plus nombreuses sont les associations, accrochant l'information nouvelle à ce que l'on connaît, meilleure est la mémorisation. On compare, on oppose, on accroche une information à une autre, on crée un lien logique de cause, de conséquence... On retrouve une règle en étudiant une exception.
Il faut créer des liens solides en traitant l'information en profondeur et non superficiellement. On prend le temps nécessaire pour mémoriser, pour constituer des ancrages forts.

(1) Voir Acquis et prérequis.
(2) Voir Projet.

FICHE **ÉLÈVE**

MÉMORISER UN COURS

Je suis attentif pendant le cours. C'est là que j'apprends et comprends. Même si le professeur dicte son cours, que je prends des notes, je ne le fais pas de façon passive. C'est un premier pas important pour mémoriser.

À la maison, je mémorise mon cours en deux fois.

- **Le soir même**

Ce travail doit servir à consolider ce que j'ai appris à l'école et qui est encore très fragile. Si je remets ce travail à un autre jour, une partie de ce que j'aurai appris en classe se sera évanouie. Et j'aurai d'autant plus de travail à fournir que j'aurai attendu.

- **La veille du cours**

Je dois réactiver ma mémoire. Je revois ma leçon pour le lendemain. J'y passerai bien entendu moins de temps puisque je l'aurai déjà parcourue le soir même du cours.

Je comprends ce que j'apprends. Je suis capable d'expliquer les points importants du cours de maths ou de physique. Je reformule avec mes mots une leçon d'histoire, de géographie ou de SVT.

Il y a des choses que je dois savoir par cœur : les tables de multiplication, la poésie, les formules, les théorèmes, les définitions, le vocabulaire anglais.
Je les apprends par petites séquences. Trois ou quatre petites séquences valent mieux qu'une demi-heure d'affilée : je n'y passe pas plus de temps et je retiens davantage.

FICHE **PARENT**

MÉMORISER UN COURS

L'apprentissage par cœur est insuffisant, sauf pour les tables de multiplication, les dates, la poésie…

Passer par la compréhension est un premier pas vers la mémorisation. L'enfant traduit, reformule la leçon avec ses mots. Il est capable d'expliquer les éléments essentiels de son cours.

Ce qui n'a pas été installé dans la mémoire à long terme s'efface vite : l'enfant doit revenir le soir même sur ses cours de la journée.

La répétition aide à ancrer ce qui a été compris dans la mémoire à long terme. L'enfant revoit ses leçons la veille du cours suivant.

LES IDÉES STRUCTURÉES, LES ENSEMBLES ORGANISÉS

Les informations accrochées au petit bonheur la chance ne peuvent être retrouvées, faute de points d'ancrage suffisants. Ou elles ne sont pas vraiment utiles car il ne reste d'elles que des idées anecdotiques, des détails, et les idées principales, les idées fondamentales n'ont pas été mémorisées.

Les idées doivent être hiérarchisées. On extrait d'abord les idées principales, dans lesquelles prennent place les idées secondaires, puis les idées accessoires, enfin les détails, qui — l'information ayant été ainsi structurée en ensembles organisés — sont les premiers à s'effacer[3].

PROCÉDÉS MNÉMOTECHNIQUES

L'emploi de procédés mnémotechniques doit être limité à ce qu'il faut apprendre par cœur et que l'on a vraiment du mal à retenir.

Ainsi la liste des prépositions : *Adam part pour Anvers avec deux cents sous sur dessus dessous* (à, dans, par, pour, en, vers, avec, de, sans, sous, sur, dessus, dessous). Ou la liste des conjonctions de coordination : *Mais où est donc Ornicar ?* (mais, ou, et, donc, or, ni, car).

Avoir recours à ces aide-mémoire n'exclut pas, bien entendu, le fait qu'il faille saisir le sens de ce que sont les prépositions et les conjonctions de coordination.

On peut également se servir de moyens mnémotechniques dans l'apprentissage de l'orthographe des mots. Qui ne connaît : *L'accent de la cime est tombé dans l'abîme ?* Il est préférable que l'enfant trouve lui-même ses trucs, au risque, dans le cas contraire, d'encombrer sa mémoire au lieu de l'alléger.

Anaïs sait écrire le mot *différence* car, dit-elle, il faut au moins deux choses (deux *f*) pour faire une différence. Benoît, pour mémoriser *hippopotame*, l'a écrit dans sa tête sous le dessin d'un hippopotame qui a deux pattes avant (2 *p*) et une seule patte arrière (1 *p*). Le *h* sert d'oreille à l'animal.

Les procédés mnémotechniques, pour être vraiment efficaces, doivent prendre appui sur des images, des sons, des associations frappantes ; ils doivent être drôles ou absurdes.

(3) Voir Concept et structure ; Apprentissage profond ; Apprentissage superficiel.

MÉTAPHORE

La métaphore met en relation deux objets qui apparemment n'en ont pas, comme un cœur et la pompe d'un moteur. C'est un outil remarquable qui permet de placer dans le concret un concept nouveau. Elle crée des liens entre le concept et le connu. Si l'utilisation de la métaphore est une aide précieuse pour les enfants en difficulté, elle n'est pas à réserver à leur seul usage. Pour Linda Williams[1], responsable de formation à Berkeley (université de Californie), cette technique qui fait appel à l'imagination, trop négligée dans l'enseignement, s'adresse à toutes les disciplines et à tous les niveaux d'étude.

(1) Linda Williams, *Deux cerveaux pour apprendre*, Éditions d'organisation, 1986.

Proposer des métaphores au cours des apprentissages, c'est prendre en compte ce que l'enfant sait, c'est lui permettre d'assimiler plus facilement les connaissances abstraites en les accrochant à son expérience. Ainsi, France Pagès, orthophoniste, compare les adjectifs qualificatifs à des magiciens qui transforment le nom[2]. Un dragon peut être, selon l'adjectif, vert ou noir, ou encore gigantesque, malade, furieux, gentil. Après que l'enfant a joué à être magicien, a transformé des personnes, des animaux et des choses, on peut lui dire : « Le magicien s'appelle un adjectif qualificatif. C'est un mot qui sert à préciser une qualité, une caractéristique d'un être animé ou d'une chose inanimée. » Que comprend-il autrement à cette définition ?

Utiliser des métaphores est un savoir-faire qui s'apprend. Aussi, faites-le participer à la recherche. « À quoi cela te fait-il penser ? Que connais-tu qui ressemble à cela ? Pourquoi ? »
Construisez ensemble à partir de sa métaphore. Explorez les ressemblances. « En quoi est-ce semblable ? » Et une analogie ne ressemblant jamais tout à fait à ce à quoi on la compare, explorez aussi les différences. « En quoi est-ce différent ? »
Recherchez ensemble l'analogie la plus proche. Laquelle de ces comparaisons tient compte des aspects essentiels ?

Il existe trois niveaux de complexité dans la métaphore. Le premier est descriptif (la vue), le deuxième est celui des autres connexions sensorielles (l'ouïe, le toucher...). Le troisième, le plus difficile à trouver et généralement le plus utile, concerne les métaphores fonctionnelles. Que font ces choses de semblable ?

(2) Voir Grammaire.

MOTIVATION

« Il est démotivé, comment l'intéresser à ses études ? » Cette question est celle à laquelle il est le plus difficile de répondre directement, même si, chaque année, sortent des centaines d'écrits scientifiques traitant de la motivation pour apprendre[1]. **La motivation n'est jamais une réaction à un commandement ou à un désir extérieurs ; elle est intérieure.** Elle dépend de nombreux facteurs : croyances, image de soi, valeur attribuée à l'apprentissage et sentiment d'exercer un contrôle sur lui, objectif/ but, besoins, choix, préférences, projection de soi dans l'avenir, etc.
Le système limbique (cerveau des émotions) est sans doute le centre des motivations ; il n'est pas rationnel, il est plus sensible aux gestes et aux intentions qu'aux discours : on ne peut motiver un enfant en lui donnant, tels quels, des arguments logiques destinés à lui faire comprendre l'importance de se concentrer ou de travailler ses maths. Pourtant, le comportement d'autrui est déterminant : portez un regard positif sur votre enfant et valorisez-le, même pour des réussites minimes. Pensez aux pédagogues, tel Freinet, qui ont toujours refusé l'échec. Ils partent d'une réussite de l'enfant pour le mener à d'autres. Ils déclenchent la confiance en soi, tellement nécessaire.
N'oubliez pas que nombreux sont les élèves qui n'aiment pas une activité tant qu'ils échouent à la bien pratiquer : savoir comment s'y prendre motive l'apprenant.

(1) Lire, entre autres : Rolland Viau, *La Motivation en contexte scolaire*, De Boeck Université, 1994. P. Mérieux, « Les méthodes en pédagogie », *Sciences humaines*, n° 12, févr-mars 1996.

Mais la motivation, pour être intérieure, n'est pas un facteur dépendant intrinsèquement de l'enfant. **À la base de tout effort, il existe un intérêt ou une nécessité.** Aussi l'apprentissage doit-il avoir un sens, être nouveau et assez attrayant pour susciter un élan. Avoir un sens veut dire que l'apprentissage implique l'enfant, qu'il soit ressenti comme utile ou qu'il le touche profondément.

ÉLÈVE MOTIVÉ, ÉLÈVE DÉMOTIVÉ

L'élève motivé perçoit l'importance et l'intérêt des activités proposées. Il se croit capable de les mener jusqu'au bout (ce ne sont pas tant ses capacités réelles qui importent que celles qu'il pense avoir) et il estime exercer un certain contrôle sur leur déroulement. Il utilise des stratégies élaborées : planification de l'apprentissage, gestion du temps de travail, auto-évaluation, travail en profondeur.

L'élève démotivé se limite à utiliser des stratégies de mémorisation : lire plusieurs fois sa leçon ou la recopier, apprendre par cœur. Il peut d'ailleurs passer des heures sur un travail, heures inutiles puisqu'il n'est pas vraiment à la tâche. Il a des difficultés, ce qui le conduit à dévaloriser l'activité où il échoue et lui renvoie une mauvaise image de lui-même (il ne se croit pas capable d'apprendre, il se croit nul), toutes choses qui participent un peu plus à sa démotivation. Il est enfermé dans un cercle vicieux.

Un autre facteur qui différencie ces élèves est le but. L'élève démotivé n'a que des buts limités, des buts de performance : avoir une bonne note et en tirer des bénéfices auprès du professeur ou de ses parents. Alors que l'élève motivé a des buts plus étalés dans le temps, il se trouve être en projet, il a plus de chances de concevoir l'intérêt, voire le sens, de ce qui lui est enseigné.

LA RÉSISTANCE À L'APPRENTISSAGE

L'apprentissage doit également tenir compte de la résistance au changement, qui est le véritable nœud des difficultés. Il faut savoir qu'apprendre est déstabilisant, d'où l'importance de partir du connu pour aller à l'inconnu, de s'appuyer sur les métaphores, le concret. Une information nouvelle ne doit pas être présentée à l'enfant comme s'il ne connaissait rien. Il y a toujours quelque chose qu'il sait pour l'avoir rencontré à l'école ou dans son expérience personnelle. L'inconnu ne sera plus porteur de stress s'il est rattaché à ses acquis[2]. N'oubliez jamais que l'on ne construit pas sur du vide.

Il existe une autre résistance, c'est celle de tout enfant à être éduqué. Quel parent ne l'a pas ressentie à un moment ou un autre. Mais interrogez-vous : au fond, n'est-elle pas légitime ? Pourquoi décideriez-vous du pourquoi et du comment à sa place ? Pourquoi devrait-il calquer son projet sur le vôtre ? Pourquoi devrait-il apprendre ce que vous tentez de lui transmettre avec vos mots, qui ne veulent pas dire les mêmes choses que les siens, avec vos références, qui lui sont étrangères, avec votre façon de penser, qui n'est pas forcément la sienne ? Il ne sert à rien de tenter de briser cette résistance, cela risquerait de le démotiver tout à fait.

Transmettre un savoir, ce n'est pas l'apporter à l'autre, c'est tenter, le plus humblement possible, de partager avec lui le plaisir ou l'émotion que l'on a à ce savoir.

LE FLOW

Je voudrais évoquer les travaux de M. Csikszentmihalyi, du département de psychologie de l'université de Chicago, qui a étudié, pendant près de trente ans, la motivation et ce moment qu'elle induit, moment d'implication totale dans une activité, moment de grâce où l'on ressent du bien-être et du plaisir.
Il y a neuf composantes à cet état, que Csikszentmihalyi appelle *flow* :
— L'activité a des chances d'aboutir et elle requiert certaines compétences.
— Elle demande une grande concentration.
— C'est le fait qu'il y ait un but précis qui la rend possible.
— L'activité a un feedback immédiat quand le but est atteint, ce qui n'exclut pas une finalité autre qu'elle-même.
— On s'implique totalement, mais l'effort n'est pas ressenti comme quelque chose de pénible.
— On perd le sens du temps qui passe.
— On est absorbé par la tâche, on ne pense plus à ses préoccupations habituelles.
— On a l'impression d'être maître de son action et non d'être contrôlé par elle.
— La structure de soi se trouve renforcée après une expérience de ce type.

(2) Voir Acquis et Prérequis ; Métaphore.

→ VOIR AUTONOMIE ; AFFECTIVITÉ (DANS L'APPRENTISSAGE) ; IDÉAL PARENTAL ; PROJET

FICHE **PARENT**

MOTIVER UN ENFANT

Que faire avec un enfant démotivé ?

- L'aider à se sentir concerné et en sécurité.
- L'aider à acquérir des méthodes performantes.
- Reconnaître ses efforts.
- Constater le progrès accompli.
- Le pousser à s'auto-évaluer.
- Commenter un travail plutôt que s'arrêter à sa note.
- Exprimer sa confiance en sa capacité de réussir.
- Éviter de le comparer à ses frères, cousins ou copains plus brillants.
- Éviter d'exprimer colère, pitié ou mépris devant un échec.
- Montrer de l'enthousiasme si vous travaillez avec lui.

MOTS CLÉS, IDÉES PRINCIPALES

Apprendre à repérer les mots clés est essentiel pour une lecture correcte des énoncés ainsi que pour la prise de notes. Savoir repérer les idées principales est indispensable pour la compréhension d'un texte, pour la mémorisation des leçons (histoire, géographie, sciences et vie de la Terre...).
Entraînez votre enfant à les repérer. Demandez-lui de surligner le message minimal explicite d'une phrase, c'est-à-dire les mots clés, et de surligner le message minimal explicite d'un texte, c'est-à-dire les idées principales.
Un bon exercice est la rédaction de courts messages, et ce à partir de textes aux contenus très différents et de diverses longueurs. À chaque fois, l'enfant se pose l'une ou l'autre de ces questions : quels sont les mots, ou les phrases, que l'on ne peut en aucun cas supprimer ? Quels sont les mots ou les phrases non essentiels que l'on peut enlever ?
Vous pouvez également lui donner à lire un texte d'une page pour qu'il en fasse le résumé en un paragraphe, puis en deux ou trois lignes, et enfin en trois mots.

MOTS DE COMPRÉHENSION

Si un enfant est capable de comprendre des phrases simples (sujet, verbe, compléments...), saisir le sens d'un texte n'est pas toujours aussi évident pour lui. Il peut dénaturer le sens de ce qu'il lit en mettant côte à côte des bouts de sens, en ne les articulant pas ensemble.
Dans la plupart des cas, à l'école primaire, les questions posées à l'enfant après une lecture ne font pas appel à la compréhension de l'ensemble, il s'agit de retrouver dans sa mémoire des informations et non pas le sens du texte.

REPÉRER L'ARTICULATION LOGIQUE

Comprendre un texte, c'est trouver ses articulations logiques, mettre en évidence les liens entre les différents éléments.
Pour ce faire, il faut relever les mots de liaison et s'attarder sur leur signification. Ces mots de liaison peuvent être des conjonctions de coordination et de subordination, certains adverbes, mais également des expressions telles que *en conclusion, dans un second temps*... Il ne faut pas oublier la ponctuation, par exemple la virgule remplaçant *et*, ou les deux-points annonçant une cause, une conséquence, une explication.
Apprenez à votre enfant à comprendre un texte en soulignant ces connecteurs d'articulation logique et demandez-lui, lorsqu'il récite une leçon, de relier les idées ensemble (cause, conséquence, but, comparaison...).

MOTS LIENS

Ces mots sont déterminants non seulement pour la compréhension, la réflexion, mais pour rédiger clairement et de façon explicite. Apprenez à l'enfant à les manier dès le primaire.

• Ils expriment :
— le temps : aussitôt que, depuis, désormais, etc. ;
— la cause : en raison de, étant donné, sous prétexte de, vu que, etc. ;
— la conséquence : ainsi, de façon à, de manière à, si bien que, de sorte que, par conséquent, au point que, etc. ;
— le but : en vue de, de peur de, pour que, afin que, etc. ;
— la concession et l'opposition : bien que, quoique, même si, cependant, pourtant, en dépit de, malgré, néanmoins, etc. ;
— la comparaison : de même que, ainsi que, selon que, à la façon de, etc. ;
— la condition : à condition de, à moins de, pourvu que, soit que, à moins que, etc. ;
• Ils développent l'idée : en outre, d'autre part, de même, par ailleurs, quant à, ensuite, etc. ;
• Ils introduisent la conclusion : ainsi, en bref, en définitive, en résumé, finalement, etc. ;
• Ils précisent ou illustrent l'idée : c'est-à-dire, notamment, par exemple, etc. ;

NOMBRES

LES DOIGTS ET LES NOMBRES

J'écris 43 et je dis quarante-trois, puis je montre à l'enfant quatre fois tous mes doigts ensemble puis trois doigts. 43 c'est quatre fois dix doigts, plus trois doigts.
Le 4 de 40 prend tout son sens : l'enfant perçoit qu'il s'agit de quatre fois quelque chose, de quatre fois 10.
Le 4 de 40 a un sens différent d'un 4, l'enfant perçoit cette différence en regardant mes doigts.
Je me sers de mes mains et il se sert des siennes, nous nous servons de l'une de mes mains et de l'une des siennes, nous nous servons simultanément de nos doigts. Il se familiarise avec les chiffres, les nombres, avec les dizaines.

« Les doigts ne sont pas des objets comme les autres », écrit Rémi Brissiaud, mathématicien et psychologue[1]. La vue et la sensation kinesthésique jouent un rôle dans la représentation des quantités avec les doigts. L'enfant « sent » les quantités sur les doigts et il peut le faire sans avoir recours à la vision. La vue des doigts lui permet de dire combien il y a de doigts sans avoir à les compter. Quand on lui montre un dessin de mains, il est capable de dire immédiatement combien de doigts sont représentés : la main est un groupement de cinq. Et l'enfant reconnaît aussitôt le 7 comme étant un 5 doigts plus un 2 doigts.

Apprendre à se servir de ses doigts n'est pas un handicap pour l'avenir mathématique de l'enfant. Celui-ci peut par la suite devenir un champion en calcul mental ou en calcul pensé. Pour cela, il apprend à ne plus voir ses doigts mais à les imaginer, puis il manie les chiffres eux-mêmes en se les représentant mentalement. Des enfants sont sortis de la grande difficulté qu'ils avaient avec les nombres grâce aux doigts, ce qu'on leur avait refusé jusque-là. Charles (CE2) ne savait pas écrire des nombres simples (39 ou 67). Irène (CE2) pouvait réciter les nombres de 1 à 100, mais elle ne savait dire quel était le chiffre situé avant 5 ou celui situé après.

(1) Rémi Brissiaud, *Comment les enfants apprennent à calculer*, Retz, 1989.

Certains instituteurs interdisent formellement de se servir des doigts, ce dont Stella Baruk, s'offusque. Pendant des années, elle s'est occupée d'enfants qui présentaient des troubles au niveau des calculs les plus élémentaires, enfants qu'elle compare à des « handicapés ». « Façon pudique de dire, ajoute-t-elle, que la pédagogie les a privés de la plupart de leurs aptitudes naturelles, en particulier de l'usage de leurs doigts. » Elle parle de la sécurité qu'éprouvent soudain ces enfants à compter ainsi et du fait qu'« à peine ont-ils réenraciné les nombres par le bout des doigts » que, très vite, ils n'en ont plus besoin[2].

Les doigts permettent de sentir les quantités sans avoir à les compter et facilitent la mise en relation des quantités entre elles. Les nombres 5 et 10 jouent des rôles spécifiques. La configuration d'une main est égale à 5, la configuration de deux mains est égale à 10. Quand on demande à l'enfant à quoi correspond la quantité 6, il montre directement une main (5) et un doigt (1). Si on lui demande à quoi correspond 12, il montre deux mains (10) et deux doigts (2).
Que veulent dire 44 ou 27 ? Que représentent ces nombres ? Pour avoir une bonne conception de ces quantités, on peut compter de 0 à 44, de 0 à 27, ou encore traduire ces nombres en dizaines et en unités. Ainsi, 44 devient quatre dizaines et quatre unités, 27 devient deux dizaines et sept unités. Comment concevoir autrement ces nombres ?
Les enfants se représentent facilement les quantités dès qu'ils se servent de leurs doigts. 44, c'est quatre fois les mains ouvertes plus quatre doigts. 27, c'est deux fois les mains ouvertes, plus une main ouverte et deux doigts.
Au tout début de l'apprentissage des nombres, vous prêtez vos mains à l'enfant pour l'aider à représenter un nombre. Prêtez-lui une main (5 doigts) ou deux mains (10 doigts = 1 dizaine). Ainsi, pour qu'il perçoive directement 14, ouvrez vos deux mains auxquelles il ajoute quatre doigts.
Certains enfants ayant une grande difficulté à garder les nombres en mémoire et à les manipuler mentalement peuvent être rassurés si, dans un premier temps, on leur apprend à additionner et à soustraire en se servant de leurs doigts. Il faut néanmoins les guider afin qu'ils les abandonnent, peu à peu, au profit de représentations mentales et du calcul pensé[3].

DÉNOMBRER

Dénombrer n'est pas savoir compter. Quand on montre à un petit des billes, il peut savoir les compter, les numéroter. Il dit 1, 2, 3, 4, 5, 6. Mais cela signifie-t-il qu'il sait qu'il y a six billes ? Il peut dire 6 parce qu'il a compris que c'est ce qu'il faut dire, sans en comprendre la signification. Dénombrer, c'est savoir que le dernier mot-nombre prononcé représente la quantité de billes. La difficulté réside dans le fait que le 6 a deux statuts. Il est le numéro 6 comme il y a le numéro 1, mais il est aussi un mot-nombre qui veut dire « les six ».

La plupart des élèves entrant en CP savent dénombrer, mais il arrive que, pour certains, les mots-nombres restent encore des numéros. Pour aider votre enfant à accéder au dénombrement, jouez avec lui aux dominos : les quantités y sont représentées en ensembles. En jouant, il prend conscience qu'un mot-nombre peut signifier tout à la fois un numéro et un ensemble. Le mot-nombre 4 désigne le numéro 4 et l'ensemble de quatre points.

Les nombres écrits ont évidemment, comme les mots-nombres, deux significations. Ils sont des numéros et des représentations de quantité. Or les enfants, dans leur quotidien, ne rencontrent pratiquement que des nombres-numéros : le numéro des maisons, les pages des livres, etc. Là encore, vous devez, si votre enfant en CP ne donne pas au nombre ses deux significations, favoriser la lecture et l'écriture des nombres en tant que représentant des quantités.
Écrivez sur des petits bristols une suite de chiffres et montrez-lui que le 7, c'est la carte 7 : vous sortez la carte 7 et vous la lui mettez dans la main. Et que le 7, c'est aussi l'ensemble des cartes : vous faites un tas de 7 cartes que vous lui donnez.

JEUX FAVORISANT LA CONNAISSANCE DES NOMBRES

➔ PLUS PETIT, PLUS GRAND

Pensez à un nombre et demandez à votre enfant de le deviner. Vous ne pouvez lui répondre que par « plus petit » ou « plus grand ». Bien entendu, il doit trouver le nombre auquel vous pensez en un minimum d'essais. Vous jouez, selon son âge, avec des nombres entiers, des nombres décimaux ou des nombres relatifs.

➔ LE PUZZLE

| neuf | quatre | millions | mille | cinq | vingt |

Fabriquez avec des morceaux de puzzle tous les nombres possibles, du plus petit au plus grand.

➔ NOMBRES ET CALCULETTE

Tapez un nombre sur la calculette. L'enfant doit, sans l'effacer, arriver à l'affichage d'un autre nombre. Vous pouvez apporter des contraintes au jeu : par exemple, n'utiliser que certaines touches-signes ou limiter le nombre d'opérations.
Ainsi, demandez-lui de passer de 128 à 4 022 en ne se servant que de la touche +.

(2) S. Baruk, *Fabrice ou l'école des mathématiques*, Le Seuil, 1977, 1994.
(3) Voir Calcul mental et calcul pensé.

→ VOIR CALCUL ; MATHS ; OPÉRATIONS ; PROBLÈME

NOTE
(son importance relative)

Sophie est en 6e quand elle vient me consulter. « Elle est intelligente et émotive, m'explique sa mère. Elle travaille beaucoup, mais n'obtient pas les résultats auxquels on pourrait s'attendre. » L'entretien révèle que la grande préoccupation de cette collégienne est la note. Elle a toujours peur d'avoir une mauvaise note et même de n'avoir pas une bonne note.
Certes, ses parents ne la réprimandent guère, mais leur première question lorsqu'elle rentre de l'école est : « Combien as-tu eu en français ? à ton contrôle de géographie ? » Et Sophie, qui a l'impression que cela seul les intéresse, craint de les décevoir.

La note peut avoir un effet dévastateur car on lui fait dire des choses qu'elle ne dit pas forcément. Si la note évalue le résultat d'un travail précis à un moment donné (phase d'acquisition), elle n'évalue en aucun cas le travail et encore moins l'enfant. Elle ne considère pas celui-ci dans sa totalité intellectuelle, affective et sociale. Le côté pervers de ce système d'évaluation est que la note est chargée de plus de signification que les erreurs ou ce qui a été réussi. On prend en compte la note et non plus ce qu'elle vient sanctionner, c'est-à-dire un travail à un moment de l'apprentissage.

Pour éviter que la note ne fausse les rapports, pour lui ôter son côté destructeur, les questions des parents doivent porter sur l'apprentissage. Qu'as-tu appris en histoire aujourd'hui ? Que savais-tu à ce sujet auparavant ? As-tu compris la leçon de mathématiques, les exercices ? Y a-t-il des points sur lesquels tu aimerais que nous revenions ensemble ?
Puis les devoirs corrigés sont examinés. **C'est moins la note qui importe que la correction des erreurs**[1], l'analyse de ce qui n'a pas été compris, afin d'éviter que l'enfant ne refasse les mêmes erreurs ou d'autres du même type. On n'oublie pas, à chaque fois, de relever également les réussites : un bon accord dans une dictée, un calcul qu'il a su faire, une conjugaison ou une structure grammaticale correctes.

(1) Voir Erreurs (L'intérêt de l'erreur) ; Zéro.

FICHE **ÉLÈVE** COLLÈGE

PRENDRE DES NOTES

1 **J'écris de préférence sur des feuilles volantes, et uniquement d'un seul côté**
— Je peux ainsi disposer mon cours devant moi sans avoir à retourner les pages, ce qui me permet de l'embrasser d'un seul coup d'œil.
— Je reviens plus facilement aux parties, aux sous-parties.
— Je peux glisser des intercalaires.
— Le côté de la feuille resté vierge me permet de préciser des points du cours, d'y mettre des définitions, des cartes. Elle peut servir de fiche (mots clés, idées principales, exemples, illustrations).

2 **Je numérote les pages.**

3 **J'écris de façon efficace.**
J'utilise les abréviations que je connais.
ex. = exemple
c̄ = comme
m̂ = même
bcp = beaucoup

J'aère au maximum pour mettre en évidence les titres et les sous-titres.
Je laisse des blancs quand une phrase ou un mot dits par le professeur m'échappent.
J'attends la fin du cours pour les remplir.
Je joue sur les marges et les alignements.

OBSTACLE

Il est essentiel de placer l'enfant devant des obstacles pouvant être dépassés, **ni trop difficiles** afin de ne pas le décourager, **ni trop faciles** parce qu'il n'est pas dupe et que s'il n'est pas valorisé par ces tâches, il perdra tout intérêt à les faire. Lui permettre de réussir un travail qui ne lui a demandé aucun effort, aucun dépassement de lui-même, le féliciter pour un résultat médiocre peut le perturber. Où va-t-il trouver désormais le sens à l'apprentissage ?

La difficulté est nécessaire pour qu'un projet ait un certain attrait. Un projet qui nécessite un effort, un investissement, un dépassement de soi, donne la motivation non seulement pour le mener à terme, mais encore, l'enfant ayant été valorisé à ses yeux et à ceux des autres, pour des projets futurs.

Le plus délicat est de rester dans un juste équilibre et de ne pas dépasser une limite : l'enfant, découragé par trop de difficultés, se sentirait incompétent et renoncerait à faire un effort. « Je suis nul de nul », disait Christian, à qui son père, ingénieur et passionné de mathématiques, donnait des problèmes complexes qu'il ne réussissait jamais à résoudre.

Cependant, si l'on considère que le travail sur l'erreur est sans aucun doute le plus informatif quant aux stratégies employées pour réussir, il paraît intéressant de donner parfois à **un élève doué des tâches difficiles, trop difficiles** pour qu'il puisse raisonnablement les résoudre seul.

Bien entendu, une condition est nécessaire : que le travail sur l'erreur soit considéré par les deux parties en cause (vous et l'enfant) comme le meilleur moyen de progresser — ce qu'il est. Ce travail est donc abordé en sachant que le but n'est pas que l'enfant parvienne à la réussite.

Celui-ci affronte seul la tâche. Puis, dans un second temps, vous analysez avec lui les types d'erreurs, vous travaillez à partir des difficultés qu'il a rencontrées, vous l'aidez à créer des liens avec ce qu'il connaît, vous observez avec lui à quel moment et pourquoi il a buté sur l'obstacle. Vous l'aidez à clarifier, à structurer ses connaissances, à améliorer ses stratégies mentales en vue de tâches futures.

Attention, ce genre de travail où sont données des tâches très difficiles est à réserver aux élèves particulièrement doués ; il ne peut se faire sans danger avec les autres. Contrairement à ce que l'on croit généralement, les enfants doués ont souvent besoin d'être motivés. Ils aiment le challenge, les difficultés et, confrontés à un apprentissage trop évident pour eux, ils s'ennuient. C'est ainsi que l'on rencontre des enfants au Q.I. impressionnant en échec scolaire. Par contre, des obstacles trop difficiles peuvent bloquer des enfants peu sûrs d'eux, ou en difficulté. Certes, ceux-ci peuvent être, à l'occasion, mis face à des obstacles, mais ils doivent d'abord retrouver confiance en leurs possibilités et il faut les y aider en se focalisant sur leurs réussites, même minimes. Tout se résume donc à une question de dosage et d'à propos.

→ VOIR ERREURS

Opérations

SENS ET ALGORITHME

En mathématiques, il y a le sens et l'algorithme. Le sens est la compréhension profonde des données abstraites, l'algorithme, un savoir-faire. Certains enfants préfèrent passer par le sens pour arriver à l'algorithme. D'autres, beaucoup plus nombreux, se contentent du dernier. Si l'on ne doit jamais renoncer à donner une vision cohérente des mathématiques, à leur donner un sens, il faut accepter —surtout quand il s'agit d'opérations — d'enseigner tout bêtement des savoir-faire. Les enfants ont besoin d'un mode d'emploi précis pour être capables de faire une addition ou une division. La plupart veulent savoir comment on fait et non pourquoi on fait comme cela. Et il est inutile de s'attarder avec eux, dans un premier temps, sur le sens de la retenue ou sur la raison pour laquelle quand on multiplie deux nombres, on procède à des multiplications suivies d'une addition. Il faut leur donner un algorithme purement technique.
Le savoir-faire n'est pourtant pas suffisant pour amener au sens mathématique. Il faut, quand l'enfant est à l'aise, le confronter à des données abstraites : expliquez ce que signifie la retenue dans l'addition, dites pourquoi on abaisse un zéro dans la multiplication, ce que veut dire ce zéro.

LES OPÉRATIONS ET LEURS ERREURS

Établissez avec votre enfant la liste des fautes relevées dans ses opérations et donc des choses auxquelles il doit dorénavant penser.

L'ADDITION

1 Opérations mal posées
Que votre enfant place les nombres dans un tableau à plusieurs colonnes, et ce jusqu'à ce qu'il ait pris l'habitude de bien positionner les chiffres.

345 + 23 =

3	4	5
	2	3

Quand il en arrive au deuxième nombre, il commence par placer son unité sous l'unité du nombre qu'il a déjà écrit.

2 Oubli de la retenue
Qu'il prenne l'habitude d'écrire la retenue avant le chiffre

$$\begin{array}{rrr} & ^{(+1)}2 & 9 \\ + & 3 & 5 \\ \hline \end{array}$$

L'enfant dit : 9 + 5 = 14. Il pose la retenue avant d'écrire le 4.

LA SOUSTRACTION

1 Interversion des nombres : le plus grand est placé sur la deuxième ligne de l'opération.
Que votre enfant prenne son crayon seulement après avoir comparé les nombres. Puis qu'il écrive le nombre le plus grand.

2 Confusion dans les retenues
— Confusion avec la retenue de l'addition
Comparez les retenues. Dans le cas de l'addition, on additionne tous les chiffres d'une colonne avec la retenue. Dans le cas de la soustraction, on additionne la retenue avec le chiffre du bas, puis on fait la soustraction.

$$\begin{array}{r} ^{(+1)}95 \\ +\ 89 \\ \hline 184 \end{array} \qquad \begin{array}{r} 95 \\ -\ (1+)\,89 \\ \hline 06 \end{array}$$

3 Confusion à l'intérieur même de la soustraction

Pour que votre enfant ne confonde pas les retenues (+ 1) avec les chiffres qu'il place pour évoquer les dizaines (1), il faut qu'il les écrive différemment.

```
         (1)
         9 5
 – (1+)  8 9
 -----------
         0 6
```

LA MULTIPLICATION

L'enfant oublie le zéro sur la deuxième ligne (il oublie de décaler) dans les multiplications à deux ou plusieurs chiffres. Qu'il prenne l'habitude de dessiner une flèche au moment où il pose sa multiplication.

```
  456
  x23
  ---
    • ←
```

LA DIVISION

Les erreurs dans la division viennent souvent du fait que la soustraction et la multiplication sont mal maîtrisées. Plutôt que de passer des week-ends à faire faire des divisions à votre enfant, revenez sur les soustractions, les multiplications, vérifiez qu'il connaît parfaitement ses tables. N'attaquez les divisions qu'une fois les autres opérations bien intégrées.

La division demande un nombre d'opérations différentes et complexes, d'où l'importance de les lister dans l'ordre. Aidez votre enfant à le faire. Le mode d'emploi de la division doit être résumé avec le vocabulaire de votre enfant. Exemple :

1) Je vérifie dividende > ou = diviseur.
2) Je cherche ce que pourrait être le résultat.
3) Je trouve un chiffre dans mes tables de multiplication, je multiplie.
4) Je fais la soustraction.
5) Je baisse un chiffre.

REVENIR À L'ALGORITHME

Si votre enfant fait une erreur dans une opération, revenez toujours à son algorithme. Ainsi, si votre enfant oublie une retenue et qu'il écrit :

```
   4 8
 + 3 5
 -----
   7 3   (le 7 barré)
```

Ne lui dites pas : « Huit plus cinq, ça fait treize. Je pose trois et je retiens un. Quatre plus trois égalent sept, et j'ajoute un de retenue. Cela fait huit. »

Mais faites-le revenir au mode d'emploi de l'addition. Demandez-lui , en lui montrant le 8 et le 5 : « Quand tu additionnes deux chiffres et que cela fait dix ou plus, à quoi dois-tu penser ? Que fais-tu ? »

QUELLE OPÉRATION FAIRE ?

« Sophie ne sait jamais si elle doit faire une addition ou une soustraction, dit sa mère. Pourtant, je lui répète : quand tu peux dire plus, tu fais une addition, quand tu peux dire moins, tu fais une soustraction. »

La mère de Sophie poursuit : « Lorsque dans un problème, tu dois enlever, retrancher, tu fais une soustraction. »

Or associer les verbes enlever et retrancher à la soustraction n'est vrai que dans certains cas. Comment associer logiquement *enlever*, *retrancher*, *moins*, au problème suivant : « Pauline a donné 4 cerises à Léon. Il en a maintenant 15. Combien en avait-il ? » On peut traduire l'énoncé par cette équation : ? + 4 = 15. On se trouve face à une addition incomplète dont la solution est le complément de 4 à 15.

De même, comment, si l'enfant a associé l'addition au verbe ajouter, à la notion de gain, peut-il résoudre les problèmes où l'addition permet de connaître une quantité donnée avant une perte : Pauline avait des cerises. Elle en a perdu 5 et il lui en reste 10. Combien en avait-elle ?

L'ÉGALITÉ : L'ADDITION ET LA SOUSTRACTION

1 Les problèmes les plus simples sont ceux où il faut trouver le résultat d'un ajout ou d'un retrait.

- **Ajout**

Pauline avait 10 cerises. Léon lui en donne 3. Combien en a-t-elle ?

$$\triangle + * = ?$$
$$10 + 3 = ?$$

- **Retrait**

Pauline a 10 cerises. Elle en donne 4 à Léon. Combien lui en reste-t-il ?

$$\triangle - * = ?$$
$$10 - 4 = ?$$

2 Les problèmes de partition sont plus complexes.

Leurs difficultés dépendent beaucoup de la façon dont est construit l'énoncé. Connaissant un tout et l'une de ses parties, il s'agit de déterminer l'autre partie.

a) Pauline avait 10 cerises, elle en a donné quelques-unes à Léon et il lui en reste 6. Combien en a-t-elle donné à Léon ?

$$\triangle - ? = *$$
$$10 - ? = 6$$

b) Pauline avait des cerises. Elle en a donné 4 à Léon et il lui en reste 6. Combien en avait-elle ?

$$? - \triangle = *$$
$$? - 4 = 6$$

c) Léon avait des cerises. Pauline lui en a donné 4. Il en a maintenant 15. Combien en avait-il ?

$$? + \triangle = *$$
$$? + 4 = 15$$

d) Pauline avait 10 cerises. Elle en a maintenant 16. Combien Léon lui en a-t-il donné ?

$$\triangle + ? = *$$
$$10 + ? = 16$$

Les problèmes *b* et *c*, où l'état initial est à découvrir, sont difficiles pour les enfants, surtout s'ils tentent de se représenter l'énoncé en suivant l'ordre de sa formulation. Dans le cas du problème *b*, que faire avec « Pauline avait des cerises » ?

3 Dans les problèmes de différence et d'égalisation, il s'agit de comparer des mesures, des quantités ou de les égaliser.

a) Calcul de la plus grande quantité ou mesure

Léon mesure 1,40 m. Pauline mesure 20 cm de plus que lui. Quelle est la taille de Pauline ?

b) Calcul de la plus petite quantité ou mesure

Pauline mesure 1,60 m. Léon est plus petit de 20 cm. Quelle est la taille de Léon ?

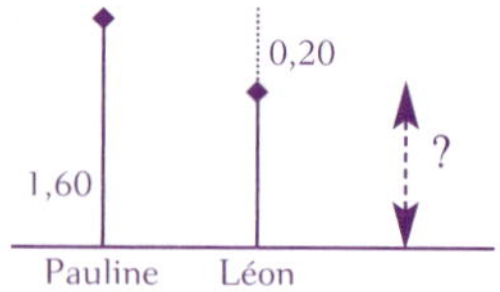

c) Différence entre deux grandeurs. Comparaison

Pauline mesure 1,60 m. Léon, 1,40 m. Quelle est leur différence de taille ?

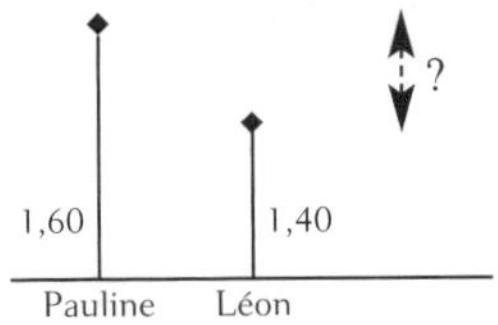

Pour aider votre enfant à naviguer facilement parmi les additions et les soustractions

— Travaillez avec lui sur l'égalité plutôt que sur les signes + et —

— Donnez-lui des opérations à trous :

2 + ... = 7	9 - ... = 6
... + 2 = 7	... - 3 = 6
7 = 2 + ...	6 = 9 - ...
7 = ... + 2	6 = ... - 3

— Faites-lui trouver l'égalité qui résume un problème.

— Inventez avec lui des problèmes correspondant à chacune des égalités.

— Travaillez sur les mots : de trop, en trop, de plus, en plus, moins que, dont, en tout...

Jouez avec votre enfant. Dans un premier temps, utilisez des billes, des bonbons, des cerises, puis faites le lien avec les nombres et les opérations en passant par l'écrit. Surtout, faites preuve de patience afin de ne pas le bloquer dans son apprentissage.

LA MULTIPLICATION

La multiplication peut être associée à des processus différents.

1 Problèmes d'inclusion

— Pauline a mis 3 assiettes sur la table et dans chacune elle a déposé 5 cerises. Combien Pauline a-t-elle distribué de cerises ?

Le chiffre 3 est multiplié par 5. Nous avons 3 x 5.

— Pauline a déposé 5 cerises dans chacune des 3 assiettes sur la table. Combien Pauline a-t-elle distribué de cerises ?

Le chiffre 5 est multiplié par 3. Nous avons 5 x 3.

2 Problèmes de comparaison

Pauline a cueilli 4 cerises. Léon en a trois fois plus. Combien en a-t-il ?

3 Problèmes d'association

Pauline mange 9 cerises par jour. Combien en aura-t-elle mangé au bout de trois jours ?

Dans ce problème, un jour est associé à un nombre de cerises. On peut, selon le problème, associer des kilomètres et des heures, des masses et des euros, etc.

4 Problèmes de mesure

Connaissant la base et la hauteur d'un triangle, calculer son aire.

Aire = **b** x **h**

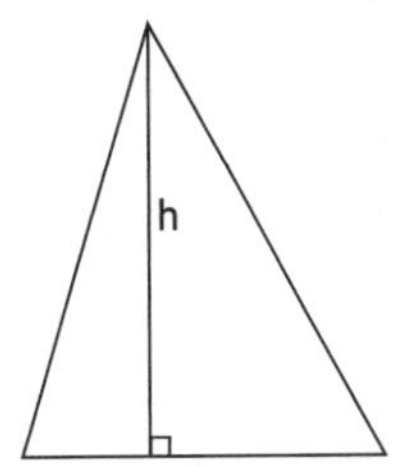

FICHE ÉLÈVE PRIMAIRE

TABLES DE MULTIPLICATION

1 **Je lis la table lentement, j'entends les chiffres résonner comme un écho dans ma tête. Je les écris sur mon écran mental.**

2 **J'apprends dans l'ordre.**

3 **J'apprends dans le désordre.**

4 **Je m'interroge aussi en passant par la division**
(72 : 9 = ?)

5 **Je m'imagine en train de revoir une ligne à la demande** (3 x 7 = 21), **de réentendre ma voix** (trois fois sept, vingt et un), ce qui me permettra de faire une multiplication ou une division.

6 **Quand j'apprends une nouvelle table, je révise toujours les autres.**

LA DIVISION

Aux différents processus qui donnent un sens à la multiplication correspondent des processus qui donnent un sens à la division.

1 Problèmes de partage et de regroupement

- **Partage**

Pauline a 12 cerises. Elle les partage équitablement entre elle, Isabel, Julie et Léa. Combien de cerises chacun des enfants aura-t-il ?
Dans ce problème, on connaît le nombre de tas. On cherche le nombre d'éléments dans chaque tas.
On partage 12 cerises en 4. On les sépare.
12 : 4 = ?
On pourrait écrire également : 4 x ? = 12

- **Regroupement**

Pauline a 12 cerises. Elle les groupe par 3. À combien d'enfants pourra-t-elle distribuer les cerises ?
Dans ce problème, on connaît le nombre d'éléments dans chaque tas. On cherche le nombre de tas.
On regroupe les cerises en tas. On les assemble. 12 : 3 = ?
On pourrait écrire également : ? x 3 = 12

2 Problèmes de comparaison

Pauline a 3 fois moins de cerises que Léon. Léon a 12 cerises.

3 Problèmes d'association

Pauline a mangé 12 cerises en 3 minutes. Combien en a-t-elle mangé en 1 minute ?
Tout comme pour la multiplication, on peut associer des éléments de nature très différente tels que des mètres et des secondes, des hectogrammes et des bonbons, etc.

4 Problèmes de mesure

Connaissant l'aire et la base d'un triangle, trouver sa hauteur
h = aire : b

→ VOIR CALCUL ; MATHS ; NOMBRES ; PROBLÈMES

FICHE **PARENT**

TABLES DE MULTIPLICATION

Les tables de multiplication s'apprennent par cœur. Pour les mémoriser, il faut les réviser et les réviser encore. C'est la répétition qui finit par les ancrer dans la mémoire. Mettez les tables partout : ainsi, votre enfant peut les apprendre sans empiéter sur le temps consacré au jeu. Accrochez-les dans la salle de bains, glissez-les dans la boîte à gants de la voiture...

L'important est que les tables ne fassent pas un aller-retour dans la mémoire. L'enfant doit les enregistrer, et enregistrer nécessite un acte mental conscient : il voit les chiffres s'afficher dans la tête et il les entend résonner.

Aidez-le à noter les assonances : 6 x 6 = 36 et 6 x 8 = 48, et suggérez-lui de réciter ses tables à voix haute comme on les apprenait autrefois : cela facilite souvent l'apprentissage.

Il est indispensable que les tables de multiplication soient automatisées. Celui qui sait retrouver immédiatement le résultat d'une multiplication (9 x 7 = 63) est bien plus performant dans les opérations, mais aussi dans les problèmes, qu'un autre obligé de se réciter une partie de la table (9 x 5 = 45, 9 x 6 = 54, 9 x 7 = 63).

Ce qu'il ne faut jamais oublier est que la meilleure façon de consolider la mémorisation des tables est de les mettre en application, donc de faire des multiplications et des divisions.

Certains enfants ont des difficultés à apprendre par cœur les tables parce qu'ils ont besoin de se parler les nombres, de transformer pour calculer. Ainsi, pour apprendre 7 x 6, Laurent se dit : 7 x 6 = 7 x 5 + 7 = 42, et Hugo s'est inventé une petite histoire pour retenir la multiplication de deux nombres qu'il oubliait toujours : « Quand 8 cochons grimpent avec leurs 4 pattes sur mon lit, cela fait 32 marques de pas à nettoyer. » Quant à Johana, elle se souvient que 7 x 7 = 49 car pour elle « ce sont des nombres très durs qui vont bien ensemble. »

Aussi étonnant que cela paraisse, les chiffres et les nombres ne sont pas seulement ce qu'ils sont. Ils ont parfois un sexe déterminé, tel le 5 qui pour Éléonore est masculin, alors que le 8 est féminin. Les nombres peuvent être sympathiques ou antipathiques. Il arrive aussi qu'on les associe à des couleurs plus ou moins précises. Si c'est le cas pour votre enfant, et que cela l'aide, laissez-le « se parler » les nombres et les multiplications.

Orientation

« Que veux-tu faire plus tard ? » À cette question, tous les enfants n'ont pas l'occasion de répondre, car une sélection en oriente certains d'office, les plus en difficulté, ceux qui traînent des notes catastrophiques depuis des années. Pour les autres, il existe tout un système d'informations leur permettant de choisir une filière d'études.

Cependant, un décalage existe entre les contenus scolaires et les réalités de la vie socioprofessionnelle. Et les mutations du travail et de la société sont si profondes aujourd'hui qu'il est pratiquement impossible de prévoir si la voie choisie aura un quelconque avenir une fois la formation terminée. Aujourd'hui, quelles situations professionnelles peuvent se concevoir sur vingt, voire trente années, sans changement ni bouleversement ?

Il n'est déjà pas facile de choisir une filière d'études (ce que montre le taux d'échec en première année de faculté). S'il faut aussi repérer les secteurs qui auront des débouchés, tout cela relève plus de la course d'obstacles que de l'éducation des choix. La situation étant inédite, les parents confrontés à ce problème sont aussi déroutés que leurs enfants.

Il s'agit pour les enfants de négocier peu à peu leur place dans la société. Ils vont devoir, dès le lycée, anticiper les métiers ou les activités qui leur permettront de mener professionnellement leur vie d'adulte. Pour cela, il leur faut avoir développé la mémoire transformatrice à l'œuvre dans l'imagination, la seule qui permette de combiner, d'associer, d'inventer et de découvrir, la seule aussi à l'œuvre dans la projection dans l'avenir ; avoir développé cette mémoire, cette qualité intellectuelle, pour créer des possibles et des choix[1].

Mais comment demander à un lycéen de se projeter dans des métiers dont les représentations qu'il se fait tiennent plus de la carte postale que d'une réalité concrète ? Le monde professionnel doit s'introduire très tôt dans sa vie. Il est étonnant de voir le nombre d'enfants qui ignorent ce que font leurs parents ou, quand ils savent nommer leur métier, sont incapables de décrire en quoi précisément il consiste, de quoi se composent ces heures passées sur leur lieu de travail. « Mon père va au bureau » (Rémi, 4e), « Il travaille avec un ordinateur » (Clara, 5e), « Mes parents ont un poste dans une usine de papier » (Karen, 4e). Comme beaucoup d'autres adolescents, ils ne peuvent en dire davantage. Que savent-ils de ce que font les adultes proches de la famille ? Guère plus. Savent-ils en quoi consistent concrètement ces métiers dont ils connaissent les noms, psychiatre, géologue, ingénieur, et même ceux qui leur paraissent plus familiers, cuisinier, plombier, etc.

Mettre l'enfant en contact avec des professionnels (dès le primaire)[2], lui faire faire des stages précoces et multiples (dès le collège), tel est ce à quoi devrait tendre l'école. Mais qu'est-ce qui est de la responsabilité des parents ? C'est à eux qu'incombe d'ouvrir l'enfant à la curiosité du réel. Pour cela, ils doivent l'accompagner dans la complexité du monde et le plonger le plus tôt possible dans des situations concrètes formatrices (organiser matériellement une fête, un voyage, participer à une rénovation, un bricolage, résoudre des problèmes concrets), le faire participer aux décisions le concernant, ne pas le tenir éloigné de ce qui touche son environnement, en écartant toute angoisse de l'avenir qui serait leur propre projection.

(1) Voir Imagination.

(2) Une expérience québécoise intéressante (le Cybermentorat) met, par Internet interposé, des collégiens en contact avec des professionnels afin que ceux-ci leurs transmettent la réalité de leur métier tel qu'ils le vivent aujourd'hui.

ORTHOGRAPHE

Écrire sans faute demande au préalable un travail de longue haleine qui, commencé au CP, s'étire tout au long de la scolarité. Pour écrire sans faute, il faut connaître l'orthographe des mots (chaque année amène son cortège de mots nouveaux) et savoir appliquer les nombreuses règles de grammaire (toutes ou presque apprises au primaire). Règles rabâchées, dictées, corrections recopiées dix fois, rien n'y fait, certaines règles ont du mal à être intégrées, principalement celles des accords.

FICHE **ÉLÈVE** CP

ORTHOGRAPHE D'UN MOT

→ **Je lis le mot à voix haute.**
madame

→ **Je me parle chaque syllabe.**
ma (comme le début de maman)
da (c'est la lettre *d* qui donne la main à la lettre *a*)
me (à la fin du mot, le *e* est une lettre muette, je ne le prononce pas)

→ **Je prononce le mot, syllabe après syllabe, et en même temps je l'écris dans ma tête.** Si cela m'aide, je peux l'écrire avec ma main dans l'espace.

→ **Je vérifie que je sais bien l'écrire.**

→ **Si j'ai fait une erreur, je corrige le mot dans ma tête.**

→ **Dorénavant, quand j'écrirai le mot, je le prononcerai en même temps, syllabe après syllabe.** Je n'oublierai pas qu'il est écrit dans ma mémoire. J'irai le chercher.

FICHE **ÉLÈVE** PRIMAIRE COLLÈGE

ORTHOGRAPHE D'UN MOT

1 **Je lis le mot à voix haute.**

2 **J'observe comment il est écrit. Je me parle les difficultés de chaque syllabe.**
Je fais attention :
→ aux lettres muettes, à leur place
→ aux consonnes (simples ou doubles ?)
→ aux accents
→ à l'écriture des différents sons (*o*, *au*, *eau* ?)

3 **J'écris mentalement le mot en le prononçant, syllabe après syllabe.** Quand j'écris le mot, je n'oublie pas de prononcer les syllabes et non les lettres.

4 **Le mot est-il écrit dans ma mémoire clairement et correctement ?** Je vérifie que le mot que j'ai enregistré est exact. J'écris le mot et le compare avec le modèle. S'il y a une faute, je la corrige dans ma mémoire.

FICHE **PARENT**

ORTHOGRAPHE D'UN MOT

Pour apprendre l'orthographe d'un mot, il faut suivre un mode d'emploi très précis.

LIRE LE MOT À VOIX HAUTE

Quand les mots nouveaux ne sont pas prononcés, ils ne sont pas mémorisés (les enfants retrouvent une partie du son ou quelques lettres ou des syllabes dont la suite logique est intervertie). Il faut noter aussi que certains, ayant lu un mot ou l'ayant entendu à plusieurs reprises, et se faisant de ce mot une représentation de sens, sont incapables de l'écrire pour ne l'avoir jamais prononcé ou prononcé correctement. Pour cette raison, l'enfant prend l'habitude de lire à voix haute tous les mots dont il apprend l'orthographe.

ANALYSER LE MOT

L'enfant analyse l'orthographe du mot, syllabe après syllabe.
Pour s'aider à mémoriser un mot :
— il exagère sa prononciation : *consoNNNNNNNNe* (deux *n*) ;
— il le rapproche d'un mot de la même famille qu'il connaît : *miLLier* et *miLLe* ;
— il utilise un moyen mnémotechnique mais uniquement pour les rares mots dont il n'arrive jamais à se souvenir de l'orthographe.
Nicolas, afin de se souvenir qu'*apercevoir* s'écrit avec un seul *p*, se dit qu'il n'a besoin que d'un œil pour apercevoir.
Anaïs a toujours fait une ou deux fautes à *arrêter* jusqu'au jour où elle se raconte l'histoire suivante : Les deux roues (*r*) s'arrêtent à chaque feu rouge (*t*) quand ils voient le chapeau pointu (^) du gendarme.

INSTALLER LE MOT ANALYSÉ DANS SA MÉMOIRE

L'enfant écrit le mot dans sa tête tout en le prononçant, syllabe après syllabe.
Une chose est importante à savoir : la mémorisation peut être facilitée par le fait d'écrire le mot sous l'image de sens du mot. Par exemple, l'enfant visualise un rhinocéros sous lequel il écrit *rhinocéros*. Et c'est en passant par l'image du rhinocéros qu'il retrouve la graphie de ce mot.

VÉRIFIER L'EXACTITUDE DE CE QUI A ÉTÉ ENREGISTRÉ

Pour ce faire, mieux vaut écrire le mot pour le comparer avec le modèle. Bien entendu, en cas d'erreur, il faut insister sur la correction afin que la faute ne soit pas mémorisée.

Pour les enfants en CP et CE1 ainsi que pour ceux en difficulté d'orthographe : **écrire le mot tout en le prononçant avec sa voix intérieure, syllabe après syllabe,** et ce à chaque fois. Syllaber permet d'écrire le mot sans intervertir les lettres, sans en oublier, ramène à la mémoire la juste orthographe du mot tel qu'il a été appris.
Il faut savoir qu'après son apprentissage le mot doit être rencontré plusieurs fois pour s'ancrer dans la mémoire à long terme.
L'apprentissage d'un mot en CP peut être facilité grâce à la manipulation de lettres mobiles correspondant aux lettres du mot. L'enfant peut aussi, sous votre direction, tracer avec un doigt le mot en l'air, face à lui, ou sur sa table de travail.
J'ai donné à Lucie, souffrant de troubles dyslexiques, des pelotes de laine de couleur, avec lesquelles elle écrivait les mots qu'elle apprenait ainsi.

FICHE **ÉLÈVE**

ACQUÉRIR LES BONS RÉFLEXES EN ORTHOGRAPHE

1. **Je lis un texte.** Je le comprends.
2. **J'apprends l'orthographe de tous les mots que je ne sais pas écrire.** Je les observe, syllabe après syllabe. Je note les lettres muettes et leur place dans le mot, les consonnes simples ou doubles, les terminaisons, les accents, l'écriture des différents sons (*o*, *au*, *eau*...). J'écris les mots dans ma tête.
3. **J'analyse l'orthographe grammaticale,** les accords sujet/verbe et déterminant/adjectif/nom, la terminaison des verbes, des pluriels (*s* ou *x*), les homonymes (son, sont), les majuscules, etc.
4. **On me dicte le texte.** J'essaie de retrouver dans ma mémoire les mots tels que je les ai écrits, je me souviens de ce que je me suis dit à propos des accords, de la terminaison des verbes.
5. **Je corrige.** Je compare ce que j'ai écrit avec le modèle, mot après mot. Si j'ai fait une faute, je l'analyse.

DONNER LES BONS RÉFLEXES EN ORTHOGRAPHE

Le travail sur le texte est le meilleur des exercices pour apprendre à écrire correctement. L'enfant acquiert de bons réflexes en analysant grammaticalement des phrases. Il revient à des règles de grammaire qu'il connaît mal ou qu'il ne sait pas appliquer quand il écrit. C'est un exercice moins stressant qu'une dictée, même quand il est suivi de la dictée du texte, l'enfant faisant alors beaucoup moins de fautes qu'habituellement. Ce travail, il ne peut le réaliser seul. Aussi, veillez à ce que l'apprentissage des mots et l'analyse grammaticale soient faits correctement. Apprenez-lui à acquérir les savoir-faire nécessaires à une orthographe correcte.

L'enfant lit un texte plus ou moins long. S'il a de grosses difficultés en dictée, il s'attaque à trois lignes ou à un petit paragraphe. N'oubliez pas qu'il vaut mieux faire des séquences courtes et fréquentes que de passer une partie du week-end à travailler.
« Pauline et Léon regardent un cheval gris qui avance lentement vers eux. Ils le sifflent. Le cheval hennit et on dirait qu'il leur parle. » L'enfant voit dans sa tête Pauline et Léon qui regardent le cheval et le sifflent. Il imagine aussi le cheval : il avance lentement, hennit, et c'est comme s'il parlait à Pauline et à Léon.

Cette appropriation détaillée du texte est utile pour l'analyser grammaticalement. C'est ce que l'on fait quand on écrit : le sens détermine l'orthographe. Les élèves en difficulté ont souvent une compréhension vague et morcelée du texte, et quand ils doivent écrire « on dirait qu'*il* leur parle », ils ne savent qui, de *Léon*, *Pauline* ou *le cheval*, semble parler, et ce n'est pas que ce bout de phrase soit difficile, mais ils n'ont pas pensé le sens du mot *il*, ce qui aurait demandé un travail de visualisation poussé, ils en sont restés au cheval qui hennit, image évidente.

Ce qui importe dans ce travail d'analyse grammaticale — comme quand on écrit — est davantage le mode d'emploi des règles que les règles elles-mêmes. « On dirait qu'il leur parle. » Que l'enfant sache dans ce genre d'exercice que *leur* est un pronom personnel importe peu. Le principal est qu'il sache pourquoi *leur* ne prend pas de *s*, et s'il dit : « On ne met jamais de *s* à *leur* placé devant un verbe », c'est parfait. Je ne nie pas l'importance du sens (pourquoi *leur*, pronom personnel, ne prend pas de *s*), mais ce n'est pas ce que à quoi on pense quand on écrit et, à vouloir trop bien faire, on empêche l'enfant d'acquérir des automatismes.

ACCORDS

Qu'est-ce qu'un accord ? Parmi les sens proches relevés dans le *Petit Robert*, on peut lire : union, harmonie, complicité. Un accord lie des personnes entre elles, des mots entre eux.
Pour qu'un enfant accorde ensemble déterminants, noms et adjectifs, sujets et verbes, encore faut-il qu'il ait trouvé un sens à ces accords.

LES DÉTERMINANTS

Les déterminants sont les présentateurs. Ils présentent le nom. Certains donnent tous les renseignements nécessaires aux accords : le, la, un, une, son, sa, aucun... D'autres, non : les, des, leur, quatre...
Ainsi, *quatre* indique un pluriel, mais le nom qui suit est-il masculin ou féminin ? C'est en s'interrogeant sur le nom que l'enfant peut avoir le renseignement qui lui manque.
Les déterminants donnent d'autres renseignements qui ne sont pas utiles à l'orthographe, mais le sont à la compréhension : *sa* marque la possession, *ce* localise dans l'espace et dans le temps, et rappelle un nom déjà cité.

MATHIEU ET LES DÉSACCORDS

Mathieu vient en consultation fin octobre. Il redouble le CM2 pour des problèmes d'orthographe. Il a, entre autres, des difficultés avec les accords. J'examine ses cahiers : des noms, des adjectifs qualificatifs portent la marque du pluriel, mais pas tous. Quant à la marque du féminin, on ne la trouve qu'au singulier (après *la* ou *une*). Les verbes sont écrits correctement une fois sur deux.
« Je sais qu'il faut mettre des *s* au pluriel, dit-il, et qu'il faut accorder les adjectifs aux noms. Mais quand j'écris, cela va si vite que je n'ai pas le temps de réfléchir.
— Comment réfléchis-tu ?
— Je me récite les règles et je cherche les verbes, les noms, les déterminants, puis les adjectifs. Il faut du temps pour chercher et je n'arrive pas à tout accorder. »

Je travaille avec Mathieu sur les déterminants. Que disent-ils sur le nom qui les suit, qui va entrer en scène ?
Je dessine un chat dans un cadre sous lequel j'écris *chat* (voir croquis). Puis je demande à Mathieu de présenter ce mot, et pour ce faire de lui trouver des déterminants. Il énumère : « Le chat, un chat, son chat, ce chat. »
Je dis : « C'est le déterminant qui présente le chat, qui te renseigne sur lui, avant même que tu saches que l'on va parler d'un chat. *Ce chat* : il est seul et de genre masculin, c'est un chat que l'on montre ou dont on a parlé. *Un chat* : il y a un seul chat, il est de genre masculin, c'est un chat que l'on ne connaît pas. »
Mathieu écrit les déterminants que nous relions au mot par une flèche. Puis je lui demande de me citer des adjectifs qualificatifs. Il reste un instant silencieux.
« Nous allons décrire le chat, lui dis-je. Comment l'imagines-tu ? »
Il répond : « Noir. »
Je lui suggère de fermer les yeux et de se représenter le chat noir : « Maintenant, tu es un autre adjectif et tu vas transformer le chat. »
Il énumère des adjectifs : beau, gros, roux, sympathique et, à chaque fois, il imagine son chat tel qu'il l'a désiré et changé. Il écrit ces mots autour du cadre.

Nous faisons ce même travail en partant de deux chats (masculin pluriel), puis d'une tortue (féminin singulier) et de deux tortues (féminin pluriel). Coloriant les deux chats en noir, Mathieu fait ce commentaire : « Si j'écris *les chats noirs* sans mettre de *s* à noir, je ferai une faute car j'ai "deux noirs", deux dessins noirs, deux chats noirs. »

Puis nous inventons oralement des phrases.
Je dis : « Je trouve ce chat sympathique. »
Mathieu dit : « Le chat est féroce. »
Je dis : « Un chat miaule dehors dans la cour. »
Il dit : « Les belles tortues font peur au petit chat. »
Je dis : « Est-ce que les grosses tortues te semblent féroces ? »
Et à chaque fois qu'un déterminant, qu'un adjectif qualificatif, qu'un nom sont prononcés, Mathieu pointe son doigt sur l'un des cadres. Puis il épelle la terminaison de ces mots.
Mathieu sait que dorénavant, dès qu'il écrira, que ce soit chez lui ou à l'école, quelle que soit la phrase et la place des mots dans cette phrase, il devra s'arrêter aux déterminants afin de savoir s'ils présentent un nom féminin ou masculin, singulier ou pluriel.

Nous terminons la séance en évoquant les déterminants qui n'indiquent pas le genre du nom (les, nos, ses, deux...) et ceux qui, lorsqu'ils sont prononcés, ne donnent aucune indication sur le genre (cet, cette) ou sur le genre et le nombre (quel, quelle, quels, quelles ; leur, leurs ; nul, nuls, nulle, nulles ; tel, telle, tels, telles...).
Enfin, je suggère à Mathieu d'ajouter pendant la semaine, s'il le désire, des mots à ces cadres.
La semaine suivante, il me tend la feuille. Il a écrit des déterminants (chaque, quelques...) et un adjectif qualificatif (paresseux). Je travaille avec lui sur le sujet et le verbe et nous ajoutons un verbe au bas de chaque tableau.

→ ACCORD SUJET/VERBE

Le sujet est indispensable pour faire exister le verbe, pour l'animer.
Quand on entend le verbe *courir* ou quand on le lit, on imagine un enfant en train de courir, ou on s'imagine le faire, ou l'on voit des jambes en action, ou encore on se dit

que quelqu'un court. Bref, on donne un sujet au verbe pour charger de sens le son ou le graphisme *courir*. On associe un sujet au verbe pour le faire exister concrètement. On ne peut se représenter un verbe que si on l'anime grâce à un sujet.
Quand vous apprenez les verbes à votre enfant, ou qu'il commence ses premières dictées, faites-le se représenter mentalement le verbe et le sujet.
« Le chat de Léon mange » : il visualise un chat en train de manger.
« Les chats de Léon mangent » : il visualise des chats en train de manger.

La terminaison du verbe change selon le sujet. Donc, à chaque fois qu'il écrit un verbe, l'enfant s'arrête avant d'écrire sa terminaison. Il se représente le sujet/verbe. Puis il réfléchit à l'accord. Soyez exigeant et préférez un verbe incomplet à un verbe écrit sans que l'enfant soit passé par le sens et qu'il se soit posé des questions.

→ VOIR APPRENTISSAGE CLOISONNÉ ; AUTOMATISME ; SAVOIR-FAIRE ; DICTÉE ; VERBE ; ERREURS (LES ERREURS ET LE SENS).

OUBLIS

UNE MAUVAISE MÉMOIRE ?

Francis, élève de 4e, apprend régulièrement ses leçons (histoire, géographie, sciences de la vie et de la Terre) sur lesquelles il passe beaucoup de temps. Or, aux interrogations, il obtient tout juste la moyenne. Il lui arrive même de ne pas l'avoir en géographie, matière qui l'ennuie. Notons que le souvenir est correct aussitôt après l'apprentissage (c'est-à-dire quand il récite ses leçons à sa mère) et qu'il s'efface rapidement.
De même, Francis met une demi-heure à mémoriser vingt mots de vocabulaire anglais, dont il a oublié la moitié le lendemain, sauf s'il les revoit le matin même : dans ce cas, il en retrouve environ dix-sept.
« J'apprends, mais j'ai une mauvaise mémoire », dit-il.
Quelles sont les raisons possibles de ces oublis ? Elles sont nombreuses. L'une d'elles est que les leçons apprises ne parviennent jamais dans la mémoire à long terme, elles s'effacent de la mémoire de travail au bout de quelques heures. En fait, tout se passe comme si Francis les

avait apprises pour les réciter à sa mère. Ses leçons sont flottantes, elles n'ont pas été rattachées à d'autres connaissances, elles n'ont pas été connectées.
On peut imaginer que Francis n'a, en les apprenant, d'autre intention que celle de s'en débarrasser au plus vite[1], car il n'est pas vraiment intéressé par ces matières, surtout la géographie. Il est dans un apprentissage qui n'a pas de sens pour lui. Il n'a aucune motivation, si ce n'est parfois la note qu'il peut avoir à un contrôle.
En dehors de l'intérêt porté à l'information que l'on doit mémoriser, il existe d'autres remèdes à l'oubli : l'un d'eux est la répétition, qui fait passer l'information dans la mémoire à long terme et l'y ancre. Car l'oubli dans l'apprentissage par cœur s'instaure très vite si la mémoire n'est pas réactivée (réapprentissages et/ou applications). Francis a intérêt à apprendre son vocabulaire en trois fois dix minutes au lieu d'une demi-heure. Il doit le revoir régulièrement ou l'utiliser s'il veut s'en souvenir[2].

➔ COMPRENDRE ET RÉPÉTER

Quand il s'agit des leçons d'histoire, de géographie ou de biologie[3], **l'apprentissage qui se sert de la compréhension a infiniment plus de chances d'être performant que la mémorisation par cœur.** Le cerveau dans ce cas ne stocke pas une information de plus, une information isolée. Il prend une information qu'il fait sienne, c'est-à-dire il l'accroche dans sa mémoire à des savoirs auxquels il a facilement accès. C'est en passant par ces points d'ancrage que Francis peut retrouver ses leçons le jour du contrôle. Mais comprendre une leçon n'est pas suffisant. Là encore, la répétition à intervalles réguliers permet un stockage plus profond et une facilité de récupération. On évite de répéter à l'identique, on ne se contente pas de relire le cours. On retrouve la leçon dans sa mémoire, puis on relit le cours et l'on se pose des questions que l'on ne s'est pas posées auparavant : on ancre ainsi la leçon plus profondément dans sa mémoire.

LE TROU DE MÉMOIRE

➔ REMÉDIATION PONCTUELLE

Voici quelques conseils pour remédier à un trou de mémoire : quitter son travail des yeux et respirer profondément une minute en se concentrant sur son ventre, lequel se gonfle et se dégonfle ; ou encore poser son regard sur une surface neutre, un mur (ne pas fixer un point, mais laisser le regard dans le vague). Chasser toutes les pensées, respirer calmement.
Dans le cas d'un travail écrit, si le trou noir n'a pas disparu, noter au brouillon ce qui vient à l'esprit. Un mot en entraîne un autre. Il se peut que l'on écrive un mot clé grâce auquel on retrouve la mémoire.

➔ REMÉDIATION À LONG TERME

Lier chaque nouvel apprentissage (mot, leçon, figure géométrique...) à d'autres connaissances. Ces associations sont autant de points d'ancrage grâce auxquels on peut retrouver la mémoire.
Apprendre à lire les énoncés. Une lecture hâtive est souvent responsable de trous car elle ne permet pas un retour correct aux acquis[4].
Pratiquer régulièrement la relaxation, et faire quelques respirations calmes et conscientes plusieurs fois par jour[5].

(1) Voir Projet
(2) Voir Langues étrangères (Mémoriser un mot)
(3) Voir Leçon (Apprendre l'histoire, la géographie, les SVT)
(4) Voir Énoncé
(5) Voir Relaxation et respiration

→ VOIR MÉMOIRE

Poésie

Apprendre par cœur une poésie, c'est d'abord comprendre ce qu'on lit, comprendre ce qu'on dit, c'est être attentif aux images et aux sons.
Comprendre : certaines poésies sont plus hermétiques que d'autres, mais on ne peut les apprendre sans passer par le sens, sens des mots, sens général.
Les images : on se fait des représentations visuelles de ce qui est dit, on visualise la lune derrière les cyprès, les vagues se fracassant en blanche écume sur les rochers.
Les sons : on est attentif au rythme, aux assonances (répétitions rapprochées d'une voyelle, du même son : le g*ou*ffre r*ou*le), aux allitérations (répétitions des consonnes : *l*a *l*une *l*anguide, *l*armes a*ll*iées...), aux répétitions de mots.

On apprend une poésie à voix haute, on joue avec sa voix. On recommence ce travail jusqu'à ce qu'on la sache par cœur, sans oublier de toujours la dire en évoquant le sens. Cet apprentissage n'est pas à faire la veille de la récitation, on y revient plusieurs fois, à partir du moment où l'on sait qu'il faut la mémoriser.

Problèmes de mathématiques

Pour beaucoup d'élèves, résoudre un problème n'est pas réfléchir, chercher une solution, c'est simplement combiner des nombres entre eux, faire des opérations. Ce projet de trouver les bons calculs, mis comme préalable au problème, est un empêchement à l'intériorisation de l'énoncé. Ces élèves sont préoccupés par l'action (les opérations à faire) alors même qu'ils devraient lire l'énoncé, c'est-à-dire s'emparer de tous ses éléments.

On ne résout pas un problème tel qu'il est posé mais tel qu'il a été intériorisé. Pour cela, on lit l'énoncé, on le travaille jusqu'à ce que la compréhension se précise. L'activité opératoire suit logiquement l'appropriation de l'énoncé. Exercez votre enfant à penser le problème, et non les opérations, en lui proposant des énoncés sans poser de question.

Imaginons le problème suivant : « Léon avait des billes. Pauline lui en donne 6. Il en a maintenant 18. Combien Léon avait-il de billes ? »
Selon Alain Taurisson, professeur de mathématiques, les élèves doivent accueillir le problème[1] dans un espace mental.
Certains d'entre eux vont placer ce problème dans le temps. Ils ont une compréhension séquentielle du problème (d'abord, puis, ensuite...). S'ils se font des images, c'est une suite d'images. Ils arrivent à la solution du problème de la même façon qu'ils ont évoqué sa donnée, c'est-à-dire en le résolvant petit à petit, par éléments successifs.
D'autres placent ce problème dans un espace, une globalité intérieurs. Ils se font une image des mains de Léon. Ils y voient 18 billes dont 6 colorées différemment, celles données par Pauline. Par analogie, par comparaison, ils cherchent à rendre évidente la solution du problème.

(1) A. Taurisson, *Pensée mathématique et gestion mentale*, Bayard, 1993.

DE L'ABSURDITÉ DES PROBLÈMES

Apprendre l'arithmétique, c'est apporter un savoir immédiatement utile et utilisable. Si l'arithmétique enseignée à l'école primaire vise à cela, il paraît absurde de demander à l'enfant de s'intéresser à des remises, à des pourcentages, à des horaires de train, à des volumes de citerne, aux figures dites géométriques dont se servent les maçons, les menuisiers ou autres artisans.
Pour m'être occupée d'élèves qui disaient ne rien comprendre aux problèmes, et qui de ce fait étaient en rejet non seulement de l'arithmétique mais aussi des mathématiques, je sais que tous peuvent trouver la solution à des problèmes pour peu qu'ils puissent les comprendre, et par comprendre, j'entends prendre avec soi, s'emparer du sens. Si votre enfant a des difficultés, pensez à puiser des exemples dans son imaginaire ou son quotidien et non dans le quotidien des adultes. Si vous n'avez aucun plaisir à évoquer des problèmes de pourcentage, d'impôt, de masse ou de capacité, pourquoi espérer que votre enfant en éprouve ?

Deux choses aident l'enfant dans la compréhension. La première est la confiance en ses possibilités. La seconde est l'intérêt qu'il porte aux éléments contenus dans l'énoncé. « J'aime les problèmes que tu me donnes, me déclare Céline. Ils ressemblent à des histoires. » Calculer le nombre de puces sur le pelage de Milou, ou le nombre de mètres parcourus par une fourmi pendant une semaine, ou encore la vitesse horaire d'une grand-mère perchée sur des rollers sera beaucoup plus profitable à votre enfant que tous les problèmes contenus dans son manuel scolaire. Et n'ayez crainte, quand il aura maîtrisé la technique, compris pourquoi il faut additionner ou diviser, il sera à même de résoudre les problèmes plus classiques.

FICHE **ÉLÈVE** PRIMAIRE

RÉSOUDRE UN PROBLÈME DE MATHS

1 **Je lis l'énoncé du problème une première fois. Je repère les verbes, les mots importants** qui vont me faire comprendre ce que l'on me demande.

2 **Je relis l'énoncé lentement, phrase après phrase. Je me l'explique avec mes mots. Je classe d'un côté les informations que l'on me donne, de l'autre les questions** (ce que l'on me demande).
Je peux m'aider en faisant sur mon brouillon des dessins de l'énoncé. Mes dessins sont le plus simple possible.

3 **Je vérifie que mon explication de l'énoncé est juste et complète,** que les images que je me suis faites correspondent à la réalité.
Est-ce juste ? N'ai-je rien oublié ?

4 **Il me faut maintenant retrouver dans ma mémoire ce que j'ai appris :** la leçon ou les exemples que j'y ai mis auparavant et qui vont m'aider à résoudre le problème.

5 **Au fur et à mesure que je résous le problème, je reprends l'énoncé, je le modifie en fonction de ce que j'ai trouvé.**

6 **J'écris mes opérations de façon lisible sur le brouillon** afin de pouvoir les vérifier facilement.

7 À chaque fois que j'ai fait une erreur dans un problème, **je n'oublie pas de mémoriser la correction.**

RÉSOUDRE UN PROBLÈME DE MATHS

EXEMPLE : 1) « Maman achète au supermarché une bonbonne de jus de pomme de 7,5 litres. Elle remplit 4 bouteilles de 75 cl. Quelle est, en litre, la quantité de jus de pomme restant dans la bonbonne ?

2) Puis maman veut remplir 3 bouteilles de 75 cl. Reste-t-il assez de jus dans la bonbonne ?

Apprenez à votre enfant à repérer les choses importantes et celles qui ne vont en rien l'aider à la résolution du problème. Il s'attaque à la première question.
Il souligne les éléments qu'il doit garder : bonbonne 7,5 litres ; remplir 4 bouteilles de 75 cl ; quelle est, en litre [...] restant dans la bonbonne ?
Ou au contraire, il barre les éléments dont il n'a pas besoin : Maman achète au supermarché.

Analyser l'énoncé c'est principalement classer ce qui est écrit : l'enfant regroupe d'un côté, en abrégé, les informations qu'on lui donne et, de l'autre, les questions qui lui sont posées.

CE QUE L'ON ME DONNE	CE QUE L'ON ME DEMANDE
1) bonbonne de 7,5 l 2) 4 bouteilles de 75 cl	1) Combien reste-t-il de litres ?

L'enfant peut s'aider, pour comprendre le problème, de dessins résumant l'énoncé. Il le fait alors les plus simples possible : les dessins ne doivent contenir que les éléments nécessaires à la résolution du problème. Cela doit être davantage un travail de schématisation qu'un dessin proprement dit.

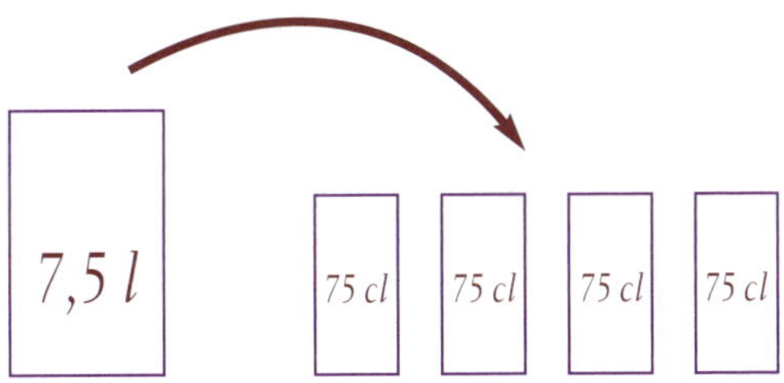

L'enfant reporte dans sa donnée le résultat de la première question. Il s'explique l'énoncé de la seconde telle qu'il l'a modifiée à partir de ce résultat. De même, s'il se fait des dessins, il les retouche afin de poursuivre facilement le problème.
Il dit : « Il reste 4,5 l dans la bonbonne. Maman veut remplir 3 bouteilles de 75 cl. Est-ce qu'il y a assez de jus de pomme ? »

La vérification est une démarche importante, et rares sont les enfants qui la font spontanément.
Ils doivent tout d'abord prendre l'habitude de vérifier l'exactitude de leur reformulation de la donnée. Ai-je bien traduit ? Ai-je tout traduit ? Ainsi, Gilles (CM2) n'a pas évoqué le mot *litre* de "Quelle est, en litre, la quantité de jus de pomme restant dans la bonbonne ?"

Ils doivent également vérifier leurs opérations, puis s'assurer que la solution est logique. Ainsi, Gilles écrit : « Il reste 1 050 cl », davantage que ne contenait la bonbonne à l'achat ! Pour un autre exercice, Thomas (4e) écrit sans hésiter qu'un marcheur a parcouru 75 km en une heure.

Aucun problème n'est vraiment unique. Votre enfant en a fait d'autres analogues en classe. Apprenez-lui à mémoriser un exemple ou les démarches nécessaires à la résolution, et à s'y reporter dès qu'il fait un problème de ce type. Ainsi, s'il a mémorisé ce problème de jus de pomme, il pourra y revenir quand il devra faire le problème suivant : « L'instituteur dispose de 150 euros pour acheter du matériel scolaire. Il commande 12 livres à 10,25 euros pièce. Lui restera-t-il assez d'argent pour acheter un compas à 5,35 euros ? »
Apprenez-lui à décomposer un problème en plusieurs problèmes qui lui sont familiers.

À chaque fois que votre enfant fait une erreur, il lui faut mémoriser la correction et s'imaginer faire un problème semblable dans le futur. Anaïs a écrit à la première question du problème : « Il reste dans la bonbonne : 300 – 7,5 = 292,5. » Elle avait oublié de convertir les centilitres en litres, et comme elle ne trouvait pas logique, à juste titre, d'écrire 7,5 – 300, elle a inversé les nombres dans l'opération.
Anaïs a mémorisé ainsi sa correction : « La prochaine fois que j'aurai un problème, je mettrai toutes les données dans la même unité et je n'oublierai pas d'exprimer mes résultats en mètre, ou en litre, ou en euro[2]. » Puis elle a photographié dans sa tête :

$$7{,}5 - 3 = 4{,}5 \text{ litres}$$

SI VOTRE ENFANT A DES DIFFICULTÉS À RÉSOUDRE DES PROBLÈMES EN MATHS

— Ne vous énervez jamais lorsque vous travaillez avec lui.
— Valorisez ses plus petites réussites. S'il a réussi une question sur trois, penchez-vous d'abord sur cette question et félicitez-le d'être parvenu à la bonne solution. Puis, seulement après, abordez les autres et analysez ses erreurs.
— Apprenez-lui à s'approprier les énoncés : en primaire, 90 % des erreurs dans les problèmes viennent d'une incompréhension profonde des énoncés.
— Faites des problèmes avec lui, mais différemment.
— Passez de l'abstrait au concret.

FAIRE DES PROBLÈMES AUTREMENT

1 Travaillez sur l'énoncé sans tenter de répondre aux questions.
— L'enfant raconte le problème autrement : avec ses mots.
— Il joue avec l'énoncé : il change les données.
— Il imagine d'autres questions à ce problème.

2 **Posez des problèmes avec plusieurs solutions possibles.**

Exemple : « J'ai 75 euros dans ma poche. Dans un magasin de jouets, je vois une voiture à 30 euros, un jeu de société à 20 euros, une épée à 18 euros, un vélo à 100 euros, un jeu de fléchettes à 22,50 euros, un ballon à 8,80 euros, un jeu de construction à 19,45 euros, un jeu vidéo à 55 euros. Que puis-je acheter ? »

3 **Jouez avec des poids, des pièces de monnaie, des billes, des crayons.**

— Inventez concrètement des problèmes avec l'enfant.

— Demandez-lui d'en inventer.

4 **Trouvez des problèmes rigolos.**

Faites calculer à votre enfant le poids de tous les chewing-gum consommés par lui en dix ans, sachant qu'il en mange un par jour et qu'un chewing-gum pèse environ 8 grammes.

PASSER DE L'ABSTRAIT AU CONCRET

L'une des difficultés rencontrées par les élèves de CM1 et de CM2 est de donner un sens aux unités de longueur, de masse et de capacité. On leur donne des problèmes à résoudre où il est question d'hectogramme, de décamètre, de décilitre... On leur donne à faire des exercices de conversion : convertir des kilomètres en décimètres, des centilitres en hectolitres... S'ils n'ont pas une représentation de ce que veut dire chacun de ces mots, ils travaillent dans l'abstrait, s'en tiennent à un savoir-faire, sans passer par la compréhension. Ne pouvant davantage vérifier leurs résultats en se demandant si cela est possible, ils écrivent que 3 dag = 0,3 g ou que 1 t équivaut à 10 kg.

Aussi, très tôt, tout en vous amusant, apprenez les mesures à votre enfant. Bien entendu, cela doit se faire avec différents instruments : un mètre, une règle, le compteur de la voiture, un verre doseur, une balance...

Ne croyez pas que vous allez tout lui apprendre en un jour. Il faut le familiariser avec ces éléments en se servant du quotidien. Si vous venez d'acheter un nouveau réfrigérateur et que vous peinez à le transporter, vous pouvez vous interroger sur son poids à voix haute, vous pouvez l'interroger. Quand vous faites un gâteau, laissez-le s'amuser avec le verre doseur. Si votre enfant s'intéresse au sport, qu'il prenne conscience de ce que représente un hectomètre en regardant courir des athlètes, en courant lui-même sur cent mètres. S'il danse, qu'il imagine la longueur d'un grand écart. Familiarisez-le avec le très petit (Combien pèse une plume ? un petit pois ?), avec le très grand (Quelle est la distance entre la maison et l'école ? Combien de litres d'eau doit-on mettre dans une piscine pour la remplir ?). Vous pouvez également réaliser un tableau avec votre enfant pour qu'à chaque mesure corresponde l'un de ses exemples. Ainsi, dans la case réservée au décamètre, il dessine l'exemple référence qu'il a trouvé : le couloir de votre maison. Le tableau permet les comparaisons, donne à voir des images concrètes, toutes choses qui favorisent la mémorisation[3].

→ VOIR CALCUL ; MATHS ; OPÉRATIONS ; NOMBRES

(2) Voir Listes.
(3) Voir le Tableau des mesures (p. 246).

PROFESSEUR
(mésentente avec un)

Votre enfant est en conflit avec son instituteur ou l'un de ses professeurs. La situation s'éternise. À vous de l'aider avant que cela n'ait des répercussions sur son travail : **la composante affective est importante dans les apprentissages scolaires.**

Il y a deux possibilités à cette mésentente :
— Ce que vit votre enfant, il le partage avec d'autres élèves de la classe. Dans ce cas, faites appel au délégué des parents, intermédiaire idéal pour tenter de résoudre le conflit.
— Il est seul concerné. Le problème peut être dû à une difficulté qu'il a dans la matière enseignée. Le caractère du professeur, ses facultés relationnelles et sa façon d'enseigner ne sont pas en cause.
Il peut aussi s'agir d'un problème de communication. Un incident quelconque, une parole maladroite, un geste peuvent avoir été mal interprétés par l'un ou par l'autre. Une punition, un rire, une fatigue, un mouvement d'humeur, une annotation sont des sources possibles de malentendu.

Il n'est pas facile de faire la part des choses. Deux erreurs sont à éviter pourtant. La première est de nier le problème et de ne pas écouter votre enfant. La seconde est de prendre fait et cause pour lui, sans poser de questions, et de mettre aussitôt l'enseignant en accusation.
Même dans le cas où certains signes semblent donner raison à l'enfant, tentez de relativiser la situation en ayant une discussion avec lui. Si, malgré cela, il ne parvient pas à la dédramatiser, poussez-le à en parler à son enseignant. Accompagnez-le s'il est en primaire ou trop angoissé pour faire seul cette démarche.
Il est rare qu'un entretien (abordez l'enseignant avec franchise et diplomatie) ne remette pas les choses à leur place, même s'il se peut que la relation ne devienne jamais idyllique : l'école n'est pas un milieu aseptisé ; certaines sympathies existent, certaines incompatibilités aussi.

PROJETS

Pour retenir une information, il faut qu'elle perdure au-delà du présent, et pour cela, qu'elle prenne place dans une perspective. C'est à celui qui apprend de la projeter dans l'avenir.
Schématiquement et arbitrairement, on va parler de trois projets : le projet de réutilisation, le projet de sens, le projet de vie, encore qu'ils aient tant de connexions entre eux que l'on peut parler d'un unique projet.

LE PROJET DE RÉUTILISATION

Comment Jordan (CE2) apprend-il sa poésie ? Avant de commencer, il sait qu'il aura à la réciter à sa mère, ce qu'il fait parfaitement une demi-heure plus tard. Or, le lendemain, quand la maîtresse l'interroge, il a un trou noir. L'intention de Jordan avait pour visée « réciter à maman ». Une fois accompli, le projet s'est éteint, et la référence du lendemain, « réciter à la maîtresse », n'ayant pas été promue par la conscience, Jordan est dans l'impossibilité de retrouver ce qu'il a placé dans un présent révolu.

QUAND, COMMENT ?

Voilà les questions que l'enfant doit se poser dès qu'il s'agit de stocker une information nouvelle : quand vais-je me servir de ce nouveau savoir ? Comment ? Quand vais-je utiliser ce que je sais à propos de *a*, de *à*, et de leur différence ? Comment ? [1]

QUAND ?

À l'école, pour un contrôle, une dictée, un devoir d'histoire ; à la maison, au cours d'une rédaction, mais aussi dans la vie extra-scolaire, pour tout texte écrit : une lettre par exemple

— À l'oral : le professeur peut m'interroger sur *à*. Qu'aurai-je à répondre à propos de sa nature, de sa fonction ?

— À l'écrit : cela peut être dans tout devoir où il me faut, afin de ne pas faire de faute, savoir reconnaître le *a* du *à*, dans un exercice à propos des prépositions, à propos du verbe *avoir* ou de *avoir* utilisé comme auxiliaire...

— Sous forme de définition : qu'est-ce qu'une préposition ?

— Sous forme d'exemple : trouver une phrase où la préposition *à* amène un verbe.

COMMENT ?

Comment vais-je utiliser ce que je sais ? Que vais-je faire s'il s'agit d'une dictée, par exemple ? Dès que je m'entends prononcer le mot, tandis que je l'écris, je le remplace par *avait* : si c'est possible, j'écris *a*, autrement j'écris *à*. Et je fais ainsi jusqu'à ce que cela doit devenu un automatisme.

Que dois-je savoir de *à* pour un exercice de grammaire ? Là, j'ai besoin de précisions qui ne me sont pas nécessaires pour l'orthographe : éventuellement sa nature, sa fonction dans la phrase, la liste des prépositions...

LE PROJET DE SENS

Ce projet découle d'une intention intérieure qui vise à donner un sens à toutes nos activités mentales. C'est Antoine de La Garanderie qui a introduit le terme « projet », celui-ci n'étant pas pris dans son sens habituel, c'est-à-dire « avoir des projets, un objectif à atteindre ». Il le définit plutôt dans le sens d'une intention qui échappe souvent à la conscience du sujet. Il s'agit d'un projet intérieur.

Le projet de sens permet de donner une existence mentale à une information. L'intériorisation de cette information n'est possible que si au fond de l'enfant naît l'intention ou la volonté de recréer en lui ce qui est perçu à l'extérieur de lui. Ainsi, il donne un sens, une direction à son activité mentale. Sans projet de s'approprier cette information, celle-ci reste à l'extérieur, sans vie, sans destinée.

Se mettre en projet, c'est donner sens et direction à son activité mentale, et ce avant même d'être en situation, avant même une lecture, un cours, l'apprentissage d'une leçon.

Je pose des questions à Arthur (4e) sur sa matinée.

« À quoi as-tu pensé avant le cours d'histoire ?

— J'ai pensé au cours d'après, le cours d'anglais : le professeur devait nous rendre des contrôles.

— Et avant ce cours d'anglais ?

— J'avais faim et je me suis demandé ce qu'on allait avoir pour le déjeuner. »

[1] Voir Savoir-faire.

Après interrogation, il semble qu'Arthur se trouve toujours dans une succession d'« après » et qu'il ne soit jamais dans la situation de donner un sens d'avenir à ce qui va être dit et fait en cours. Même s'il est attentif, s'il comprend le cours, il ne place pas celui-ci sur un horizon d'avenir. Son projet est fermé. Il est une suite d'instants d'un temps scolaire qui s'écoule jusqu'au moment où il est libéré de la classe et rentre chez lui.

D'où naît la motivation ? Pour Antoine de La Garanderie, elle a son origine à l'intérieur de l'enfant, dans le cœur des projets de sens, et peut difficilement être initiée par les autres si l'enfant n'adhère pas à leur désir. Motiver quelqu'un à faire quelque chose, c'est le rendre à ses projets de sens, en détailler l'architecture et la finalité[2].

LE PROJET DE VIE

Pour que l'enfant s'implique dans ce qu'il apprend, il faut qu'il ait un projet personnel qui donne un sens à son apprentissage. **Le projet de vie n'est pas le projet de l'élève mais celui de l'enfant.**
Il se projette dans l'avenir, il y projette une image positive de lui-même, et c'est la coïncidence entre son projet et l'apprentissage qui donne un sens à cet apprentissage.
Sans projet de vie, où peut-il trouver une motivation à un apprentissage qui demande des efforts, des contraintes, parfois des souffrances ? Le savoir n'a pas de sens pour lui. Il ne fait pas sens.
Mais qu'est-ce qui fait sens ? Tout ce qui implique l'enfant répond à une interrogation intérieure, ce qui le valorise et ajoute à sa construction. Ce savoir le touche alors, le mobilise, le rend disponible ; il a la conscience de son utilité, il peut alors s'y investir, le mémoriser dans le but de le réutiliser.
Pour prendre forme, exister, ce projet doit coïncider avec le projet de vie de la famille, de ceux qui sont proches affectivement. Un enfant se tend vers l'avenir, s'y projette s'il peut imaginer, même confusément, inconsciemment, cet avenir. Pour cela, il doit se sentir en sécurité dans le présent. Sans sécurité affective, il n'y a pas de futur possible, et sans futur aucun projet de vie ne peut émerger.

→ VOIR MOTIVATION

(2) A. de La Garanderie, *Comprendre et Imaginer*, Le Centurion, 1987.

REDOUBLEMENT

« Faut-il le faire redoubler ? » Chaque année, des parents inquiets, voire angoissés, me posent cette question. Que leur répondre ? Tant d'enjeux entrent en compte ; chaque cas est différent. Il faut pourtant savoir que :
— **le redoublement ne peut être considéré comme une aide pédagogique efficace.** Il revient aux parents d'aider l'enfant à reconstruire les bases manquantes ;
— **il ne doit pas être seulement justifié. Il faut qu'il soit nécessaire et reconnu comme tel par l'enfant.**

LE REDOUBLEMENT CATASTROPHE

C'est celui des élèves qui s'installent dans un engrenage de démotivation et de désintérêt scolaire. Ils recommencent

une année à l'identique. Pourquoi travailleraient-ils davantage ? Le redoublement est souvent mal vécu s'ils le ressentent comme une injustice ou, à l'inverse, se sentent jugés, reconnus pour ce qu'ils croient être, c'est-à-dire inaptes aux études. Pour quelles raisons cela changerait-il ? À quoi bon alors faire un effort ? Et on se trouve avec des redoublants pas meilleurs élèves que l'année d'avant. Pour Jacques Georges, professeur honoraire, « le redoublement pèse sur le jugement des professeurs et il amène les élèves à raboter leurs ambitions[1] ». Ces derniers, après avoir recommencé une classe au collège, sont pratiquement moitié moins nombreux à demander leur passage en seconde générale. Or, dit-il, la Finlande, où le redoublement n'affecte que 0,5 % des élèves, est l'un des pays les mieux classés quant aux résultats scolaires.
On peut dès lors s'interroger sur l'efficacité du redoublement. De plus, être séparés des copains, devoir partager leur temps avec des plus jeunes, est considéré par les redoublants comme une régression, et ils rompent avec leur désir d'apprendre. Si l'on n'y prend pas garde, cela risque de s'installer pour toute la scolarité. Le redoublement peut laisser des traces non seulement sur le plan scolaire, mais aussi sur le plan affectif.

LE REDOUBLEMENT PROFITABLE

Redoubler peut être profitable aux élèves quand leur manquent trop d'acquis fondamentaux, ou s'ils sont des anxieux allant de difficulté en échec et n'arrivant plus du tout à s'en sortir eux-mêmes de recommencer une année. Ils doivent décider avec l'intention de se remettre à niveau. Le redoublement est pertinent s'il est vécu comme un projet, un temps utilisé pour reconstruire les bases manquantes, pour acquérir des automatismes et des méthodes de travail plus efficaces.
Mais attention, il ne faut pas imaginer que cela va se faire tout seul, même si l'enfant en a le désir. À l'école, rien n'existe pour les élèves redoublants, qui devraient être pris « doublement » en charge, ce qu'un enseignant en classe n'a pas le temps de faire. Il revient donc aux parents de réfléchir avec l'enfant à ce qui peut être mis en place pour l'aider à s'épanouir intellectuellement au cours de cette année délicate.

(1) Jacques Georges, *Les Cahiers pédagogiques*, n° 433, mai 2005.

RÉFLEXION

Qu'est-ce que la réflexion ? Le « retour de la pensée sur elle-même en vue d'examiner plus à fond une idée, une situation, un problème[1] ». Quand on réfléchit, on fait retour à ses connaissances pour pouvoir faire le tour de la question posée, d'y répondre. On confronte la question posée, le problème aux acquis pour arriver au sens.
La réflexion tient de la mémorisation, de la compréhension et de l'imagination.
Mémorisation : dans l'acte mental de réflexion, on puise dans sa tête des informations qui y sont stockées.
Compréhension : de ce retour en mémoire, de ces va-et-vient entre les acquis et la question, naissent des compréhensions parcellaires, des intuitions, des illuminations.

(1) Définition du dictionnaire *Le Robert*.

Imagination enfin, car il en faut pour aborder la question posée selon plusieurs points de vue, pour partir dans la mémoire à la recherche d'éléments (mais lesquels ?), d'ensembles constitués, institués. Il faut une liberté, une capacité d'adaptation à l'inédit, qui appartiennent à l'imagination.

Il ne sert à rien de dire à l'enfant de réfléchir, car cela ne signifie pas grand-chose pour lui. Montrez-lui plutôt comment faire. Quand vous travaillez ensemble sur un texte en anglais, ne lui offrez pas des traductions toutes faites, mettez en avant vos hésitations, les éliminations que vous faites dans vos acquis, et les raisons de vos choix. Montrez-lui comment vous parvenez au sens.
Faites de même avec un problème de maths, un exercice de physique.
Réfléchissez à deux. Entraînez-le. Pour cela, choisissez des exercices où votre enfant peut exercer sa réflexion et non des exercices de simple application.
Et puis parlez avec lui. Discutez de sujets divers et qui l'intéressent. Justifiez vos opinions, acceptez les siennes sans jugement, mais en demandant pareillement qu'il les justifie.

Apprenez-lui que réfléchir, c'est au moins autant se poser des questions qu'apporter des réponses.

→ VOIR ACQUIS ET PRÉREQUIS ; IMAGINATION ; EXPRESSION ÉCRITE (RECHERCHE D'IDÉES D'UN SUJET DE RÉFLEXION)

RELAXATION ET RESPIRATION

Il faut habituer l'enfant à être à l'écoute de son corps, à évaluer ses besoins élémentaires de repos, à les reconnaître à l'heure où ils se présentent et à les gérer selon son rythme. On peut facilement se reposer entre deux séquences de travail grâce à des pauses.

La pause-éclair : dix bâillements. Ils oxygènent le cerveau.

La mini-pause : de deux à trois minutes. Assis à son bureau, on pose la tête sur les bras et l'on ferme tout simplement les yeux en évitant de penser à son travail.

La pause express : cinq minutes. Elle permet de trouver le calme, de se défatiguer (tension nerveuse, tension oculaire).

La mini-sieste : sommeil de vingt minutes. Elle est à faire allongé ou à califourchon sur une chaise, la tête appuyée sur le dossier.

La sieste : selon chacun, elle peut varier entre une heure et quart et deux heures, temps qui correspond à un cycle de sommeil.

FICHE **ÉLÈVE**

PAUSE EXPRESS

Cette pause permet de se reposer entre deux séquences de travail. Elle se fait sans que l'on ait à quitter son bureau.

1. **Je pose mes coudes sur la table.**

2. **Je place mes yeux dans mes paumes arrondies comme des coques.** Les doigts d'une main sont placés sur ceux de l'autre main, les pouces écartés reposent sur le côté de la tête. Je ne dois pas appuyer sur mes yeux, je laisse mes narines bien dégagées.

3. **Je reste ainsi cinq minutes. Je chasse toutes les pensées concernant mon travail.** Je pense au ciel (nuages, oiseaux, vent...), je peux voler. Je pense au fond de la mer (poissons, rochers, courant...), je peux nager.

4. **Si j'entends un bruit extérieur, je ne m'y attache pas.** Le bruit est là, mais il ne me gêne pas.

FICHE **ÉLÈVE**

RELAXATION

LA POUPÉE DE CHIFFON

Je m'assois sur une chaise. Je pose mes avant-bras et mes mains bien à plat sur les cuisses. J'ai le dos rond. Je baisse la tête en avant.

Je relâche mes muscles. Ceux des jambes, puis ceux des bras, du dos. Je relâche les muscles de ma nuque. Je n'oublie pas de décrisper ma bouche.

Je ferme les yeux. Je chasse toutes les pensées concernant le travail. Je laisse venir à moi des images agréables telles que le vol d'une nuée d'oiseaux dans le ciel, ou le mouvement de nuages poussés par le vent, ou celui des algues que berce le courant.

Je reste ainsi quelques minutes.

LE CHAT

Je suis à genoux, les mains appuyées sur le sol devant moi.

J'inspire en faisant le dos rond, je rentre la tête.

J'expire en creusant le dos, je lève la tête.
Je fais ce mouvement sans forcer, avec beaucoup de souplesse, une quinzaine de fois.

FICHE ÉLÈVE

RESPIRATION

Je fais des respirations calmes et profondes pendant quelques minutes, deux fois par jour. J'inspire et j'expire si possible par le nez. L'important est d'être conscient de ma respiration.

LA RESPIRATION ET LE VENTRE

À faire allongé, assis ou debout.

Je pose mes mains sur mon ventre. Je le sens se gonfler à l'inspiration, se dégonfler à l'expiration.

Ma respiration est ample et tranquille.

Je me concentre sur les mouvements de mon ventre. Il se remplit d'air, se vide. J'inspire et je sens sous mes mains mon ventre se gonfler. J'expire, je chasse l'air de mon ventre ; il se vide.

RESPIRATION LIÉE À UN MOUVEMENT IMAGINAIRE

À faire debout.

Chaque fois que j'inspire, j'imagine que mes bras se soulèvent comme s'ils devenaient légers, comme les ailes d'un oiseau qui vole.

Chaque fois que j'expire, je sens mes bras redescendre, se poser contre mes flancs, comme les ailes qui se replient, reviennent contre le corps de l'oiseau.

Ce mouvement est imaginaire. En réalité, je reste immobile.

RESPIRATION LIÉE À UN MOUVEMENT

À faire debout.

Je respire en m'aidant d'un mouvement des bras.

Je croise ensemble les doigts de mes mains.

J'inspire en montant les bras au-dessus de ma tête. Mes doigts sont croisés et mes bras en s'élevant forment une courbe devant moi.

J'expire en baissant les bras. Je garde les doigts croisés. Mes bras descendent verticalement comme si j'appuyais sur quelque chose.

FICHE ÉLÈVE

RELAXATION DES YEUX

L'HORLOGE

Cet exercice est bon pour la musculation des yeux. Il s'adresse principalement à ceux qui portent des lunettes, ce qui limite leur champ de vision. Il évite la fatigue visuelle lors de longs apprentissages dans les livres.

Je tourne les yeux lentement sans bouger la tête. Je les tourne dans un sens puis dans l'autre.

Je lève les yeux comme si je voulais regarder le plafond, puis je les baisse comme pour regarder le sol, mais sans faire de mouvements avec la tête.

Je regarde à droite, à gauche ; là encore, je reste immobile.

Je trace des diagonales avec mes yeux.

Après ces exercices, je n'oublie pas de reposer mes yeux : je les place dans mes paumes arrondies comme des coques, les doigts d'une main sont posés sur ceux de l'autre main, je mets les pouces écartés sur le côté de la tête.

Je fais attention à ne pas presser sur mes yeux, à ne pas gêner ma respiration.

Pour avoir une position plus confortable, j'appuie mes coudes sur une table ou sur mes cuisses.

Je reste ainsi pendant une ou deux minutes.

REPOS EXPRESS DES YEUX

Je prends l'habitude de poser mon regard sur une surface lisse et vide (un bout de mur) pendant deux ou trois minutes, plusieurs fois par jour (pendant la publicité à la télévision, par exemple). Mon regard est dans le vague. Mes yeux ne fixent plus, ils sont au repos.

RELAXATION DES YEUX

Je cille une vingtaine de fois sans forcer.
Paupières fermées, je fais rouler doucement mes yeux.

FICHE PARENT

RELAXATION ET RESPIRATION

La relaxation permet un relâchement volontaire, physique et mental. C'est une pratique qui augmente la faculté d'attention, la concentration. Bien entendu, pour être moins stressé pendant les contrôles, le mieux est de faire des exercices régulièrement.

Une bonne respiration oxygène le cerveau, ce qui permet la concentration, un meilleur travail intellectuel, une plus grande facilité à l'effort. La respiration aide à la relaxation. Nasale, rythmée et profonde, elle est un remède à l'anxiété et au trac.

RÉPONSE
(la bonne)

Rien n'est plus catastrophique que certains examens passés aux États-Unis et au Canada. Le candidat n'a pas à exprimer une idée, il répond par l'affirmative ou la négative à des questions, ou encore il choisit une réponse parmi d'autres. On remarque de plus en plus souvent dans les cahiers des élèves cette procédure de vérification des connaissances, ce qui montre que la pratique commence à se répandre en France. « L'apprenant » est mis dans une situation de mémorisation partielle et de reconnaissance visuelle (mémoire très performante) et non de réflexion, on ne lui demande même pas de restituer un savoir mais d'être dans la reconnaissance, comme dans certains jeux télévisés. « Qui a écrit *Le Bourgeois gentilhomme* ? Corneille, Racine ou Molière ? » Et lui, qui ne saurait répondre à cette question si aucun nom n'était proposé, donne la réponse exacte par élimination ou vague réminiscence. Il n'est pas mis dans la situation de mémoriser un ensemble, de donner du sens à des savoirs qui lui sont offerts et qu'il va intégrer en lui pour en faire un tout cohérent et solide.
À force d'enfermer les élèves dans un système de résultat et non de travail mental, ils ne passent ni par la compréhension ni pas la réflexion, et face à un problème de maths, cherchent magiquement l'opération à poser. Résoudre un problème signifie pour eux deviner l'opération à poser, c'est-à-dire la bonne réponse. Ainsi Océane, qui reste immobile de longues minutes, les yeux rivés à un énoncé de mathématiques. Elle regarde en l'air. Replonge son nez dans son cahier.
« À quoi penses-tu ?
— Je cherche.
— Tu cherches quoi ?
— J'hésite entre une division et une soustraction.
— Peux-tu m'expliquer ce que tu as compris au problème ? Parle-moi de l'énoncé et de ce qui t'est demandé. »
Océane peut répéter mot à mot l'énoncé, mais elle ne l'a pas compris, elle ne l'a pas exploré. Elle est restée à la recherche de la réponse demandée, celle qui ferait qu'elle aurait « tout juste ».
Les enfants qui ne passent pas, dans l'apprentissage, par un travail personnel d'exploration, de réflexion, donnent parfois des réponses dépourvues de sens comme Océane, qui, connaissant le prix d'un livre et le nombre de livres achetés, écrit que 20 livres ne coûtent rien du tout. Elle a soustrait de 20 euros (prix d'un livre) le nombre de livres achetés (20 exemplaires).

→ VOIR RÉFLEXION

SAVOIR-FAIRE

SAVOIR APPLIQUER

Écouter un cours, le comprendre ne suffit pas pour dire qu'il y a eu apprentissage. Celui-ci se mesure à ce qui reste en mémoire : des connaissances et des habiletés accessibles et applicables.
Savoir faire, c'est être capable de mettre en pratique les connaissances apprises.

Appliquer les règles de grammaire dans un travail écrit, se servir d'un théorème, appliquer un algorithme pour une division sont des savoir-faire. Savoir-faire indispensables donc pour écrire sans faute, résoudre un exercice de géométrie ou faire une division.

Jean-Baptiste (CE2) m'est amené par sa mère après les vacances de Toussaint. Son instituteur désire le changer de classe, c'est-à-dire le faire redescendre en CE1, ce qui l'angoisse fortement. « Trop lent, distrait, fait des fautes aux choses qu'il connaît », se plaint l'enseignant. Or il n'a jamais été question à la fin du CE1 de le faire redoubler. Il est vrai que l'instituteur a une classe à plusieurs niveaux. Il enseigne à douze élèves se partageant entre le CP et le CM2. Il en a deux en CE2, dont Jean-Baptiste, qui travaillent à des rythmes très différents.

Je fais le bilan pédagogique de Jean-Baptiste, qui se révèle être un enfant plutôt introverti, timide, peu sûr de lui. Il a une bonne mémoire des graphies (orthographe des mots) et des informations entendues et lues (le cours de l'enseignant, les leçons).

À propos du futur, il dit que « c'est ce que l'on a devant soi ». Il sait que le verbe s'accorde avec le sujet et que « l'adjectif s'accorde avec le nom qu'il caractérise ». Sa lenteur, ses erreurs viennent du fait qu'il connaît des règles mais ne sait pas comment les appliquer. Il manque de modes d'emploi. **Quand, comment puis-je appliquer cette règle**[1] **?**

Quand Jean-Baptiste doit mettre au futur les verbes aider, être ou devenir, il s'entend dire dans la tête : « Le futur est ce que l'on a devant soi », ce qui est sans doute vrai, mais ce qui ne l'aide pas dans son exercice. De même, si au cours d'une dictée, il écrit : *il voulaient* ou *les chevaux galopait*, ce n'est pas qu'il est distrait mais il ne sait pas accorder un sujet et un verbe, car il ne sait pas repérer les sujets. Comment les trouver parmi tous ces sons, ces graphies, ces bouts de sens, ces mots ? Et comment repérer les adjectifs et les noms qu'ils caractérisent ?

Cet enfant a besoin de modes d'emploi précis auxquels il faut revenir jusqu'à ce qu'ils soient automatisés. Dans son cas, il ne sert à rien de répéter les règles qu'il connaît, il faut plutôt vérifier qu'il peut les appliquer non seulement dans un exercice, mais aussi dans tout texte écrit.

Jean-Baptiste vient me voir une fois par semaine. Je construis avec lui ses bases de grammaire : je lui donne des savoir-faire. Je vérifie qu'il pense à les utiliser, qu'il a de bons réflexes. À Noël, l'instituteur note de gros progrès dans son travail.

→ QUAND ? COMMENT ?

Connaître un théorème, une formule, une règle n'est pas suffisant, encore faut-il savoir *quand* les appliquer.

Quand aurai-je à utiliser en anglais *since* et quand aurai-je à utiliser *for* ? Comment savoir que j'aurai à me servir du théorème « Le carré de l'hypoténuse est égal à la somme des carrés des deux autres carrés » ?

Connaître une règle n'est pas suffisant, encore faut-il savoir *comment* l'appliquer.

L'enfant apprend l'une des règles d'accord du participe passé : « Le participe passé conjugué avec l'auxiliaire avoir s'accorde en genre et en nombre avec le complément d'objet direct si celui-ci est placé avant le verbe. » Connaître cette règle par cœur ne va pas vraiment l'aider lorsqu'il

(1) Voir Projet ; Erreurs ; Corrections

rencontrera un participe passé, dans une dictée par exemple. Alors on lui apprend un savoir-faire précis pour qu'il sache l'utiliser.

« Quand je dois écrire un participe passé, je me demande qui est l'auxiliaire : être ou avoir ?

— Avoir.

— Alors je cherche le COD. Où est-il placé ? Avant ou après le verbe ?

— Avant.

— Alors j'accorde le participe passé avec ce COD. »

Si l'enfant fait plus tard une faute à cette règle et qu'il écrit : *les pommes que j'ai mangé*, ne lui dites pas : « Tu aurais dû accorder et mettre *es* à la fin de *mangé* », mais faites-le revenir au savoir-faire : « Je me demande qui est l'auxiliaire ? *ai*, donc l'auxiliaire *avoir*. Alors, je cherche le COD : *les pommes*. Où est placé *les pommes* ? » Etc.

L'EXEMPLE ET LA RÈGLE

Noémi vient à mon bureau pour des problèmes scolaires — graves aux dires de son enseignant. Or ses contrôles ne me semblent pas mauvais. Elle est dans la moyenne de la classe. À l'examen de ses devoirs, il ressort, entre autres, qu'elle a besoin de règles précises et de connaître la raison de ces règles pour savoir faire des exercices d'application. Or, pour son enseignant, tout passe par les exemples, il survole la règle, qu'il ne donne qu'en fin de parcours. Noémi, par ailleurs très performante, a des difficultés dès qu'en classe on aborde quelque chose de nouveau. Le professeur dit qu'elle a toujours « un train en retard », qu'elle a « l'esprit anormalement lent », ce que démentent ses bons résultats de l'année précédente et cette façon de s'approprier quand même la connaissance, ce à quoi beaucoup dans son cas renoncent.

En situation d'apprentissage, Noémi se questionne sur le sens. « Pourquoi, dit-elle, faut-il mettre des retenues en bas dans une soustraction alors que dans les additions on les met en haut ? » D'autres élèves, tout comme elle, veulent savoir le pourquoi des choses. Ils peuvent difficilement faire un exercice d'application s'ils n'ont pas compris. Pour cela, ils ont besoin de savoir pourquoi ils doivent suivre telle démarche et s'il existe des exceptions, d'autres utilisations à cette connaissance, d'autres façons de faire. Ils posent souvent des questions. « Pourquoi le président Roosevelt a-t-il décidé de subventionner les agriculteurs s'ils réduisaient leur production ? Comment cela pouvait aider le pays à sortir de la crise ? » (Matteo, 3e)

« À quoi sert la présence de 2ab dans le deuxième terme de l'identité remarquable (a + b)2 = a2 + b2 + 2ab ? (Emma, 4e).

CONSTRUIRE DES COMPÉTENCES

On dit qu'un élève a une compétence dans un domaine quand il est capable de l'utiliser dans des situations complexes, en mettant en œuvre des savoirs et des savoir-faire. Ces situations peuvent appartenir à une discipline (connaissance de la division) ou être transversales, c'est-à-dire appartenir à plusieurs disciplines (lire un énoncé, s'organiser dans son travail, s'exprimer à l'oral). L'enfant ne maîtrise pas seulement l'algorithme de la division, il sait l'utiliser à bon escient sans qu'on lui dise qu'il a à le faire. Il sait s'approprier un énoncé, que ce soit en français ou en mathématiques.

Une compétence se construit au fil des années et des confrontations. Il y a des degrés de complexité, ce qui fait qu'une compétence considérée comme « acquise » au CP peut être considérée comme « pas encore acquise » au CE1, non que l'enfant l'ait oubliée, mais il lui faut passer maintenant à un degré supérieur, l'adapter à des nouvelles données.

SENS

(le sens dans l'apprentissage)

Certains cours contiennent des mots (souvent nombreux) qui ne renvoient l'enfant à rien, rien de ce qu'il connaît, rien de concret, d'où l'impossibilité de créer du sens : les dates trop nombreuses et non associées entre elles ; les listes de noms de dieux et déesses grecs, pas rattachés à une histoire, à un mythe, qui leur donneraient vie ; des cartes de géographie, intéressantes pour des adultes ayant quelques connaissances mais trop denses pour des enfants encore ignorants de ces lieux, de ces villes, de ces fleuves. Un tel enseignement tue la motivation des élèves.

Dans une leçon d'histoire sur la Grèce antique, le théâtre est résumé en une phrase. Il est dit qu'à partir du culte de Dionysos, dieu du Vin, le théâtre connaît un immense succès ; puis sont nommés Eschyle, Sophocle, Euripide et Aristophane, sans autre explication sur qui ils sont. Que signifie ce « à partir de » ? Pour celui qui ne connaît pas la civilisation grecque, quel est le lien entre Dionysos et le théâtre ? Rien dans le texte ne permet de comprendre que les processions tumultueuses, les concours de dithyrambes (poèmes lyriques à la louange du dieu) et l'utilisation du masque pendant les fêtes en l'honneur de Dionysos donnèrent naissance à la comédie, à la tragédie, au drame satyrique, bref au théâtre.

Pour un adulte un tant soit peu cultivé, cette page est un bon résumé de la Grèce classique, pour un adulte qui l'est moins, elle n'est guère parlante. Alors on ne donne aucune chance à un collégien de se saisir du sens et, pis, on le condamne à ne plus avoir l'envie d'ouvrir un livre d'histoire ou même, ce qui est plus grave encore, de s'intéresser à quoi que ce soit en rapport avec les civilisations antiques.

Dans un exercice de grammaire donné en 5e, il était demandé aux élèves de « transformer des phrases en phrases nominales ». Lisant « La balance commerciale reste déficitaire », ils devaient écrire : « Déficit stationnaire de la balance commerciale ». Que veut dire pour un adolescent de cet âge une balance commerciale ? un déficit stationnaire ? Où peut-il trouver en lui les images de référence pour comprendre cette phrase ? Comment peut-il être assez intéressé par ces mots pour les traduire dans sa propre langue, c'est-à-dire en sens ?

Comment, avec un tel exercice, espérer qu'il soit motivé, attentif ? Or il ne faut pas oublier que la pensée consciente est étroitement subordonnée à l'attention. On pourrait même avancer que de l'attention dépend la pensée consciente, que c'est elle qui fait émerger la pensée, la structure, et la rapproche du langage.

Les adultes ont pour tâche d'aider l'enfant à se construire une pensée. Cela passe par la compréhension du monde, la réflexion, et non par des leçons qui excluent le passage par le sens, par des exercices dont l'aridité, la difficulté, voire l'absurdité, ne peuvent que le rebuter.

STRESS

Le stress n'est pas un mal réservé aux adultes. Des enfants vivent l'école dans un état de tension permanente. On note deux grandes périodes de stress :

— Le mois de mai, avec la perspective du conseil de classe, ou tout simplement en raison d'un travail accru — les enseignants, dans l'espoir de boucler le programme, demandant aux élèves de donner un dernier coup de collier.

— La rentrée, surtout celle liée à un changement. Elle concerne les élèves de CP, de 6e, de seconde et ceux qui quittent une école pour une autre.

Mais si elle est plus délicate pour certains, cette rentrée se révèle difficile pour tous. Après de longues vacances, ils doivent se réhabituer à des horaires stricts, au rythme de journées interminables. Horaires, devoirs, contraintes de la vie collective, angoisse de ne pas savoir, angoisse de ne pas comprendre, de déplaire aux enseignants, de décevoir les parents. Pression des professeurs qui veulent une classe performante, voire valorisante, inquiétude des parents qui se préoccupent de l'avenir de leur rejeton. Polarisation des uns et des autres sur le rendement, les résultats, les notes.

Souvent, la réussite scolaire devient pour les parents la priorité numéro un, aux dépens de l'équilibre familial, de l'épanouissement de l'enfant. Elle ne doit pourtant en aucune façon devenir l'enjeu de la relation affective. Si vous voulez préserver l'harmonie au sein de votre famille, si vous souhaitez aider efficacement votre enfant, consacrez autant de temps à des activités partagées (lecture, jeu, sport) qu'au travail. Combien d'adolescents se plaignent de n'avoir pas de communication avec leurs parents autre que l'école ! Soyez vigilant : maux de tête ou de ventre, tics, troubles du sommeil ou de l'appétit, cauchemars doivent être pris au sérieux s'ils persistent. Ce sont peut-être les signes du stress subi par votre enfant.

CE QUE DISENT LES ENFANTS

Nicolas, 13 ans : « À quoi ça sert de parler à mes parents, ils en reviennent toujours à l'école. »

Fabien, 14 ans : « Mes notes, il n'y a que ça qui les intéresse. »

Elsa, 12 ans : « De toute façon, ils rentrent tous les deux à l'heure du dîner. Ils me demandent si j'ai fait mes devoirs, parfois maman vérifie mon cahier de textes. Puis quand on a fini de dîner, ils me disent d'aller me coucher. »

SURDOUÉ (enfant)

Qu'est-ce qu'un surdoué ? Si l'on s'en tient aux critères du fameux test de Lewis Terman (appelé Q.I., quotient intellectuel), l'intelligence moyenne (70 % des enfants)

se situe sur une courbe entre 85 et 115, et les enfants sont près de 15 % à dépasser 115. Un enfant est dit « brillant » ou surdoué quand il atteint 130. Il fait alors partie des 2 % qui répondent à ce cas.
Qu'est-ce que le Q.I. ? Des tests, instruments pratiques de mesure basés sur des statistiques. Est dit intelligent celui qui est capable de réaliser les activités intellectuelles réussies par la moyenne des individus de son âge.
Enfants doués ou surdoués ? Il est délicat de se fier seulement à des tests qui ciblent surtout la logique, le langage, laissent de côté les autres approches du monde (intelligences relationnelle, intuitive, adaptation à son environnement social et culturel, etc.[1]), et ne prennent pas en compte les aléas de l'apprentissage. Prenons deux enfants du même âge passant le même test. Par hasard, l'un vient d'apprendre des mots nouveaux que l'autre n'a pas encore rencontrés. Le premier sera crédité de points qui feront une différence dans son Q.I.
De plus, des enfants doués sont en souffrance à l'école, la plupart s'y ennuient : leurs résultats sont mauvais, on peut les croire cancres ou même « sous-doués ». Il est également des surdoués qui dissimulent leur facilité pour ne pas être différents de leurs camarades. Ainsi Bastien, en moyenne section de maternelle. Sa maîtresse demande aux petits s'ils savent compter. Bastien se met à compter avec les autres, 1, 2, 3, 4, 5... et s'aperçoit soudain qu'il est seul à le faire depuis un bon moment ; il s'arrête, prétendant ne pas en savoir davantage, alors que les nombres jusqu'au milliard n'ont pas de secret pour lui, et qu'il évoque même l'infini, à 4 ans !

(1) Voir Intelligence.

DOIT-IL SAUTER UNE CLASSE ?

Voilà la grande question posée par tous les parents d'enfants surdoués qui viennent consulter. Faut-il les laisser avec leurs copains, au risque qu'ils finissent par s'ennuyer, perdre toute motivation et ne plus travailler ? Ou, au contraire, leur faire sauter une classe, le danger étant, là, de les isoler parmi de plus grands ? Est-il conseillé de les mettre dans une école spécialisée, et peut-être de les éloigner de la famille, de leurs amis, de leur faire perdre leurs repères affectifs ?
Une expérience a été menée aux États-Unis sur deux cents enfants surdoués en mathématiques (M.A. Swiatek et C. Persson Benbow, 1991). La moitié a poursuivi normalement ses études, l'autre a sauté une classe. Cette expérience, étude à la fois intellectuelle et psychosociale, s'est poursuivie sur des années. Que disent les résultats ?
Dix ans plus tard, les élèves « accélérés » et les « non accélérés » sont toujours brillants : 98 % sont entrés à l'université, 28 % ont été premiers de leur promotion. Les élèves accélérés n'ont pas souffert sur le plan affectif et social. Activités extrascolaires, estime de soi, relation avec les autres ; rien ne différencie vraiment les uns des autres, si ce n'est pour les accélérés cette année gagnée. Mais gagnée pour quoi ?
Sauter une classe peut être facilité par un changement d'école (entrée au collège notamment, ou à l'occasion d'un déménagement). Le mieux est d'être attentif à ce que l'enfant peut exprimer (souffrance, ennui, enthousiasme), de le faire parler, de lui présenter les choix qui s'offrent à lui et de le laisser décider.

TABLEAUX

Les savoirs scolaires ont le tort de rester trop souvent morcelés, comme autant de pièces d'un puzzle que l'on n'assemble jamais. On apprend un jour le futur du verbe avoir et du verbe chanter, et la semaine d'après, leur imparfait ; l'année qui suit, le passé composé et le futur antérieur de ces mêmes verbes. Ils sont rarement regroupés, comparés, ou alors à l'occasion, alors que cela devrait être systématique.
Même chose en ce qui concerne les natures et les fonctions des mots. Sont enseignés les noms, les sujets, les compléments d'objet, les adjectifs qualificatifs... Or la grammaire ne peut être une accumulation de savoirs. Elle doit être présentée comme une toile de fond sur laquelle l'enfant reporte ses nouvelles connaissances. Il établit alors des liens entre ses savoirs, il les structure, les hiérarchise.

Certaines connaissances doivent être regroupées en tableaux :
— les tables de multiplication,
— les conjugaisons (être, avoir, 1er, 2e et 3e groupes),
— les mesures (longueur, capacité, masse)[1],
— les différentes natures et fonctions[2].

Le tableau regroupant les tables de multiplication permet à l'enfant, quand il en apprend une, de revoir celles qu'il connaît déjà (répétition permettant la mémoire à long terme). Il présente, pour une meilleure mémorisation visuelle, les tables comme la *figure 2*, et non comme on les donne parfois aux élèves (*figure 1*).

1	2	3	4
2	4	6	8
3	6	9	12
4	8	12	16

Figure 1

1 x 2 = 2
2 x 2 = 4
3 x 2 = 6
4 x 2 = 8

Figure 2

Le tableau des conjugaisons met à sa disposition les verbes *être* et *avoir* et un verbe régulier de chacun des trois groupes, soit cinq verbes. L'enfant peut comparer les terminaisons de ces verbes, non seulement pour un même verbe (je chant*ais* à l'imparfait et je chant*ai* au passé simple, je finir*ai* au futur et je finir*ais* au conditionnel présent), mais pour des verbes de groupe différent, quels que soient le temps et le verbe (après *ils*, le verbe se termine toujours par *nt* ; après *il*, par *d*, *a*, *t*, *e* ; après *nous* par *s*.

Le tableau des mesures, qui contient autant de dessins que de mesures, apporte du sens à ces mots. L'image d'un confetti (un centigramme) ou celle d'une goutte d'eau (un millilitre) aide les élèves à se représenter concrètement des mesures. Aussi, quand ils ont à résoudre des problèmes de mathématiques, ils lisent des énoncés dont ils peuvent se faire des images, des énoncés qui ont un sens.

Le tableau regroupant toutes les natures et les fonctions est l'essentiel de la grammaire dont l'enfant a besoin tout autant en primaire qu'au collège. Il structure ce savoir.

Ces quatre tableaux sont :
— clairs et lisibles ;
— collés de préférence sur une surface semi-rigide (carton léger) pour une longue utilisation. Ne pas oublier que l'enfant s'y réfère pendant des années ;
— rangés de façon à être facilement accessibles.

(1) Voir Tableau des mesures, page 246
(2) Voir Tableau des natures et des fonctions, page 244

TRAC ET ANGOISSE

La peur précipite la respiration, les battements du cœur. Elle bloque les ressources intellectuelles. Elle est responsable des trous de mémoire. Cette peur, les élèves ne l'affrontent pas seulement à la fin de leurs études, pendant les examens ; beaucoup y font face pendant toute leur scolarité, à chaque contrôle et quand ils doivent s'exprimer oralement.

LA PEUR DES CONTRÔLES

La peur de ne pas réussir, de ne pas avoir une bonne note sera sans doute moins handicapante si vous apprenez à votre enfant que ce n'est pas tant cette note qui importe que le sérieux du travail qui est fait chaque jour. **Le contrôle n'est pas le baromètre de son intelligence, encore moins de son amour pour vous ou de votre amour pour lui, mais simplement un éclairage sur son travail à un moment donné, sur ce qui a été assimilé, sur les points à reprendre.**

LA PEUR À L'ORAL

Faites-lui imaginer qu'il est debout en classe et qu'il récite une poésie, ou qu'il répond à son enseignant et que les autres écoutent. Il envisage que cela se passe bien, mais aussi qu'il a un trou ou qu'il se trompe. Que fait-il alors pour ne pas paniquer ? Que doit-il dire ? Doit-il tout recommencer ? Comment va-t-il retrouver le fil de sa pensée ?

L'ENTRAÎNEMENT POUR LE BREVET

Renseignez-vous auprès de professeurs sur le déroulement de l'examen (horaires, distribution des sujets, matériel utilisé...). Demandez à votre enfant de se projeter dans l'avenir et de s'imaginer dans les conditions de l'examen. Qu'il essaie de se représenter en train de passer les épreuves, et ce avec le plus de précision possible, en sachant que, forcément, les choses seront un peu différentes.

EXPRIMER SA PEUR

Parler, c'est anticiper les situations génératrices d'angoisse afin de parvenir à les contrôler. Ne faites pas taire votre enfant en lui disant « même gentiment » qu'il est « stupide », ou qu'il doit grandir, ou encore qu'il ne doit pas y penser. Au contraire, poussez-le à parler et cherchez avec lui que faire dans certaines circonstances précises :
— s'il a un trou au cours d'un exposé ;
— si un élève rit parce qu'il bégaye, cherche ses mots ou dit une bêtise ;
— s'il se trompe en récitant sa poésie.
Cherchez avec lui comment y remédier, comment retourner la situation à son avantage.

RELAXATION ET RESPIRATION

Relaxation et respiration[1] permettent de mieux gérer la peur, le stress. Encore faut-il les pratiquer assez régulièrement et ne pas attendre le jour du contrôle pour s'y mettre.

(1) Voir Relaxation et respiration

→ VOIR OUBLIS

TRAVAIL À LA MAISON

UNE PHASE D'APPRENTISSAGE INDISPENSABLE

En rentrant de l'école, l'enfant doit revenir sur les cours de la journée. S'il ne le fait pas à ce moment-là, il peinera davantage pour les apprendre les jours suivants, car une grande partie de ce qui a été enseigné sera sortie de sa mémoire.

→ LEÇONS D'HISTOIRE, DE GÉOGRAPHIE, DE SVT

L'enfant retrouve dans sa mémoire les idées essentielles de la leçon. Après quoi, il ouvre son cours. Il le relit pour comparer avec ce dont il se souvient.

Une autre révision, la veille du cours, devrait suffire pour connaître la leçon. Là encore, il doit retrouver la leçon dans sa mémoire ; il doit être capable de la structurer, c'est-à-dire d'extraire les idées principales, les idées secondaires. Puis il vérifie de nouveau qu'il ne s'est pas trompé, qu'il n'a rien oublié d'important.

→ MATHÉMATIQUES, PHYSIQUE

L'enfant cherche dans sa mémoire le théorème, la formule sur lesquels le professeur l'a fait travailler ce jour-là. Il recommence les exercices faits en classe pour vérifier qu'il les a bien compris, qu'il a assimilé la leçon.

→ FRANÇAIS, LANGUES ÉTRANGÈRES

Il retrouve dans sa tête les notions, les règles étudiées ce jour-là (ou les exemples qui lui permettent de se servir de ces règles). Il se demande où, comment il aura à les utiliser. Il ne sert à rien de connaître une règle par cœur si l'on ne sait pas s'en servir. Il vérifie qu'il connaît son mode d'emploi. Il crée des exemples. Il cherche à se souvenir des mots nouveaux, de leur sens ; il les écrit avant de vérifier leur orthographe.

L'IMPLICATION DES PARENTS

Les cours, à l'école ou au collège, sont destinés à apprendre, le travail à la maison devant servir à consolider les connaissances, à les inscrire dans une mémoire à long terme. Or il n'en est pas tout à fait ainsi, ce que démontrent de nombreuses expériences, dont celles menées par Alain Lieury, professeur de psychologie à l'université Rennes-II. Les cours ne sont suffisants ni pour apprendre ni pour comprendre s'ils ne sont pas suivis par des séances d'apprentissage à la maison.

« Le grand tort de la pédagogie traditionnelle est sans doute de laisser, sans contrôle, la phase d'apprentissage pour le travail à la maison, et sans aide pour les élèves faibles », écrit Alain Lieury[1]. Cela se révèle parfois catastrophique pour les enfants en difficulté que les parents ne peuvent aider pour des raisons diverses.

Le travail à la maison est efficace à une condition : un minimum d'intérêt de la

part des parents. Et par intérêt, je n'entends pas celui pour les notes, mais pour ce qui sous-tend le projet[2] de l'enfant, pour ce qui l'intéresse, ce qu'il a vécu à l'école, pour sa vie émotionnelle, ou encore ses réussites et ses difficultés dans une matière.

L'apprentissage, quand il se fait avec l'aide des parents, dépend de la relation de travail, relation où doivent être alliés le ludique et la rigueur, le respect mutuel, l'écoute et la disponibilité.

L'une des grandes lois de l'apprentissage étant fondée sur la correction des erreurs et sur le sens qu'elles véhiculent, le travail à la maison doit coïncider avec ce qui a été fait pendant les cours. D'où l'importance de s'appuyer sur les devoirs et les contrôles[3].

LE COIN DE TRAVAIL

L'idéal pour étudier est un plan de travail vaste et dégagé, bien éclairé. Sur des étagères proches se trouvent les usuels dont l'enfant a besoin. Mais l'idéal n'est pas forcément les conditions dans lesquelles il aime travailler. Certains préfèrent un coin de table de la cuisine, d'autres aiment partager un espace avec leurs frères, et ils se font leur place, de quoi poser un livre et un cahier.

LES OUTILS

Apprenez à l'enfant à prendre de bonnes habitudes, à travailler avec ses outils à portée de main :
— ses fiches (mathématiques, etc.),
— ses listes[4],
— un atlas géographique et un atlas historique,
— des dictionnaires, éventuellement une encyclopédie,
— une grammaire,
— ses différents tableaux[5],
— un compas en état de marche, des surligneurs...

Prenez garde de ne pas renvoyer systématiquement votre enfant à son dictionnaire dès qu'il ne comprend pas un mot. Les définitions n'y sont pas toujours évidentes. Vous pouvez lui expliquer le sens du mot ou encore le chercher dans le dictionnaire avec lui. Donnez-lui des exemples et vérifiez qu'il a bien compris. S'il sait vous donner un exemple signifiant de ce mot, c'est qu'il en a intégré le sens. Habituez peu à peu votre enfant à consulter le dictionnaire.

LES SOURCES DE DOCUMENTATION À LA MAISON

LA RADIO, LA TÉLÉ

Les émissions culturelles historiques ou scientifiques sont des sources à ne pas négliger. Mais veillez à être sélectif.

INTERNET

Le réseau donne accès à une masse d'informations. Il suffit de taper les mots clés pertinents du sujet sur lequel on aimerait être informé pour que soient répertoriés tous les sites qui en parlent. La seule difficulté est de trier les sites sérieux et ceux qui le sont moins.

(1) Alain Lieury, Mémoire et réussite scolaire, Dunod, 1991.
(2) Voir Projet.
(3) Voir Corrections ; Cahier d'exercices (son rôle).
(4) Voir Listes.
(5) Voir Tableaux.

FICHE **PARENT**

TRAVAILLER AVEC SON ENFANT

Consacrez-lui au moins autant de temps pour parler, jouer, partager des activités, que pour travailler.

Chaque semaine ou chaque mois, prévoyez avec votre enfant le temps pendant lequel vous travaillerez ensemble. Déterminez avec lui des horaires précis. Tenez-vous à ce planning.

Les devoirs se font obligatoirement dans une atmosphère de détente. Rigueur et travail ne sont pas compatibles avec énervement et reproches : le cerveau n'enregistrant qu'une seule chose à la fois, l'enfant ne peut alors se concentrer, réfléchir ou mémoriser.

Pensez toujours à le féliciter pour chaque réussite, même minime. Cela l'aidera à progresser.

S'il ne comprend pas ce que vous lui expliquez, il y a plusieurs raisons possibles :
— Il est fatigué. Pensez à faire des pauses.
— Il lui manque une connaissance nécessaire à la compréhension, d'où la nécessité de retours fréquents aux acquis antérieurs[1].
— Votre énervement l'empêche d'enregistrer.
— Vos explications ne sont pas celles qu'il lui faut pour comprendre. Il ne sert à rien de les répéter et de les répéter encore. Essayez d'expliquer de façon différente, en dessinant, en vous servant d'exemples concrets, en utilisant des métaphores, etc. Faites preuve d'imagination. N'oubliez pas qu'il n'y a pas une seule manière d'expliquer les choses. Et la vôtre n'est pas forcément celle de l'enfant.

(1) Voir Acquis et Prérequis.

LES HORAIRES DE TRAVAIL

« Chaque jour ou presque, je me dispute avec ma mère. Elle voudrait que je me mette tout de suite au travail quand je rentre de l'école, mais j'en ai pas envie. Je traîne, et quand enfin je m'y mets, elle n'a jamais le temps de m'aider : elle a autre chose à faire. C'est toujours comme ça » (Franck, CM2).
« Je repousse sans arrêt le moment de faire mes devoirs, et après je m'affole car j'ai peur de ne pas pouvoir les finir » (Laura, 4e).

Prendre l'habitude de travailler à une heure déterminée et s'y tenir demande au départ un effort de volonté, mais, très vite, la régularité est payante. L'enfant se sent l'esprit libre et n'éprouve pas la pénible impression de perdre son temps ou de passer ses fins d'après-midi, ses soirées à travailler. Pendant le goûter et tandis qu'il se repose, il ne pense pas aux leçons à apprendre, à ses devoirs, car il sait que ce n'est pas encore l'heure de « s'y mettre ». Il se relaxe vraiment.

Soutenez votre enfant dans sa décision de respecter des horaires, ses horaires, car il y a toujours des périodes où il risque de se laisser aller, et les mauvaises habitudes peuvent se réinstaller très vite.
Si vous l'aidez dans son travail scolaire, décidez avec lui de l'heure. Ce doit être un choix commun, pris en fonction de vos obligations, des moments de repos nécessaires après l'école ou entre deux apprentissages.

LES TEMPS MORTS

Il faut savoir utiliser les temps morts, c'est-à-dire les moments d'inactivité,

les moments où il ne se passe rien d'important.
Votre enfant peut apprendre les tables de multiplication, des mots de vocabulaire anglais, une liste d'affluents, une poésie, pendant trois ou quatre minutes, plusieurs fois par jour, et ce dans la voiture, en se brossant les dents, tandis qu'il attend le matin que vous soyez prêt à l'accompagner à l'école.
Il peut faire un travail de créativité, cultiver son imagination pendant les pages de publicité qui coupent les émissions télé, ou le soir au coucher, ou encore au cours de ses trajets scolaires.
Il ne s'y refusera pas longtemps s'il comprend qu'il s'agit d'une organisation différente de son travail, lui permettant de récupérer du temps pour lui, et qu'il ne travaillera pas davantage. Tout est question de changement d'habitudes.

L'ENVIRONNEMENT SONORE

« Mon fils apprend ses leçons avec de la musique en bruit de fond », se plaignent des parents. « Le mien regarde la télévision en travaillant », répondent d'autres en écho — il est vrai moins nombreux...
Les enfants doivent-ils travailler dans le silence ? Pierre Salamé, chercheur au CNRS, a étudié l'effet de l'écoute de la musique dans une situation d'apprentissage. Ses conclusions sont confirmées par les expériences menées dans un collège par Alain Lieury[6].
Si la musique instrumentale ne perturbe que fort peu la mémorisation, il n'en est pas de même pour la musique vocale, et peu importe alors le chanteur ou le style de sa chanson. Ce n'est pas la musique en soi, mais les paroles qui perturbent la mémorisation. Les paroles d'une chanson, d'une émission télé, gênent le travail intellectuel car elles interfèrent avec le sens (si l'apprentissage passe par la compréhension) ou la vocalisation (dans l'apprentissage par cœur).

(6) Alain Lieury, *Psychologie cognitive de l'éducation*, Dunod, 2004.

→ VOIR APPRENDRE

TRAVAILLER À VOIX HAUTE

Le travail à voix haute est nécessaire à certaines tâches. C'est à vous d'y amener l'enfant. **Travailler à voix haute signifie essentiellement écouter ce que l'on dit.**

Certains apprentissages peuvent être facilités par le fait de parler : ainsi les tables de multiplication, les récitations, voire une leçon d'histoire ou de géographie. Le fait de s'entendre offre une approche supplémentaire, la mémoire auditive vient épauler la mémoire visuelle. Une autre raison est qu'apprendre à voix haute est un facteur dynamisant. On a moins tendance à traîner, à rêvasser.
Je ne parle pas des mots nouveaux, que l'on doit prononcer et écouter afin qu'ils s'inscrivent dans la mémoire lexicale, et du vocabulaire des langues étrangères, qu'il est absurde d'apprendre silencieusement.
Apprentissage des leçons mais aussi travail écrit : exercices de grammaire, de maths, rédaction. Le problème dans ce genre de travail est que l'enfant ne vérifie jamais en s'écoutant que sa production

sonne juste. Ainsi, en grammaire, il tente d'appliquer une règle sans vérifier concrètement sa bonne application.
Manon (CM1) écrit à l'école : « Hier, dans la cour, les poules picoreraient », ou encore : « Nous allions courir dans les bois demain. » Urbain (CM2) transpose ainsi des phrases à la forme passive : « Les maisons sont été construites par les maçons. » Quant à Melissa (CE2), ses verbes au passé simple sont plus qu'étranges : « Il posit le chaton sur le lit », « Nous regardûmes le cerf-volant s'envoler. »
Comme je leur demande de lire à voix haute ce qu'ils ont écrit, ils se rendent compte aussitôt de leurs erreurs et parfois les corrigent d'eux-mêmes. Il en est ainsi dans la grande majorité des cas. Il n'est qu'à suggérer aux élèves de travailler à voix haute pour qu'ils sachent correctement transcrire des nombres de chiffres en lettres ou de lettres en chiffres[1]. Écrire 8 902 034 ou 60 009 en lettres ne pose plus de problème à Chloé depuis qu'elle a appris à lire les nombres à voix haute, puis à écrire ces nombres qu'elle s'entend prononcer[1].

Comment faire une rédaction sans, à un moment donné, la lire tout haut ? On prend conscience du rythme des phrases, on repère plus facilement les répétitions ou les changements de temps non pertinents. On vérifie si la pensée, qui va infiniment plus vite que la main, a néanmoins été traduite correctement par la parole. Là encore, c'est étonnant. Priez un enfant de lire son texte à voix haute, de s'écouter et de souligner les passages lourds, incorrects, les digressions ou encore les erreurs de syntaxe. Il le fait si bien que vous avez envie de lancer : « Mais alors pourquoi as-tu écrit cela ? »
Il l'a fait parce qu'il a transcrit telles quelles les idées qui lui venaient. Il a écrit des phrases longues et compliquées afin de s'approcher de ce qu'il croit être le langage écrit, et il n'a pas verbalisé sa production, il ne l'a pas écoutée. Demandez-lui de réécrire son texte en s'écoutant. Il parle dans sa tête tandis qu'il écrit, puis il relit à voix haute, il corrige, il lit de nouveau pareillement, et ce jusqu'à ce qu'il soit certain que son texte est clair, compréhensible, bien structuré et agréable à lire.
Le travail à voix haute doit être initié dès le CP. Puisque écrire, c'est transcrire des sons en graphies, un enfant, (même en CE1), lorsqu'il écrit un mot, doit le faire syllabe après syllabe, tout en le prononçant.

Le travail à voix haute, réservé à l'apprentissage à la maison, est remplacé à l'école par un travail d'« écoute ». On apprend à l'enfant à s'entendre parler dans sa tête : il prononce silencieusement, il écoute ce qu'il dit.

FICHE ÉLÈVE

TRAVAILLER VITE

1 **Je travaille avec un réveil face à moi.**
Je prends conscience du temps qu'il me faut pour apprendre mes leçons, faire mes exercices. J'essaie petit à petit, au fil des semaines, de réduire ce temps de travail. De travailler vite et bien. Pour travailler vite, j'apprends à me concentrer.

2 **Je m'observe.**
Est-ce que je me mets au travail dès que je m'assois à ma table ou est-ce que je passe du temps à de petites choses insignifiantes : tailler des crayons, ranger deux ou trois papiers, regarder alentour ?
À quel moment est-ce que je me mets à rêvasser quand j'apprends mes leçons ? Quelles leçons ? Toutes ? Pour quelles raisons ?
Comment est-ce que je travaille dans une matière que je n'aime pas ? Et dans une matière où je n'ai pas de difficulté ? Pourquoi ?

Là encore, un réveil peut être utile. Dois-je passer dix minutes à chercher une grammaire anglaise qui a été mal rangée et traîne sous une pile de bandes dessinées ? Dois-je perdre un quart d'heure à téléphoner à un copain sous prétexte que je n'ai pas tout noté sur mon cahier de textes ? Vaut-il mieux « travailloter » pendant une heure ou être efficace en quarante minutes ?

3 **J'observe mes habitudes de travail.**
Je tente de les changer, l'une après l'autre. J'apprends à me mettre rapidement au travail dès que je m'assois à ma table. J'éteins mon portable, la radio : le bruit et les sollicitations diverses dispersant mon attention, je mets plus de temps à travailler.

Le temps gagné ainsi, je me l'offre, et c'est important. Je n'utilise pas ce temps à travailler davantage. Ce temps me sert à une activité ludique que j'aime.

FICHE PARENT

TRAVAILLER VITE

Le temps est élastique. Si l'on se donne une heure pour faire un travail, on mettra à peu près ce temps pour le terminer, et si l'on se donne quarante-cinq minutes, on y parviendra sûrement tout aussi bien.
Pourquoi travailler vite ? Parce que la motivation vient avec le sentiment d'être productif et efficace.

TRAVAILLER VITE, ÇA S'APPREND

L'enfant travaille avec un réveil face à lui. Il prend conscience du temps qu'il lui faut pour apprendre ses leçons et faire ses exercices. Il essaie petit à petit, au fil des semaines, de réduire ce temps de travail. Il resserre ce temps. Pour cela, il prend conscience de la manière dont il le dilue dans une durée qui n'est pas vraiment celle du travail, pas non plus celle du plaisir.

La lenteur à se plonger dans un travail rend l'attention et la concentration difficiles. D'où l'intérêt de s'entraîner à une mise en action rapide.

Pour travailler vite, l'enfant apprend à se concentrer[1].
Le temps gagné ainsi, il se l'offre, et c'est important. Il n'utilise pas ce temps à travailler davantage, à apprendre des leçons. Ce temps lui sert à une activité qu'il aime ; il fait un jeu de construction, un puzzle ou du vélo, il construit une cabane, il regarde une émission à la télévision qu'il n'arrive jamais à suivre en entier, il lit, il rêve ; s'il préfère, il ne fait rien.

(1) Voir Attention, Concentration.

VERBE

FICHE ÉLÈVE PRIMAIRE

ÉCRIRE LA TERMINAISON D'UN VERBE

1 **Dès que j'écris un verbe, je m'arrête.** Je n'oublie pas de le faire à chaque fois et pas seulement au cours d'une dictée.

2 **Je cherche le sujet pour accorder le verbe.** Je cherche qui anime le verbe, ou si la phrase est compliquée, je me demande : Qui est-ce qui + verbe ?[1]

3 **Je connais par cœur les terminaisons possibles des verbes.**

Après	Je	le verbe se termine par	e, s, ai, ais, x (je peux, je veux, je vaux)
	Tu		s (sauf à l'impératif du 1er groupe)
			x (tu peux, tu veux, tu vaux)
	Il, elle		d, a, t, e
	Nous		s
	Vous		z, s
	Ils, elles		nt

Je reviens à ces terminaisons quand j'écris un verbe.

(1) Voir Orthographe (Accords).

FICHE **ÉLÈVE** CM COLLÈGE

ÉCRIRE LA TERMINAISON D'UN VERBE

1 **Dès que j'écris un verbe, je m'arrête.** Je n'oublie pas de le faire à chaque fois et pas seulement pour un devoir de français.

2 **Je cherche le sujet pour accorder le verbe.**

3 **Parfois je cherche le groupe du verbe.** Je le connais grâce à l'infinitif.
« Léon lit le message qui vient de la Terre. » Dans cette phrase, il s'agit du verbe *lire* (2e groupe).
« Léon lie ensemble les tiges de ces plantes inconnues et monstrueuses. » Il s'agit du verbe *lier* (1er groupe).

4 **Si le verbe se termine par le son « é », je le remplace par le verbe *mordre*.**
danser = mordre dansé = mordu

5 **Dans le cas d'un temps composé, je me demande quel est l'auxiliaire afin d'accorder correctement le participe passé.**
— Est-ce l'auxiliaire *être* ou l'auxiliaire *avoir* ?
— L'auxiliaire est *être* : j'accorde le participe passé avec le sujet.
— L'auxiliaire est *avoir* : j'accorde avec le COD s'il y en a un et qu'il est placé avant le verbe.
Je n'oublie pas que si le participe passé n'a pas d'auxiliaire, il s'accorde dans ce cas avec le nom, comme un adjectif : « Il regardait les fusées démolies, hors d'usage. »

6 **Quand le verbe se termine par le son « i » ou « u », je recherche s'il s'agit du passé simple ou du participe passé. Je mets le verbe au présent.**
« Le journal, paru ce matin, parle de Léon et de l'extraterrestre. »
Je ne peux pas dire : « Le journal, *paraît* ce matin, parle de Léon. » Il s'agit donc d'un participe passé.
« L'extraterrestre, interrogé par Léon, parut embarrassé. » Je peux dire :
« L'extraterrestre, interrogé par Léon, *paraît* embarrassé. » Il s'agit d'un temps conjugué, donc d'un passé simple.
ATTENTION, s'il s'agit d'un participe passé, je dois réfléchir à son accord.

7 **Si un participe passé se termine par le son « i », je le mets au féminin pour savoir comment il s'écrit au masculin singulier : *i* ou *is*.**
« Léon a mis sa tenue intergalactique. » Le féminin de *mis* est *mise* : je n'oublie pas le « s ».
« L'extraterrestre a fini de tournoyer sur lui-même comme une toupie. » Le féminin de *fini* est *finie* : je ne mets pas de *s*.

ÉCRIRE LA TERMINAISON D'UN VERBE

L'apprentissage de la terminaison des verbes s'étale sur des années. Il est important d'éviter que les connaissances ne restent cloisonnées. C'est en créant des liens de comparaison et de différence entre les modes, les temps que l'enfant stocke efficacement les conjugaisons dans sa mémoire et qu'il peut les en sortir. Il doit comparer les conjugaisons entre elles : le passé simple du 1er groupe (je mange*ai*, tu mange*as*) et l'imparfait (je mange*ais*, tu mange*ais*), l'imparfait du verbe courir (je cour*ais*), le futur (je cour*rai*) et le conditionnel (je cour*rais*).

L'enfant connaît les terminaisons possibles du verbe selon le sujet. Il sait qu'après *ils*, *elles*, ou tous les sujets au pluriel, le verbe prend toujours *nt*. Ils *ont* mangé, mange*nt*, manger*ont*. Si le sujet est *je*, les terminaisons peuvent être *e*, *s*, *ai*, *ais* et parfois *x* (je veux, je peux, je vaux).
Il mémorise ces terminaisons et il s'y reporte à chaque fois qu'il écrit pour vérifier la bonne orthographe de ses verbes[1].

Au fur et à mesure de son apprentissage, il mémorise des savoir-faire indispensables pour écrire sans faute les verbes. Comment reconnaître dans une phrase qui est dictée certains imparfaits et passés simples (je vals*ais* ou je vals*ai* ?) Comment écrire un verbe qui se termine par le son « é » ? Quand penser à l'accord du participe passé ? Quelles questions se poser alors ? À quoi réfléchir avant d'écrire un verbe qui se termine par le son « i » ?

Mais il ne lui suffit pas de connaître des savoir-faire. L'enfant doit les faire passer en automatisme[2], ce qui est sans doute la phase qui demande le plus de constance, car il ne sert à rien, ou presque, de réfléchir à un point grammatical à l'occasion, au cours d'une dictée ou d'un exercice ; il doit s'arrêter à chaque fois qu'il écrit un verbe, il faut, si j'ose dire, se programmer pour cela.

(1) Voir Tableaux ; Conjugaison.
(2) Voir Automatisme.

ÉCRIRE LA TERMINAISON D'UN VERBE

L'INFINITIF

C'est le verbe évoqué de façon générale. Il est impersonnel, c'est-à-dire qu'il n'est pas conjugué.
« Léon aime voyager à travers les étoiles. »
Quand je cherche l'infinitif d'un verbe, je dis : de quel verbe s'agit-il ? De quel verbe parle-t-on ?

L'INDICATIF

Il présente une action réelle, qu'elle soit dans le passé, le présent ou le futur.
« Léon a navigué en direction des étoiles. »
« Léon navigue à travers les étoiles. »
« Il naviguera. »

LE SUBJONCTIF

Il présente le plus souvent une action éventuelle pouvant se réaliser ou non. Elle n'est pas réelle.
« Léon voulait que le voyage ne prenne jamais fin. »

J'apprends à différencier la réalité de l'action de l'indicatif et l'action éventuelle du subjonctif (souhait, ordre, supposition, éventualité, doute, attente).
Dans certains cas, l'action est réelle, mais le subjonctif est imposé par *afin que, jusqu'à ce que, pour que, sans que, bien que*...
« Bien que Pauline soit avec lui, Léon l'ignore : il n'a d'yeux que pour cette drôle de créature luminescente. »

Je mémorise : *Avant que* + subjonctif
Après que + indicatif

LE CONDITIONNEL

→ **L'action est imaginaire ou soumise à la réalisation d'une autre action (condition, hypothèse).**
« L'extraterrestre voyagerait avec Léon s'il n'avait pas le mal des étoiles. »
→ **Il atténue une affirmation.**
« Tu devrais nous accompagner, dit Léon. »
→ **Il est le futur du passé.**
« Léon pense que l'extraterrestre aimera la vie sur Terre »
(le verbe de la principale est au présent, celui de la subordonnée est au futur).
« Léon pensait que l'extraterrestre aimerait la vie sur Terre »
(le verbe de la principale est au passé, celui de la subordonnée est au conditionnel).

L'IMPÉRATIF

Il signifie qu'un ordre est donné.
« Viens, dit Léon. »

LE PARTICIPE

Son nom vient du fait qu'il participe du verbe (il exprime un état ou une action, et il a des temps, présent et passé) **et de l'adjectif** (il peut avoir un genre et un nombre).
« Après avoir été effrayée, la drôle de créature disparut. »

FICHE ÉLÈVE

VÉRIFICATION DANS LES DEVOIRS

1 **Je vérifie que j'ai bien lu l'énoncé.** Je le relis. Je le compare avec ce que je crois avoir compris.

2 **Je vérifie mon exercice au fur et à mesure que je le fais.**

3 **Je le relis avant de le rendre.** Une fois mon exercice terminé, je vérifie que ma réponse s'accorde bien à l'énoncé.

Énoncé ⟶ Résolution d'exercice
Énoncé ⟵ Réponse (vérification)

Je fais des vérifications en fonction :

a) de ce que je viens d'apprendre
Mode d'emploi de la division, règle de grammaire, construction grammaticale en allemand, résolution d'une équation...

b) des erreurs commises dans mes précédents devoirs
J'ai corrigé mes erreurs et accroché leur correction dans ma tête : « La prochaine fois, je m'arrêterai à... je me dirai... je ferai... »
Je me suis fait une liste de points à vérifier dans chaque matière. J'y pense à chaque devoir, à chaque contrôle.

FICHE PARENT

IMPORTANCE DE LA VÉRIFICATION

La vérification est un acte que peu d'élèves font spontanément. Pourtant, elle a son importance tout au long du devoir.
Elle passe par :
— la relecture de l'énoncé pour le comparer avec ce que l'on croit avoir compris (Ai-je bien saisi le sens ? N'ai-je rien oublié ?) ;
— l'interrogation à la fin de l'exercice, du problème (La réponse, le résultat sont-ils logiques ?).
Que d'erreurs seraient corrigées grâce à une relecture attentive du devoir (fautes d'orthographe, erreurs de calcul), que de hors-sujets, de digressions seraient évités si les élèves pensaient, au fur et à mesure de leur rédaction, à vérifier qu'ils traitent bien le sujet.
Autre vérification incontournable : celle que l'on effectue en fonction des erreurs relevées dans les précédents devoirs et dont les corrections ont été mises en mémoire.

→ VOIR LISTES

VIE MENTALE

Apprendre à se connaître est le préalable à tout bon apprentissage. Il faut donc placer au premier plan l'observation par l'enfant de ce qui est à l'œuvre dans son cerveau quand il travaille. Il prend conscience de ses attentes, de son attitude face à l'apprentissage, des ressources dont il dispose. Il apprend à se connaître à travers ses potentialités d'attention, de mémorisation, sa façon de réfléchir, ses capacités à découvrir, à inventer.

Il s'agit de lui faire prendre conscience qu'existent une réalité extérieure (ce qu'il lit, ce qu'il voit au tableau, ce qu'il écoute) **et la représentation de celle-ci à l'intérieur de lui,** et que sa pensée prend forme à partir du moment où il se parle, construit des images, où il contrôle la qualité et la justesse de ce qu'il s'approprie. **On doit agir** (attention, saisie des informations) **pour faire exister en soi les choses perçues, quel que soit leur support** (informations lues dans un livre ou dites par l'enseignant).

La saisie des informations se fait soit de façon automatique et immédiate, c'est ce que l'on nomme une intuition de sens, soit dans un effort de traduction : on confronte alors ces informations, ou une partie de ces informations, avec ses propres connaissances, ses acquis, jusqu'à arriver au sens.

C'est cette action intérieure qui rend mobile la pensée. Il s'agit de transmettre à l'enfant la certitude qu'il peut reproduire, par une action décidée et consciente, le monde extérieur dans son monde intérieur. Il importe donc de lui faire découvrir ce qui se passe dans son esprit en situation de tâche : la forme de sa pensée, la vivacité de ses images, la force de son discours intérieur, les stratégies utilisées dans les situations où il réussit.

Être aux commandes de sa pensée n'est pas vraiment difficile (encore faut-il savoir que c'est possible), mais, pour y parvenir, l'enfant doit apprendre à se tenir un discours intérieur, à avoir des buts, des stratégies. Il doit surtout en prendre l'habitude, donc être dans un travail mental conscient à chaque fois qu'il ouvre un livre, qu'il prend un crayon, qu'il écoute l'enseignant.

QUE SE PASSE-T-IL QUAND ON PENSE ?

La pensée est faite (pour la partie observable par tout un chacun) d'images et de sons, de ressentis. Les images peuvent être des lettres (le mot *hippopotame*) et/ou une représentation imagée de ce mot (on voit un hippopotame dans sa tête). Quant aux sons, il s'agit principalement du langage intérieur, d'un discours que l'on se tient. S'y ajoute l'écho de ce que l'on a entendu : des voix, des bruits, de la musique…

Quand un enfant fait une dictée, il entend dans sa tête l'écho de la phrase lue par le professeur : « Dans la savane avance l'hippopotame accompagné de ses petits. » Il a une image de l'hippopotame et des bébés hippopotames. Puis il retrouve écrits les mots qu'il a appris, dont *hippopotame*. Il se parle aussi : « Ses petits, les siens, alors je mets *s*. »

Bien entendu, cela est un exemple. Selon chacun, les images et les lettres seront plus ou moins nettes, le discours intérieur

plus ou moins élaboré. Mais si l'un de ses éléments manque, soit que l'enfant ne voit pas le mot écrit dans sa tête, soit qu'il ne se questionne pas au sujet de ce qu'il écrit, il va se trouver en difficulté. De même s'il ne s'est pas fait une bonne représentation de sens de la phrase, c'est-à-dire s'il a imaginé une maman hippopotame et son petit, il risque de ne pas prêter attention au pluriel de *ses* et écrive *ses petit*.
En histoire et pour tout travail de rédaction, vont être privilégiés ceux qui maîtrisent leur langage intérieur et savent mettre en mots leurs idées, établir un déroulement. En géographie, en géométrie, vont avoir des difficultés ceux qui n'ont pas appris à se faire des images de qualité. En orthographe, vont être pénalisés ceux qui ne se font pas l'image de la graphie des mots, qui ne créent pas de stratégies.

Mais comment se fait-on des images mentales de qualité ? En passant par le discours intérieur : regarder ne suffit pas. Faites l'expérience. Essayez de visualiser une tortue, sa queue, ses oreilles. Comment sont ses oreilles ? Ressemblent-elles à celles d'un chat ? En a-t-elle, d'ailleurs ? Et la Joconde, dont vous avez vu la représentation au moins une centaine de fois, pouvez-vous décrire sa coiffure ? Est-elle tête nue ? Porte-t-elle un foulard ou un voile ? Poursuivez l'expérience. Donnez à votre enfant une image ou une publicité d'un magazine sans autre indication que de la mémoriser, puis demandez-lui, quelques minutes plus tard, de vous en parler. Vous serez surpris par le manque de détails. Alors imaginez, s'il doit mémoriser une carte de géographie ou un schéma de biologie et s'il ne sait pas qu'il doit se les décrire pour y arriver. Sans parler d'un mot dont il faut retenir l'orthographe. Si l'enfant ne se dit pas : « Tiens, dans *hippopotame*, il y a deux fois le son "po", mais d'abord il y a deux *p* et après un seul *p* », il y a de fortes chances pour qu'il ne s'en souvienne pas quelques jours, voire quelques minutes plus tard.

À une centaine d'enfants venus nous consulter, nous avons donné une couverture de magazine (deux personnages au premier plan, d'autres à l'arrière-plan, hutte et arbres en décor, un perroquet), avec comme seule consigne de la mettre en mémoire. Ils avaient pour ce faire le temps qui leur semblait nécessaire. À une autre centaine, nous avons donné cette même image, avec une consigne modifiée : ils devaient pour la mémoriser se décrire tous les éléments, se dire leur emplacement, leur nombre, les couleurs.
Nous avons fait la même expérience en présentant des schémas de biologie, des cartes. Nous l'avons renouvelée avec des adultes. Avec toujours le même résultat. Ceux qui avaient comme seule consigne de mémoriser n'ont pas gardé en tête une image précise : des éléments ont été oubliés, plus ou moins nombreux, et ceux retenus l'ont été parce qu'ils ont été comptés (les trois plumes de la queue du perroquet, le nombre de personnages à l'arrière-plan), parce qu'ils ont intrigué (les nattes africaines d'une gamine, le gros turban porté par une femme), parce qu'ils ont été interprétés (les enfants ont inventé une histoire ou une situation), bref les quelques éléments mémorisés ont été « parlés ».
Quant aux résultats du second groupe, ils ont été bien meilleurs. Seuls n'ont pas été

mémorisés les détails non commentés (position d'une main, chaussure d'un personnage à l'arrière-plan).
Une autre image a été donnée de nouveau à tous, avec comme consigne de la décrire, puis, une fois l'image enregistrée, de fermer les yeux ou de les poser sur un point d'inattention, et de la retrouver dans leur tête, après quoi ils avaient à comparer le modèle avec cette image mentale, pour la compléter si nécessaire. Leur mémorisation a été excellente, et beaucoup s'étonnaient au cours de la vérification/comparaison d'avoir pu oublier tel détail qu'ils avaient « pourtant vu » (mais qu'ils ne s'étaient pas parlé !).
On peut en conclure que celui qui regarde une image sans se parler en garde une forme globale, des éléments évidents, frappants, mais pas de détails. C'est le discours intérieur qui ancre l'image en mémoire en lui restituant toute sa richesse.

LA PAUSE STRUCTURANTE

Une bonne habitude est de prévoir des moments de pause pendant et après tout apprentissage. Ce n'est pas parce que votre enfant a compris ce qu'il vient de lire qu'il l'a mémorisé et pourra s'en resservir. **Il faut qu'il ait un temps pour s'approprier l'information, l'intérioriser,** il faut qu'il la rattache à des acquis et imagine sa réutilisation. Quand, comment s'en servira-t-il ? Pensez également à intégrer ces pauses structurantes lorsque vous lui expliquez quelque chose. Ne le soûlez pas de paroles, d'explications. **Après toute information importante, demandez-lui de s'en faire une représentation imagée, de la reformuler avec ses mots. Puis laissez-lui le temps de le faire.**

VISUEL OU AUDITIF ?

Paula se souvient de ses leçons : elle voit les titres écrits comme sur son livre. Elle sait à quel endroit de la page se trouve ce dont elle parle. Est-elle « visuelle » ?
Ted confond les figures géométriques, Hugo fait une dizaine de fautes à chaque dictée, même à des mots qu'il connaît, qu'il a lus souvent. Sans doute ne sont-ils pas « visuels ».
Anna retient mieux ce qu'on lui dit que ce qu'elle lit ; Bérengère écoute en classe mais a du mal à être attentive quand elle ouvre ses cours chez elle. Anna et Bérengère seraient-elles « auditives » ?

Peut-on dire que certains enfants sont visuels et d'autres auditifs[1] ? Par « visuels », j'entends que, quel que soit le support de l'information, image ou son, ils s'en font une représentation mentale imagée ; par « auditifs », je veux dire qu'ils enregistrent dans leur tête les paroles entendues ou leurs propres mots, c'est-à-dire ce qu'ils se sont dit au sujet de cette information. Il semble que nous utilisons tous ces deux mécanismes, encore que, jusqu'à l'âge scolaire, le codage par images soit le plus fréquent. Les enfants qui n'utilisent qu'un seul codage sont rares et alors, pour la plupart, en difficulté scolaire.

Il s'agit souvent de faire prendre conscience à l'enfant qu'il peut se créer des images mentales pour qu'il soit très vite capable de le faire. À l'inverse, on peut lui apprendre à se parler avec sa voix intérieure.

(1) Il faudrait, pour être plus précis, toujours remplacer « auditif » par « verbal », le codage dépendant principalement du discours intérieur de l'enfant, mais nous utilisons ici le mot « auditif » parce qu'il revient souvent dans la bouche des enseignants et dans celle des parents.

Il faut l'aider à acquérir une grande flexibilité et à parvenir à transformer des mots en images mentales (il lit « Le chat griffa Pauline profondément à la joue », et dans sa tête il visualise la scène), ou, inversement, on l'aide à se parler les images (pour mémoriser une carte de géographie, il se raconte la carte : les formes, les distances, les emplacements).

Je voudrais insister sur le fait que **c'est la possibilité d'utiliser les deux codes, visuel et auditif, qui permet un bon apprentissage.** Et c'est la saisie multisensorielle de l'information qui permet de coder : en images et en mots, en sensations, en concepts, en idées et ensembles organisés.

Vocabulaire

Le ministère de l'Éducation nationale a réalisé, en 1992, une étude sur les compétences en lecture des élèves entrant en 6e. Les résultats nous apprennent que 40 % d'entre eux peuvent être considérés comme de mauvais lecteurs : 11,5 % ne comprennent pas des mots et des énoncés fort simples, et 28 % saisissent le sens d'un texte court, mais ne peuvent faire de même dès que s'y glissent quelques complexités. Autrement dit, 40 % des élèves, à leur entrée au collège, n'ont acquis ni les compétences en lecture ni le vocabulaire nécessaire à la poursuite sans problème de leurs études.

Une étude de 1998 aboutit à peu près au même résultat : ainsi, à l'entrée au collège, 15 % des élèves ne maîtrisent pas les compétences de base en lecture, ce qui signifie qu'ils sont incapables de se saisir du sens explicite d'un écrit. Quelques années plus tard, cela n'a guère changé. On retrouve là encore une pauvreté du vocabulaire.

Or que dit le ministre de l'Éducation nationale en juin 2000 : « Le nombre de mots compris par un enfant, à l'entrée du cours préparatoire, varie de 600 à 1 800. De tels écarts sont porteurs d'inégalités d'autant plus graves qu'elles sont précoces et que la pauvreté du vocabulaire perturbe l'apprentissage de la lecture[1]. »

LE VOCABULAIRE EN 6^{e}

Alain Lieury, directeur du laboratoire de psychologie à l'université Rennes-II, a recensé les mots nouveaux que l'on trouve dans les manuels scolaires de 6e[2]. Il s'est fondé, entre autres, sur deux ouvrages de vocabulaire, l'un comptabilisant environ 3 000 mots faisant partie du vocabulaire des enfants, l'autre les mots les plus utilisés dans le langage quotidien par les adultes. Ce décompte amène à un total d'environ 6 000 mots sortant du lexique courant : 2 000 mots en français, plus de 1 000 en histoire et 800 en géographie, près de 900 mots en éducation civique, 700 en anglais, un peu moins de 200 mots en mathématiques.

Six mille mots nouveaux à assimiler par des élèves de 6e, cela paraît incroyable. Il suffit d'ouvrir un livre de technologie ou de sciences et vie de la Terre et de parcourir attentivement deux ou trois pages au hasard pour s'assurer que ce nombre n'est pas exagéré.

(1) Ministère de l'Éducation nationale, 20 juin 2000.
(2) Alain Lieury, *Mémoire et réussite scolaire*, Dunod, 2004.

Parcourez des manuels scolaires. Vous découvrirez que ces mots peuvent se classer en quatre types :
— les mots de vocabulaire peu usités dans le langage quotidien tels que : administrer, fonctionnaire, initiation, dislocation ;
— les mots, que j'appelle mots de métier, c'est-à-dire plus spécifiques à une matière, tels que : minerai, jachère, main-d'œuvre (géographie), civilisation, pharaon, dynastie (histoire), médiatrice, médiane, théorème (mathématiques) ;
— les mots de vocabulaire étranger : *apple*, *moon* (anglais), *das Gebirge*, *die Schule* (allemand). Là, l'enfant doit accrocher dans sa mémoire un son nouveau et une graphie à une représentation de sens connue ;
— les noms propres. Ils fourmillent en 6e, dans les livres d'histoire, entre autres : Perse, Byzance, le Parthénon, l'empereur Justinien.
Dans la plupart des cas, les élèves apprennent ces noms propres sans que ceux-ci provoquent une résonance en eux, sauf si des dessins, des photos, une anecdote leur permettent de se les approprier. Comment retenir une liste des dieux grecs sans l'oublier aussitôt, à moins que l'on n'ait fait leur connaissance à travers une lecture, des histoires, qu'ils ne soient devenus un tant soit peu familiers ?

DE L'IMPORTANCE DU VOCABULAIRE

Il apparaît que plus les enfants maîtrisent un vocabulaire riche et précis, plus ils ont de facilités dans leurs études. Alain Lieury a testé des élèves de 6e en fin d'année. Certains avaient mémorisé entre 3 000 et 4 000 mots, ils faisaient partie des meilleurs. Les élèves les moins bons avaient mis en mémoire de 1 000 à 2 000 mots. Trois mille mots séparaient le meilleur élève (17/20) et le moins bon (4,5/20).
Mais attention, apprendre un mot nouveau, ce n'est pas connaître sa définition ou en avoir un sens vague à la lecture. S'approprier un mot, c'est en comprendre le sens, c'est maîtriser son usage, c'est savoir l'utiliser dans différents contextes.

ENRICHIR LE VOCABULAIRE

Si dans la différence du nombre de mots en mémoire réside un facteur de la réussite ou de l'échec scolaire, l'un de vos objectifs devrait être l'enrichissement du vocabulaire de votre enfant.
Il ne s'agit nullement pour lui de faire des listes, de consulter un dictionnaire et d'apprendre des définitions. Il faut qu'il mémorise ensemble un mot et les contextes dans lesquels on le trouve. Il doit non seulement le comprendre, mais être capable de l'utiliser. Pour cela, donnez-lui le goût de la lecture et n'enlevez pas de votre vocabulaire tous les mots que vous jugez, à tort, trop difficiles pour lui. Simplement, expliquez ce que veulent dire ces mots, utilisez des exemples, des métaphores, des périphrases. Quand il aura entendu ou lu un mot trois ou quatre fois dans des contextes différents, il mémorisera ce mot. Il saura l'utiliser.
Mais il ne sert à rien de le gaver, car entendre trop de mots nouveaux en même temps pourrait le décourager. Il ne se les approprierait pas. Plongez-le dans un bain de langage. Sollicitez-le intellectuellement dans vos conversations. **Parlez avec lui de ce qui vous intéresse, de ce qui l'intéresse. Abordez des sujets différents (culturels, sociaux, politiques, religieux, etc.). Laissez-le exprimer ses opinions.**

CLÉMENT ET LE SENS ERRONÉ DES MOTS

Clément (4e) a de très gros problèmes pour mémoriser ses leçons (histoire, géographie, SVT et technologie). Il répond des absurdités aux questions posées par les professeurs, à qui il paraît évident qu'il n'apprend pas ses leçons. Il passe pourtant beaucoup de temps à le faire.

Nous lisons ensemble les premières lignes de son cours d'histoire : « La révolution industrielle est née en Angleterre à la fin du XVIIIe siècle. Il s'agit d'un gigantesque développement technique et d'une nouvelle organisation de l'économie. » Je demande à Clément de m'expliquer ce qu'il comprend à la lecture du texte. Il me répète presque mot à mot ce que nous venons de lire.

« Pourrais-tu me le reformuler autrement ?

— Non.

— Que signifie révolution industrielle ?

— C'est quand les gens se battent.

— Que veut dire technique ?

— Ce sont les ouvriers qui travaillent.

— Et développement ?

— C'est un changement.

— Peux-tu me préciser ce que tu entends par changement ?

— ...

— Et l'économie ?

— C'est mettre de l'argent de côté. »

Ce problème de vocabulaire se retrouvait dans toute la leçon. À chaque ligne, Clément donnait un sens erroné à un ou deux mots. Il y avait des mots plus scolaires, tel *bassin houiller*, qu'il traduisait par « là où il y a des lacs », et d'autres appartenant au langage courant. Ainsi, il donnait à *moyen* le sens de « manière », et vice versa. De plus, il ne se faisait aucune représentation de ce qu'était la fin du XVIIIe siècle. Est-ce la fin des années 1700 ou des années 1800 ? Comment vivait-on à l'époque ? Que se passait-il alors en France ?

CÉLINE OU LA PAUVRETÉ CULTURELLE

Céline est en 3e. Elle est excellente en mathématiques, en physique, en anglais, en espagnol (moyenne : 17/20). Mais elle a des difficultés grandissantes depuis la 6e dans l'apprentissage des leçons (histoire, géographie, etc.), où elle n'a qu'une moyenne de 6/20. Ainsi qu'en expression écrite : à lire ses copies, je note très vite des problèmes de vocabulaire et de syntaxe.

Jusque-là, Céline a appris ses leçons par cœur, mais elle les retient plus difficilement à mesure que, avec les années, elles s'allongent. Je lui suggère alors de passer par la compréhension, c'est-à-dire de se faire des représentations de sens (images et reformulation avec ses mots). Très vite, nous arrivons à une impasse : le texte est un assemblage de mots qui pour elle ne veulent rien dire.

Apprendre et comprendre, c'est rattacher l'information à ce que l'on connaît déjà. Céline ne lit pas — ni livres ni revues. Elle n'a jamais écouté les nouvelles, n'a pas voyagé et elle ne s'intéresse guère aux autres pays, aux animaux ou à que ce soit d'autre. Ses parents n'abordent pas devant elle de sujets politiques, culturels ou sociaux, ne parlent pas de musique, la seule chose qui semble la passionner. En dehors de l'école et de son travail scolaire, elle écoute de la musique et fait de la natation.

Comment expliquer les mots *congrès*, *crise*, *régime parlementaire*, *décret*, *parti communiste* à une enfant de 6 ans ? Car c'est l'âge culturel de Céline même si, pour l'état civil, elle en a 14. À quoi accrocher *parti communiste* si elle ne sait pas comment on vote en France, ce qu'est une république, un homme politique, si elle n'a pas la moindre notion de ce qu'est un parti et, surtout, si elle ne voit pas pourquoi elle devrait le savoir ? Je veux ajouter que, deux mois auparavant, Jacques Chirac a été élu président et qu'elle n'en sait rien, tout comme elle ne sait pas que la guerre sévit en ex-Yougoslavie.

Céline et Clément se sont enfermés dans un quotidien où n'entre pas le monde extérieur. À cela plusieurs raisons. Mais l'on peut mettre en avant un apport culturel familial insuffisant, dû à l'indisponibilité des parents. Clément est fils de commerçants ; ils l'ont laissé pendant des années à la charge d'une nourrice étrangère qui, ignorant le français, l'asseyait devant des dessins animés. Céline a des parents cadres supérieurs, très pris par leur métier ; le soir, ils évoquent les problèmes de leur journée, et cela seulement, quand ils ne se taisent pas pour se reposer.
Il arrive aussi que certains enfants soient en détresse linguistique parce que leurs parents ne parviennent pas à les laisser grandir et ne leur ouvrent pas le monde.

Le linguiste Alain Bentolila dit que la langue n'est pas faite uniquement pour parler à des gens qu'on connaît de choses qu'ils s'attendent à entendre. Il faut que l'enfant quitte le contexte d'extrême connivence où la langue ne tombe jamais en panne, qu'il élargisse le cercle des auditeurs et des choses à dire. Un enfant ne peut s'approprier le vocabulaire et les structures langagières s'il ne comprend pas le sens même de la parole, l'intention du parler, « s'il n'a pas une idée claire du franchissement nécessaire de la distance qui le sépare de l'autre[3] ». C'est après que l'enfant a compris les enjeux du parler qu'on peut lui en apporter les instruments : vocabulaire, structures grammaticales.

TEST DE VOCABULAIRE

Faites un test. Quand, en CE2, votre enfant apprend des listes de mots, tels les mots en *-al* qui prennent un *s* au pluriel (bal, cal, carnaval, cérémonial, chacal, festival, régal) ou les mots qui changent *-ail* en *-aux* au pluriel (bail, corail, émail, soupirail, travail, vantail, vitrail), demandez-lui non de vous réciter la liste de ces mots, mais de vous dire ce qu'ils signifient.
Je n'ai trouvé aucun enfant capable de le faire pour tous ces mots alors que les listes avaient été apprises deux ou trois jours auparavant. Au mieux, certains en connaissaient la moitié. D'autres même ne connaissaient que le sens des mots *bal* et *travail*, auxquels s'ajoutaient pour d'autres *chacal* et *carnaval*.

Faites un autre test. Ouvrez le livre d'histoire ou le cahier de technologie de votre enfant, à la leçon qu'il est en train d'apprendre, et demandez-lui de vous expliquer le sens de certains mots — et par expliquer, j'entends qu'il peut les définir avec ses propres mots ou, s'il préfère, vous en donner un exemple signifiant.

(3) Alain Bentolila, Colloque international de gestion mentale, Paris, 1996.

L'ACQUISITION DU VOCABULAIRE

Le vocabulaire scolaire est, selon Nagy et Anderson, acquis essentiellement par la lecture[4]. L'élève devine le sens des mots qui lui sont inconnus à partir d'une compréhension globale, c'est-à-dire en s'aidant de termes familiers. Il s'approprie progressivement les sens d'un mot à travers les différents contextes dans lesquels il est employé. Cependant, il me semble, à considérer la pauvreté du vocabulaire de nombreux enfants amenés en consultation, que si un travail d'acquisition de vocabulaire n'est pas fait, des difficultés peuvent apparaître. D'autant plus si l'enfant n'est pas un lecteur, c'est-à-dire s'il n'a pas de plaisir à lire, s'il n'en prend pas le temps. Ces difficultés sont de deux ordres :
— la première difficulté est que, pour certains mots peu employés, ne les ayant pas verbalisés — ce qui est nécessaire pour les stocker dans la mémoire lexicale —, l'enfant les oublie vite ;
— la seconde difficulté vient de ce que, par défaut de travail sur le sens — ou les sens — du mot, il en a une représentation très vague ; le mot fait partie de son vocabulaire passif et ne prend pas place dans son vocabulaire actif.

VOCABULAIRES ACTIF ET PASSIF

Je nomme vocabulaire passif celui que l'enfant comprend quand il écoute ou lit. Il en a un sens vague mais suffisant pour se saisir du texte. Le plus souvent, ces mots, lorsqu'ils ont été plusieurs fois rencontrés, finissent par entrer dans le vocabulaire actif, mais il arrive qu'ils gardent un sens approximatif si l'enfant ne tente pas à un moment de se les approprier.

Le vocabulaire actif est celui que l'on sait utiliser.
Amandine, qui est en 2de, a de grosses difficultés rédactionnelles. Les phrases de ses dissertations, de ses explications de texte, sont lourdes, bizarres, certaines ne veulent rien dire, leur construction est déséquilibrée. On a l'impression que ses textes ont été écrits par un étranger. Pourtant, quand elle s'adresse à moi, elle s'exprime dans un français correct.
À l'examen de ses écrits, je note qu'Amandine ne sait pas se servir des mots outils (adverbes, prépositions, conjonctions), car elle n'en connaît pas vraiment le sens, et que, pour pallier ce manque, elle utilise les participes présents, qu'elle accumule dans des phrases extrêmement longues. De plus, si elle comprend les textes qu'elle lit, elle a un sens approximatif, voire un sens dévié, des mots qu'elle n'emploie pas dans le quotidien. Elle comprend une phrase dans laquelle se trouve *illustrer*, cependant, lorsque je lui demande de construire une phrase avec ce mot, elle écrit : « J'illustre un dessin. » Elle écrit aussi : « Elle avait la chevelure fertile », et « L'inspiration de la muse permet au peintre de réaliser de beaux tableaux. »

LE SENS DU MOT : CONTEXTE ET CHAMP LEXICAL

« L'endive est amère, certaines confitures d'orange également. » Dans ce contexte, le mot *amer* est utilisé pour parler d'un goût particulier, jugé par beaucoup comme désagréable.
« Ce souvenir m'est amer. » Ici, le mot veut dire « douloureux, triste, pénible ».

« Il a fait à Pauline d'amers reproches. » Le sens d'*amer* dans cette phrase est proche de « blessant, dur, mordant ».

Les mots sont nombreux à n'avoir de sens que mis dans un contexte. C'est même celui-ci qui le leur donne.
— Ce peut être le thème général du texte qui permet de comprendre le mot. Selon qu'on y parle d'une longue marche ou du travail d'un électricien, le sens du mot *ampoule* est évident.
— La phrase, l'association avec d'autres mots peuvent lui donner son sens particulier : « Léon s'est *heurté* à un meuble. » « Léon a *heurté* sa mère en parlant maladroitement d'héritage. »

Une autre caractéristique permet de cerner un mot : le champ lexical. Ainsi, pour revenir à la phrase « l'endive est amère », le mot *amer* fait partie d'une famille, le goût, qui englobe tous les termes relatifs au goût : sucré, acide, salé.

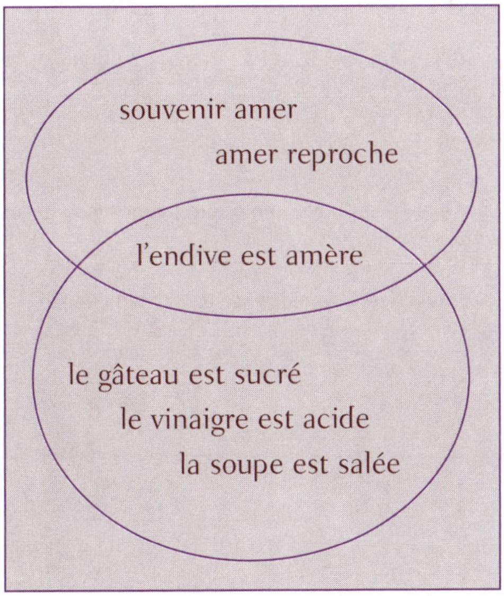

Ainsi, un mot se caractérise par le sens qu'il a dans un contexte et celui qu'il a par rapport aux autres mots de son champ lexical. Cette **dénotation** commune aux personnes parlant la même langue leur permet de communiquer entre elles. En plus de cette dénotation, le mot s'enrichit de valeurs personnelles et affectives, dues aux situations où il a été rencontré. Ces **connotations** peuvent appartenir à un groupe ou à tout un peuple. Les connotations du mot *bébé* sont différentes pour une jeune femme enceinte, pour un enfant, pour un sociologue, pour un vendeur de layette, etc.

LA MÉMOIRE LEXICALE

Un mot nouveau doit être enregistré sous plusieurs formes :
— **la graphie** (photographie des lettres),
— **le son** (enregistrement auditif),
— **l'articulation** (prononciation du mot),
— **l'écriture** (entraînement à l'écriture),
— **le sens** (signification du mot).

Si toutes les caractéristiques d'un mot nouveau ne sont pas enregistrées, le mot est mal répertorié dans la mémoire ; il se peut aussi qu'il ne le soit pas du tout.
Ainsi, lorsqu'un enfant, quel que soit son âge, apprend une leçon sans prononcer les mots inconnus de lui à voix haute (articulation et phonétique), sans analyser leur graphie, il est la plupart du temps incapable de les écrire correctement ou, quand il les prononce, il bute sur les syllabes, il bégaie, il les confond avec d'autres mots. Il lui arrive même de chercher un mot sans le retrouver. « Je le connais, je l'ai appris », s'énerve-t-il.

(4) W.E. Nagy et R.C. Anderson, « How many words are there in printed school english? », *Reading Research Quaterly*, 1984, 19.

Certains enseignants ont compris la complexité de cet enregistrement lexical et travaillent dans ce sens sur les mots nouveaux. D'autres encore les écrivent au tableau au moment où ils les évoquent. Malheureusement, dans ce cas, il se peut que tous les élèves, malgré les présentations visuelle et auditive, n'enregistrent pas l'articulation du mot ou n'analysent pas la graphie avant de la mémoriser[5]. Il faut leur faire prendre l'habitude d'enregistrer les mots sous toutes ces formes.

(5) Voir Orthographe

FICHE **ÉLÈVE**

ACQUÉRIR DU VOCABULAIRE

1 **Acquérir du vocabulaire, c'est apprendre l'orthographe et le sens exact des mots :**
— que je ne connais pas,
— dont j'ai un sens vague ou que je ne sais pas utiliser.

2 **Je lis en ayant à portée de main un dictionnaire.** Mais je peux aussi demander le sens du mot.

3 **Quand je trouve un mot inconnu ou mal connu :**
— je le lis à voix haute,
— j'apprends son orthographe,
— je comprends le sens,
— j'invente une phrase dans lequel je l'utilise, phrase qui exprime le sens de ce mot.

4 **Je vérifie dans mes livres** (mathématiques, français, histoire) **si je connais tous les mots contenus dans l'énoncé d'une question, d'un problème** (exemples de classe de 6e : histogramme, diagramme, séquence, réaliser, représenter, proportionnel, réduction, remise, compléter, représentation graphique, exprimer, justifier, inclure).

5 **Je n'oublie pas de mémoriser l'orthographe et le sens des mots que j'apprends en cours d'année** dans les différentes matières.

6 **Je recherche ce que veulent dire précisément les prépositions, les conjonctions, les adverbes** tels que : guère, quant à, cependant, quoique, en effet, à l'insu de. **Je sais les utiliser.**

ACQUÉRIR DU VOCABULAIRE

Acquérir du vocabulaire, c'est apprendre des mots nouveaux. C'est aussi faire ce travail avec des mots que l'on comprend quand on les lit ou les entend dans un contexte, mais dont on a un sens trop vague pour savoir les expliquer ou créer des exemples avec.

Ne renvoyez pas toujours votre enfant au dictionnaire. Acceptez d'expliquer ce que veut dire un mot, cela afin d'éviter qu'il ne prenne l'habitude de sauter ce qu'il ne comprend pas. Attention, le dictionnaire est un ouvrage difficile à consulter. Les définitions sont ressenties par la plupart des enfants comme incompréhensibles, abstraites, trop nombreuses pour un seul mot. Si vous voulez que le vôtre prenne l'habitude de consulter un dictionnaire, achetez-lui, quand il est en primaire, un dictionnaire illustré, adapté à son âge.

L'enfant qui a compris le sens d'un mot peut facilement glisser ce mot dans une phrase. Demandez-lui de vous en donner un exemple signifiant, par exemple pour le mot gué : « J'ai traversé la rivière au gué. L'eau m'arrivait à peine au-dessus des chevilles. » Un exemple comme « le gué de la rivière » n'est pas vraiment signifiant, car le mot gué peut être confondu avec *courant*, *lit*, *berge*...

Beaucoup d'erreurs dans les exercices viennent d'une mauvaise appropriation de l'énoncé, due à des mots dont l'élève ne saisit pas correctement le sens. Cela est surtout fréquent en primaire. Si votre enfant est en difficulté, vérifiez qu'il connaît tous les mots contenus dans les énoncés.

Les mots-liens, ou mots d'articulation[1], ne sont guère employés par les élèves, si ce n'est *et*, *mais*, *car*, *puis*... Ils sont pourtant d'une importance capitale. Ils permettent en effet d'exprimer une idée complexe tout en écrivant des phrases courtes et bien construites. Apprenez donc à votre enfant à s'en servir.

(1) Voir Mots de compréhension

Il est une chose traumatisante : les contrôles systématiquement barrés, couverts du stylo rouge de l'enseignant. Ainsi, un professeur de français, très consciencieux, biffait, annotait les copies, y écrivait des règles, des conseils, des remarques. Il y mettait tant de rouge que même les bons élèves n'avaient aucun allant à le lire. Spécialiste du zéro également, pensant que cette évaluation-sanction était un « bon coup de fouet », un moteur, ce professeur laissait peu d'espoir à ses élèves en difficulté.

« Signe caricatural de tout le problème de l'évaluation. Évaluation scolaire, regard de l'autre sur soi, sanction d'une épreuve ou de sa propre image », commente au sujet du zéro P. Huerre[1], psychiatre spécialiste des adolescents. « Chez l'adolescent, le zéro peut avoir des effets renforçants : loin de le pousser à mieux faire, la mauvaise note peut le conduire à devenir un mauvais élève, un abonné au zéro. Il devient alors conforme à ce qui est dit de lui, de son apparence, de ses performances. »

« Je suis un zéro », se plaint Mali (6e) en me montrant ses contrôles. « Avec moi, c'est toujours zéro », dit, comme en écho, Lisa (6e). Pourquoi travaillerait-elle davantage puisqu'à ses contrôles de maths elle a toujours zéro : « Il y a des choses qui sont pas toutes fausses, pourtant ! »

Que dire des 0 à chaque dictée ! De quoi décourager les élèves en difficulté. Pourquoi ne pas les noter non sur le texte entier, mais sur des points précis (particuliers à chacun)[2] et qui, avec le temps, deviennent de plus en plus nombreux jusqu'à finir par faire un tout (le texte). Pourquoi ne pas les noter sur leurs progrès, car alors, forcément, il y a des progrès ?

Noé, élève de 6e, vient consulter pour un problème en orthographe. Il n'ose me montrer ses dictées, il a honte. Il faudra quelques séances pour qu'enfin il se décide à le faire. Noé est un enfant souffrant d'une grave dyslexie : ce qu'il écrit est pratiquement illisible. Ses notes varient entre – 30 et – 60 ! Chaque fois qu'il doit faire une dictée, il prétexte un malaise — quand il n'est pas réellement malade (d'angoisse). Bien entendu, il ne peut échapper aux dictées surprises. L'école est un enfer pour lui.

Mon premier travail est de dire à Noé de ne pas se préoccuper de ses notes, que l'important pour lui est d'arriver à écrire des textes compréhensibles, ce qui n'est alors pas le cas, afin de passer son bac plus tard : Noé rêve d'être vétérinaire. Pour cela, il doit apprendre à mémoriser les mots correctement, s'attaquer à certains points de grammaire, les faire passer en automatisme, avant de s'attaquer à d'autres. Je demande à ses parents de l'encourager et de ne juger ses fautes qu'en fonction de la liste qu'il tient à jour. D'être patients aussi, car le travail de remédiation va être très long.

Noé a une grande volonté de réussite. Soutenu par ses parents, il travaille régulièrement et avec méthode. Je ne crois pas qu'il ait jamais réussi à avoir une note supérieure à zéro à une dictée. Mais ses copies, qu'il fallait déchiffrer, deviennent lisibles au fil du temps.

Noé prend confiance et il a son bac.

(1) P. Huerre et F. Huart, *Voyage au pays des adolescents*, Calmann-Lévy, 1999.
(2) Voir Liste ; Note ; Dictée.

Lycée
(les années lycée)

LES BONNES HABITUDES À PRENDRE DÈS LA 2DE

APPRENDRE, C'EST ÊTRE ACTEUR

Apprendre, ce n'est pas seulement écouter le professeur, puis revoir le cours trois jours plus tard, sans que cela éveille en vous autre chose que le sentiment du « devoir accompli », ce n'est pas uniquement se débarrasser du travail demandé avec la satisfaction d'avoir su refaire à l'identique des exercices faits en cours. Ce n'est pas attendre du professeur qu'il vous amène son savoir.
Apprendre, c'est agir. Se servir des livres pour y puiser le savoir, se servir des enseignants comme guides. C'est se construire. Être acteur et non spectateur.

ÊTRE ACTEUR AVANT LE COURS

Être acteur, c'est préparer le cours. Donc, demandez à votre professeur sur quoi va porter le cours suivant et parcourez-le (histoire, économie), étudiez les cartes et les schémas (géographie, biologie), essayez de comprendre les notions qui seront abordées (maths, physique). Lisez les textes étudiés en littérature, la biographie de leurs auteurs.

Ne croyez pas ce travail réservé aux « intellectuels » de la classe. Il s'agit d'organiser votre temps autrement. Cette approche personnelle, faite avant le cours, permet de mieux le comprendre et le mémoriser : vous vous posez des questions auxquelles le professeur répondra indirectement en faisant son cours ou, si tel n'est pas le cas, vous aurez une question précise à lui poser.
Il arrive qu'on ait l'impression d'avoir compris le cours de maths et de ne pas savoir faire les exercices par la suite ou, en biologie, de ne pas réussir à saisir vraiment de quoi est constitué le cortex cérébral. La raison en est simple : la compréhension pendant le cours était superficielle, pas assez établie pour perdurer dans le temps, pour permettre la réflexion. Mais si vous menez un travail personnel de réflexion sur le cours (maths, économie, physique, philo), ou si vous le parcourez pour en avoir une première approche (histoire), pour vous créer quelques images mentales (biologie), pour vous familiariser avec des mots, des concepts nouveaux, vous serez plus facilement en écoute active pendant le cours : tout ce que dira le professeur trouvera dans votre mémoire des points d'accroche, entrera en résonance avec des idées, des mots, des images que vous y aurez mis.

ÊTRE ACTEUR PENDANT LE COURS

Pendant le cours, vous êtes actif : vous essayez de comprendre, de suivre le raisonnement philosophique, les étapes conduisant à la résolution d'un problème, d'un exercice de mathématiques ou de physique.

Vous posez des questions si vous n'êtes pas certain d'avoir saisi ce qu'a voulu dire le professeur. Quelle est la différence entre *dévaluation* et *dépréciation de la monnaie* ? Qu'a voulu dire Descartes en affirmant : « Je pense donc je suis » ? Et pourquoi Kant a-t-il dit : « Je pense, mais il ne s'ensuit pas que je sois » ?

Vous prenez la parole pendant le cours d'espagnol ou d'anglais.

Vous êtes dans une perspective de réutilisation : Où, comment vais-je me servir de cette connaissance ? Quand je parle en anglais, qu'est-ce qui doit me faire penser à utiliser le modal *would* ? Comment puis-je, en mathématiques, démontrer que quatre points sont cocycliques ?

ÊTRE ACTEUR APRÈS LE COURS

Un premier conseil : retrouvez vos cours dans votre mémoire sans ouvrir livres et classeurs, puis vérifiez que vous n'avez rien oublié d'important et que vous n'avez pas fait d'erreur.

Faites un premier apprentissage du vocabulaire ou des expressions idiomatiques copiés ce jour-là en cours de langue. Non en rabâchant, mais en plaçant mots et expressions dans des phrases.

Commencez un premier apprentissage en chimie. Apprenez par cœur les substances et les phénomènes chimiques. Revenez-y deux ou trois fois avant le cours suivant.

Puis corrigez vos erreurs dans les contrôles. Posez-vous des questions : qu'aurais-je dû écrire ? Pourquoi ? En allemand, en latin, revoyez les déclinaisons mal intégrées. En biologie, revenez sur un schéma que vous n'avez pas mémorisé ; en mathématiques, sur une formule de trigonométrie.

De même, lisez attentivement vos contrôles de français, de littérature ou de philosophie ; étudiez vos copies en fonction des remarques faites par le professeur.

Ce travail est nécessaire pour éviter que les mêmes erreurs ne se reproduisent.

LA MÉMOIRE : COMMENT L'AMÉLIORER ?

Ne dites pas : je n'ai pas de mémoire, comme si cela était une fatalité. Avoir une bonne ou une mauvaise mémoire dépend de ce que vous en faites. On peut devenir tout à fait performant. Encore faut-il savoir comment faire, connaître les lois qui la régissent.

La mémoire qui passe par la compréhension est de loin la plus efficace.

La compréhension permet d'éviter le survol du cours, qui est une perte de temps, car ce qui a été mal étudié, mal maîtrisé est oublié très rapidement. La compréhension est l'un des facteurs clés de la mémorisation au lycée.

Mémoriser une leçon d'histoire, c'est la comprendre assez pour pouvoir la structurer différemment selon diverses problématiques ; mémoriser une leçon de géographie, c'est s'attarder sur des cartes, les déchiffrer ; mémoriser les sciences économiques et sociales, c'est d'abord s'attarder sur ce que signifient les mots clés de ces disciplines, jusqu'à ce qu'ils deviennent familiers.

Comprendre n'est pas suffisant : il faut revenir plusieurs fois sur une leçon pour bien la mémoriser.
Il vaut mieux apprendre en plusieurs fois à petites doses que de le faire en une seule. Revenez sur une leçon le soir même du cours, puis la veille du cours suivant. Pensez à réviser pour le bac pendant les différentes vacances. Ainsi, vous allégerez les révisions du dernier trimestre.
Et n'oubliez pas que la mémorisation ne se fait pas si l'on est fatigué, stressé. Alors organisez-vous dans votre travail, faites des séquences d'apprentissage de quarante minutes à une heure et demie. Alternez travail et repos. Et dormez.

Mémoriser, c'est faire des liens avec ce que l'on connaît déjà.
Pour apprendre une leçon d'histoire, on crée des liens avec d'autres leçons ou même avec des savoirs non scolaires, on la situe dans une période plus vaste, on s'intéresse à l'actualité, le présent permettant d'analyser le passé, et vice versa. Pour « apprendre » la philosophie, on compare ce que disent plusieurs penseurs sur un même sujet, on relie des thèmes à des événements historiques, à des événements culturels et sociaux.

On ne mémorise bien que ce que l'on veut mémoriser.
Pour garder en mémoire, il faut avoir une intention de réutiliser. Apprendre une leçon de maths ou de physique, c'est imaginer comment on va pouvoir mettre en application les définitions, les théorèmes, les formules apprises, c'est connaître les étapes nécessaires à la résolution d'un exercice. Apprendre une règle de grammaire dans une langue étrangère, c'est créer des exemples et être dans l'intention d'utiliser les règles à bon escient (quand et comment ?).

La meilleure façon d'échouer dans une tâche est de croire que l'on ne parviendra pas à l'accomplir. Il en va de même pour la mémorisation. Donc, sachez que vous pouvez réussir si vous vous en donnez les moyens.

ACQUÉRIR DE BONNES HABITUDES DE TRAVAIL

DRESSER UN BILAN

Faites un bilan dans chaque matière. Observez-vous en train de travailler dans les matières où vous n'êtes pas performant. Votre attention est-elle suffisante en cours ? Pendant les contrôles ? Comment apprenez-vous ? en une seule fois ou en plusieurs ? Passez-vous par le par-cœur ou par la compréhension ? Vos résultats sont-ils à la hauteur du temps passé à étudier ?
Avez-vous un manque d'acquis ? Revenez-vous sur vos erreurs pour les analyser ? Faites-vous des exercices d'application ? Vous demandez-vous quelles questions pourront vous être proposées ? Tentez-vous d'y répondre ?

DÉFINIR DES OBJECTIFS

En fonction de vos résultats et de vos notes, définissez des objectifs. Avoir la moyenne en physique, augmenter de deux points en anglais, améliorer son expression écrite, ses connaissances en grammaire allemande... Bien entendu, il faut se donner les moyens d'atteindre ses objectifs, alors soyez raisonnable et ne vous dites pas que vous aurez en trois mois 16 en espagnol alors que vous n'avez pas la moyenne.
Puis demandez-vous ce que vous pouvez faire concrètement pour progresser : il peut s'agir de travailler sur des règles de grammaire allemande que vous ne savez pas appliquer, ou de changer de place en cours pour être plus attentif, ou encore de faire chaque soir quinze minutes d'exercices de physique pour vous mettre à niveau. Vous pouvez décider de travailler avec un ami qui vous aidera en maths, en échange de quoi vous l'aiderez à s'y reconnaître dans les formes modales en anglais.

Fixez-vous des objectifs à long terme : parvenir, à la fin de l'année, à 12 de moyenne en économie, mettre fin à vos difficultés en mathématiques.
Fixez-vous des objectifs plus précis et à court terme (pour le mois ou le trimestre) : revoir le sens de tous les mots appartenant au vocabulaire économique ; en maths, mettre de l'ordre dans les fonctions (affine, linéaire, carré, cube, inverse, etc.), savoir les représenter graphiquement.
Puis faites-vous un planning : une demi-heure tous les soirs qui suivent le cours pour le comprendre et le mémoriser, pour corriger les contrôles, analyser vos erreurs, et une heure par semaine pour faire exercice sur exercice.
Bien entendu, il vous faudra ajuster vos objectifs et votre planning tout au long de l'année, en fonction de vos résultats et du travail de la semaine.
N'oubliez pas une chose : il faut consacrer d'autant plus de temps à une matière que l'on y a des difficultés.

APPRENDRE À SE CONCENTRER

Être capable de se concentrer pour travailler efficacement dans le temps imparti : voilà un projet qui doit vous mobiliser tout au long de l'année. Travaillez avec une montre placée devant vous pour être conscient du temps qui passe. Si vous avez à rendre un devoir d'anglais ou de maths, si vous devez plancher sur un commentaire composé, demandez à votre professeur le temps qu'il estime raisonnable pour le faire. Et essayez de vous y tenir ou du moins de vous en approcher.
Au fil des devoirs, resserrez le temps en étant conscient des minutes qu'il faut pour vous installer, lire l'énoncé, pour travailler au brouillon, pour recopier au propre et vous relire.
Tâchez également de maîtriser vos rêveries, de ne pas perdre d'énergie en plaintes inutiles. Si vous sentez votre esprit s'évader et que vous n'arrivez plus à être attentif, levez-vous, faites quelques pas dans votre chambre ou allez boire un verre de lait, ouvrez la fenêtre et regardez le ciel, respirez profondément et calmement pour oxygéner le cerveau qui se remettra d'autant plus facilement au travail.
Prenez la bonne habitude de vous récompenser. Avant même de vous asseoir à votre table pour y travailler, sachez quel plaisir

vous allez vous offrir après. Une heure et demie de physique puis quinze minutes d'Internet, une heure de géographie suivie de la lecture de votre magazine favori.

APPRENDRE À S'ORGANISER

Ne passez pas votre week-end devant vos livres sous prétexte que vous êtes surchargé de devoirs et de leçons. Bien travailler est souvent le résultat d'un équilibre. Organisez-vous pour harmoniser votre temps : famille, copains, sorties, activités musicales ou sportives. Il y a toujours des semaines plus chargées que d'autres, surtout avant les vacances, quand les professeurs décident, tous au même moment, de faire des contrôles. Organisez-vous pour ne pas vous mettre à vos devoirs le dernier jour et apprenez vos leçons une première fois le jour même du cours, puis révisez-les la veille du cours suivant (ce qui est la meilleure façon de les mémoriser). Ainsi, vous trouverez toujours le temps d'aller voir un film avec un ami ou de jouer au tennis.

Pensez également à aménager votre temps en fonction de l'importance de chaque tâche. Inutile de passer des heures sur une chose sans grande importance alors que vous avez à faire une version latine et à réviser de la géographie pour un contrôle.

GÉRER SON TEMPS

LE TEMPS ET LA BIOLOGIE

Vous avez certainement pris avec les années des habitudes horaires de travail plus ou moins bonnes. Maintenant que vous êtes dans les années examens, il est peut-être temps d'en changer. Cela n'est pas si difficile ; il suffit d'un peu d'organisation.

Le corps humain subit des fluctuations tout au long de la journée : sécrétions hormonales, température... Et ce sont ces fluctuations qui font qu'un travail n'aura pas la même efficacité selon l'heure où vous vous y serez mis.

Mais quelles sont les heures favorables au travail intellectuel ?

LE MATIN JUSQU'À MIDI

Réservez vos matinées libres au travail de recherche, au travail créateur : dissertation de français ou de philosophie, exercices de mathématiques ou de physique, travail de rédaction en anglais ou en allemand.

LA FIN D'APRÈS-MIDI JUSQU'À 21 HEURES

Ces heures sont favorables à l'apprentissage des leçons, aux révisions, au travail de lecture (français, langues étrangères).

LE DÉBUT D'APRÈS-MIDI JUSQU'À 16 HEURES

Ce n'est pas le moment idéal pour la concentration. Organisez-vous pour faire alors des tâches qui n'en requièrent pas trop : c'est dans ces heures que vous pouvez ranger, trier, classer, travailler vos notes, faire vos fiches. Allez à la recherche

d'informations pour un exposé, pour approfondir vos connaissances sur un auteur.
Ou profitez-en pour faire des activités physiques si vous avez déjeuné légèrement.
Essayez de n'avoir pas à travailler après 22 heures : ce ne sont plus des heures favorables au travail intellectuel, car la fatigue de la journée commence à se faire sentir.

LES TEMPS MORTS

Il reste un temps à évoquer, ou plutôt des temps, puisqu'il s'agit en fait de petits moments de la journée vides d'activité, qui ne sont pas non plus des moments de plaisir ou de détente. On les appelle les « temps morts ».
Trajets en bus, en métro ou même en voiture. Moments passés dans la salle d'attente du médecin ou du dentiste. Intercours qui se prolonge, cours annulé au dernier moment, dîner qui n'est pas prêt.
C'est le temps idéal pour apprendre son vocabulaire et réviser sa grammaire en espagnol (attention : pas en rabâchant, mais en parlant, en formant des phrases). Revoyez dates, définitions, formules ou théorèmes. Lisez journaux et revues.
Quelques minutes suffisent à organiser votre journée du lendemain ou à prévoir à plus long terme comment vous allez mener à bien un apprentissage. Par exemple, au vu d'une faiblesse en mathématiques, planifiez des heures de travail personnel (retour sur des points un peu obscurs, des exercices faits en classe).
Pourquoi ne pas profiter d'un temps où rien ne se passe pour vous relaxer ? ou pour faire quelques minutes d'inspirations et d'expirations calmes et profondes ? Ne forcez pas. Ralentissez à peine votre respiration. Posez vos mains sur le ventre et sentez-le se gonfler, se dégonfler. Soyez attentif à votre respiration et à elle seule.

BIEN GÉRER SON TEMPS

Il s'agit d'organiser sa journée, mais aussi son temps sur l'année, en fonction de chaque matière et de ses difficultés.
L'une des choses les plus importantes est de bien se connaître. Pour cela, il faut s'observer, se questionner : Est-ce que je passe beaucoup de temps à chercher des papiers, à regarder la pub à la télé ou des émissions sans grand intérêt ? Ai-je l'habitude de repousser toujours au lendemain le travail où je suis le plus en difficulté, de le faire à la dernière minute ? Est-ce que je me laisse souvent déborder par mon travail parce que je n'ai pas conscience du temps qu'il me faut pour le finir ? Ai-je pris la bonne habitude de ne faire qu'une seule chose à la fois ou est-ce que je me disperse ?

SE FIXER DES OBJECTIFS DANS LE TEMPS

Gérer son temps, c'est d'abord se fixer des objectifs dans chaque matière. Par exemple, dites-vous que pour passer à un autre niveau en anglais, vous allez lire une revue dans cette langue, apprendre du vocabulaire, revoir des règles, passer plus de temps à analyser vos erreurs, bref, faire un travail personnel.
Il ne suffit pas de le décider, il faut s'y tenir plus d'une quinzaine de jours. Aussi, prenez des décisions raisonnables : inutile de vous dire que vous ferez deux heures d'anglais par jour, vous abandonneriez très vite.

LIRE VITE ET BIEN

Lire est un travail tout autant qu'un plaisir que vous devez organiser si vous ne voulez pas vous laisser déborder et finir par lire mal, c'est-à-dire sans explorer efficacement les ouvrages au programme et sans avoir le temps de vous plonger dans des lectures personnelles.

PLANIFIEZ VOTRE TEMPS DE LECTURE

Si vous ne l'avez pas fait jusque-là, il va falloir organiser vos semaines pour y glisser les moments de lecture, en fonction de ce que vous avez à lire.

OUVRAGES DE TRAVAIL

Que ce soit des textes littéraires ou philosophiques, planifiez vos semaines et réservez dans votre agenda des heures que vous consacrerez à ces lectures. Faites cela à l'avance afin de ne pas vous laisser déborder par les devoirs, les révisions pour les contrôles.

LIVRES, REVUES, JOURNAUX

Il s'agit de ce qui est nécessaire à votre culture. Intéressez-vous à ce qui se passe dans le monde : feuilletez les journaux, parcourez les titres et quelques articles dont les sujets vous touchent plus particulièrement, faites de même avec des revues culturelles ou scientifiques.
Vous pouvez également lire, de temps en temps, une revue dans une langue étrangère. Vous aimez le cinéma ou la mode ? Achetez une revue spécialisée en anglais ou en allemand.

Le temps pour parcourir revues et journaux, vous le « picorerez » au fil de la journée. Le matin dans le bus ou le métro qui vous emmène au lycée, ou encore en goûtant, en attendant que le dîner soit prêt alors que vous avez fini votre travail.

COMMENT LIT-ON ?

Lire n'est pas une occupation passive. Que se passe-t-il dans la tête quand on lit et que l'on comprend le texte ? Au fil des mots, on se fait des représentations mentales. Ce sont des images que l'on crée en traduction des mots, des phrases. On assemble aussi des idées. On ajoute une idée à d'autres que l'on a mémorisées en lisant, dans la minute ou les jours d'avant. Et l'on crée du sens.
Cette démarche inhérente à la lecture est importante à connaître, parce que, souvent, ceux qui n'aiment pas lire n'ont pas pris l'habitude de ce « travail ». Ils ne traduisent pas le texte, ils se font peu d'images.

On ne lit pas un ouvrage de travail comme on le fait d'un roman. On lit dans un but précis, et c'est en fonction de ce but que l'on parcourt l'ouvrage. Voulez-vous tirer de ce livre quelques grandes idées ? des informations ? Voulez-vous faire une lecture approfondie ? Ce n'est qu'après avoir précisé ce que vous attendez de cette lecture, ainsi qu'en fonction du texte lui-même, que vous pouvez vous lancer dans une lecture efficace.
La lecture repérage consiste à chercher dans un texte un mot, un passage illustrant une idée précise.
La lecture écrémage permet d'extraire d'un texte les idées principales.

La lecture analyse permet de « décortiquer » un texte, de le détailler, de l'étudier. Bien entendu, on peut (on doit même souvent) combiner plusieurs types de lecture.

➲ LA LECTURE REPÉRAGE

Il s'agit de repérer un nom, une date, une formule, une information précise se résumant à un ou deux mots. Visualisez-les mentalement avant de parcourir le texte des yeux. **Parcourir et non lire.** Si vous avez clairement à l'esprit (comme photographié) ce que vous cherchez, un simple balayage du texte vous permettra de le trouver rapidement.

Dans le cas où vous devriez chercher un passage illustrant une idée précise, posez-vous quelques questions avant de vous lancer dans la lecture. Que cherchez-vous ? Résumez votre question en quelques mots, en mots clés que vous allez visualiser mentalement.

Essayez aussi d'avoir présent à l'esprit, le plus précisément possible, les idées, les thèmes qui doivent vous arrêter. Vous êtes prêt à parcourir le texte. Parcourir et non lire.

Attention, ne vous arrêtez jamais dans la lecture de repérage quand vous pensez avoir trouvé ce que vous cherchez. Poursuivez-la et vérifiez que rien plus loin ne vient illustrer encore l'objet de votre recherche.

➲ LA LECTURE ÉCRÉMAGE

Il est question, dans ce type de lecture rapide, de repérage des idées principales.

S'il s'agit d'un texte court, de quelques pages ou d'un chapitre, prêtez une attention particulière au début et à la fin de chaque paragraphe. Là, dans la plupart des cas, est résumé l'essentiel du paragraphe : on sait de quoi il est question.

N'oubliez pas tout ce qui est « extérieur » au texte mais ne lui est pas « étranger ». Ainsi le titre, la date, le nom de l'auteur, les illustrations, schémas, cartes, qui peuvent aider à la compréhension ou au moins apporter des indications importantes.

Repérez les mots clés, les points importants qui sont traités.

N'oubliez pas les articulations : ces petits mots sont les liens qui accrochent deux idées ensemble. Soulignez-les, de préférence après la lecture de chaque paragraphe.

Traduisez l'essentiel de ce texte (idées principales accrochées ensemble). Retrouvez les images, les idées. Exprimez-les avec vos mots.

S'il s'agit d'un livre, commencez par parcourir l'introduction et consulter la table des matières, vous y trouverez des indications importantes.

Prêtez davantage attention au début et à la fin des chapitres (ils ont la même fonction que l'introduction et la conclusion de vos dissertations).

Repérez dans chaque chapitre les phrases importantes, développement de ce qui est annoncé dans le titre puis introduit dans le premier paragraphe. Si besoin est, numérotez les idées.

Ne passez jamais à un autre chapitre sans avoir résumé l'essentiel de celui terminé — résumé mentalement ou, mieux, par écrit, dans un style télégraphique.

À la fin du livre, retrouvez dans votre tête les idées importantes. Vérifiez en relisant ce que vous avez écrit à propos de chaque chapitre.

LA LECTURE ANALYSE

C'est la lecture que vous devez faire en français si vous voulez réussir un commentaire composé, un résumé. Elle est utile pour analyser des documents en histoire, en géographie ou en économie.
Vous faites une première lecture du texte, une lecture active : vous traduisez les mots en images, en idées que vous assemblez. Vous portez une attention particulière aux verbes et aux mots d'articulation qui lient les idées ensemble.
Vous recommencez une lecture pour vous confirmer dans votre compréhension du texte ; vous modifiez ce qui doit l'être, vous ajoutez des choses oubliées. N'oubliez pas de structurer le texte.
Pour l'explorer plus avant, servez-vous de la lecture repérage : à chaque lecture correspond un objet de recherche très précis.
La lecture analyse est nécessaire à la compréhension d'un énoncé.

ANALYSE DES ERREURS

Mémoriser ses cours, faire exercices et contrôles ne suffit pas à un apprentissage correct. Ne délaissez pas la correction. Celle faite par le professeur prend toute sa signification si vous êtes en situation active. Vous analysez vos erreurs tandis qu'il explique le devoir.
Le soir même, si vous n'êtes pas certain d'avoir bien compris ce que vous auriez dû écrire et pourquoi, revenez sur vos erreurs. Vous réfléchissez, vous les corrigez. Vous mémorisez les corrections et vous y pensez avant même de commencer un prochain devoir : À quoi dois-je faire attention ?

Les erreurs peuvent avoir des causes différentes.

• Il peut s'agir d'une non-compréhension de la règle, de la leçon.
Il vous manque un acquis, ou cet acquis était erroné, ce qui a été un obstacle à la compréhension, ou encore vous en êtes resté à une compréhension trop superficielle du cours et vous n'avez pas stabilisé votre savoir le soir même.
Dans ce cas, la correction de l'erreur doit passer obligatoirement par un travail personnel pour revenir sur tous les prérequis nécessaires à cette compréhension, pour intégrer la règle, le théorème, le cours, et être capable de les utiliser.

• Une erreur peut être due à un manque de savoir-faire.
Vous connaissez la règle, le théorème, la formule, vous savez ce que doit contenir une introduction, mais vous n'avez pas imaginé leurs applications.
Vous devez, à chaque fois que vous apprenez une règle de grammaire anglaise, imaginer des exemples, autant d'exemples qu'il faut pour être à l'aise avec cette règle et savoir l'utiliser ou la reconnaître quand vous la rencontrerez dans un texte ou dans un flot de paroles.
Vous devez faire de même pour vos exercices de maths, de physique, de biologie. Vous ne pouvez vous contenter d'apprendre une leçon, vous vous demandez dans quel genre d'exercices vous allez la retrouver et sous quelle forme. Vous vous entraînez.
À chaque fois que votre professeur vous enseigne les techniques très précises d'une étude de document (histoire, géographie), d'une dissertation, d'un commentaire composé, d'un résumé (français), étudiez l'exemple ou les exemples qu'il

propose, comparez chaque point de la technique avec l'exemple et imaginez comment vous l'aborderez concrètement quand vous aurez à le faire.

- **Une erreur peut-être due à de l'inattention.**

Mauvaise lecture d'un énoncé, erreur de calcul, faute d'orthographe, non-application de la règle par oubli...

Les erreurs dues à l'inattention sont nombreuses. Vous ne vous êtes pas « programmé, tel un ordinateur » pour être efficace.

Quand vous apprenez quelque chose, quand vous corrigez l'une de vos erreurs, interrogez-vous. Qu'est-ce qui doit m'alerter, me faire réfléchir à une règle : est-ce un mot, un ensemble de mots, une idée ? Laquelle ?

Qu'est-ce qui doit m'amener, au cours d'un devoir, à rechercher un concept, un théorème, un savoir-faire dans ma mémoire ?

Comment vais-je lire un énoncé de français, de philosophie, de physique, et être sûr de l'avoir bien compris et de n'avoir rien oublié d'important ?

À quel moment vais-je comparer l'énoncé et ma dissertation afin d'être certain de ne pas partir dans des digressions, de traiter le sujet ?

Quelles fautes dois-je traquer à la relecture de mes contrôles (accord du participe passé, emploi correct du subjonctif, vérification des calculs, etc.) ?

PRENDRE DES NOTES

Faut-il prendre des notes en cours ? Oui, mais seulement si vous comprenez ce que vous notez et que vous notez l'essentiel. Autrement, il vaut mieux écouter et tâcher d'assimiler la leçon, quitte à la retrouver (pratiquement à l'identique) dans votre livre lorsque vous vous mettrez au travail chez vous (apprentissage du cours, exercice, devoir).

Rien n'est plus désespérant que de copier pendant une heure un cours d'histoire et de n'en rien savoir après.

Vous écoutez, vous comprenez, vous saisissez l'essentiel, vous le notez.

PRENDRE DES NOTES EN FONCTION DES COURS

On ne prend pas des notes de la même façon selon qu'il s'agit d'un cours d'économie, de maths ou de philosophie. Ainsi, en maths et en physique, notez les formules et, point par point, le raisonnement qui mène à la résolution d'un exercice, d'un problème. En histoire et en économie, repérez le plan, les idées clés. En langue, notez d'un côté le vocabulaire ou les expressions idiomatiques, de l'autre les points de grammaire — laissez alors une ou deux lignes pour écrire le soir même vos propres exemples. En français et en philosophie, dégagez l'essentiel et articulez les idées ensemble (dès lors, d'où, bien que...).

N'oubliez pas que prendre des notes, c'est faire émerger le significatif, c'est délaisser la forme pour s'intéresser au fond.

LES TROIS RÈGLES DE LA PRISE DE NOTES

1 Écrire au recto des feuilles

De préférence, utilisez des feuilles de classeur que vous n'oublierez pas de numéroter. Elles ont un avantage sur le cahier : vous pouvez les jeter, les remplacer, vous pouvez y intercaler d'autres feuilles.

Les feuilles sont de grand format. Vos pages doivent être aérées ; des espaces séparent les parties, les sous-parties, les différents points du cours ; les alinéas sont conséquents. Vous organisez la leçon dans l'espace de la page : il faut que, d'un coup d'œil, vous puissiez saisir ce qui a été noté.

N'écrivez qu'au recto des feuilles afin de pouvoir travailler par la suite plus facilement ; ainsi, en plaçant toutes les feuilles de votre cours côte à côte, vous en aurez une vue d'ensemble.

Sur le verso des feuilles, vous collerez des cartes ou les dessinerez, vous accrocherez un polycopié donné par le professeur, vous écrirez vos propres réflexions sur un auteur ou sur un sujet philosophique, vous ajouterez, en économie, des exemples tirés de l'actualité.

2 Écrire dans un style télégraphique

Prendre des notes avec efficacité est une question d'habitude. Il faut supprimer tous les mots inutiles : certains déterminants, adverbes et adjectifs qui n'apportent rien au sens. Supprimer également les expressions spécifiques à l'oral : « en résumé, on constate, n'oublions pas... »

Il faut utiliser des abréviations, celles couramment utilisées, telles que *ds* (dans), *pr* (pour), *sf* (sauf), et d'autres que vous aurez inventées en enlevant certaines voyelles ou syllabes aux mots : veillez à garder toujours les consonnes les plus signifiantes.

Sachez que, habituellement, la terminaison *ment* s'écrit *mt* (momt = moment), la terminaison *tion* s'écrit *t°* (attent° = attention).

Dans les matières scientifiques et en économie, certaines abréviations sont si couramment utilisées que vous avez intérêt à vous en servir.

Si vous créez vos propres abréviations, soyez prudent : utilisez pour un mot toujours la même graphie, sous peine d'avoir du mal à vous relire.

3 Revoir ses notes le soir même du cours

Retrouvez le cours dans votre mémoire. Puis reprenez vos notes. Encadrez, soulignez, surlignez.

Vérifiez qu'elles sont lisibles. Après quoi, ouvrez votre livre : lisez la leçon. Complétez vos notes si nécessaires. Ajoutez, sur le verso de vos feuilles, exemples, réflexions personnelles, références, schémas, etc. En faisant ainsi, vous effectuez une grande partie de l'apprentissage de votre cours.

FAIRE DES FICHES

POURQUOI ?

La fiche permet tout d'abord de synthétiser vos connaissances, de structurer une leçon, d'aller à l'essentiel. Elle aide à mettre en mémoire. Elle aide à sortir des informations de la mémoire. À la seule lecture de ce que vous avez écrit doivent vous revenir d'autres connaissances : le développement de ces idées.

QUAND ?

Le meilleur moment pour faire une fiche est le soir même du cours. Si vous n'en avez vraiment pas le temps, faites-la avant le cours suivant.
Avant un contrôle, relisez votre fiche. Essayez, grâce à elle, de retrouver le cours, récitez-le. Puis parcourez votre livre ou vos feuilles de cours. Si vous êtes dans l'année du bac, cela vous permettra de vérifier que votre fiche a été bien faite et d'y porter d'éventuelles corrections.

COMMENT ?

Que faire auparavant ? Pour faire une fiche, il faut avoir lu le cours et se l'être approprié.
En histoire et en géographie : il ne s'agit pas de recopier le plan tel qu'il a été donné par le professeur. Doivent figurer sur la fiche non seulement le plan avec les parties et les sous-parties, mais aussi les idées directrices, les mots clés, et c'est à vous de les trouver.

LES QUALITÉS D'UNE FICHE

COURTE : pas de phrases rédigées.
CLAIRE : elle doit permettre de retrouver immédiatement les informations nécessaires à un développement (histoire, géographie, philo, étude de textes en français). Elle rappelle en abrégé les étapes d'une démonstration, d'un raisonnement, elle rassemble une liste de formules, de définitions, de statistiques, de lois (maths, sciences).
Prenez de préférence des fiches 21 x 27 cm perforées. Avec les fiches classiques, il y a des chances que vous écriviez petit. Or c'est l'inverse que vous devez faire : écrire gros, laisser de grands espaces afin de prendre facilement connaissance du contenu de la fiche, de retrouver des informations sans avoir à les chercher.
Vous pouvez aussi vous servir du verso des feuilles de votre classeur, le recto étant utilisé pour la prise de notes du cours.

QU'ÉCRIRE ?

Un plan, des idées fortes, des formules. Notez des mots clés : ce sont les mots déclencheurs qui ouvrent la mémoire. Dessinez des schémas.

LIRE UN ÉNONCÉ

On ne le dit jamais assez, l'une des tâches les plus importantes dans un devoir est la lecture de l'énoncé. Oublis, erreurs, hors sujet : la plupart du temps, les fautes trouvent là leur origine. Aussi, ne vous précipitez pas dans la rédaction, la résolution d'un problème ou les calculs. Lisez l'énoncé, relisez-le.
Lire un énoncé n'est pas une perte de temps. C'est un temps productif. Vos cours vous reviendront d'autant mieux en mémoire que vous l'aurez étudié, que vous vous serez attardé sur le sens de ses termes.

COMPRENDRE L'ÉNONCÉ, RÉFLÉCHIR DESSUS

— Parcourez-le une première fois. Puis arrêtez-vous sur les mots chargés de sens qui se trouvent dans le corps de l'énoncé. Attardez-vous sur les verbes des consignes : « montrer que », « vérifier que ». Reformulez l'énoncé.

En probabilités et en statistiques, il est important de traduire les données avec vos mots pour arriver plus facilement à une écriture mathématique.
— Puis relisez l'énoncé et vérifiez que vous n'avez pas oublié de traduire un mot important. Demandez-vous, à chacun des mots que vous avez délaissés, quelle est son utilité dans le texte.
— Réfléchissez sur le sens de l'énoncé. « On me demande... » Attardez-vous sur l'amorce de la question. Ainsi, « pourquoi », en philosophie, requiert la recherche d'une cause et d'un fondement ; « dans quelle mesure », en sciences économiques et sociales, vous amène à développer un pour et un contre.

RETROUVER DANS SA MÉMOIRE LES CONNAISSANCES NÉCESSAIRES AU SUJET

Après la lecture de l'énoncé, évitez de nouveau de vous précipiter et réfléchissez à ce qui vous est demandé.
Pour une épreuve de quatre heures d'histoire-géographie au bac, passez au minimum une quinzaine de minutes à choisir votre sujet puis à y réfléchir avant de vous lancer dans le plan détaillé au brouillon. Pour la dissertation, veillez à bien dégager la problématique, pour éviter, par exemple, dans le cas d'un travail de synthèse, de passer à côté de la question et de traiter le sujet de façon chronologique.
Quand il s'agit d'une matière scientifique, prenez une quinzaine de minutes pour extraire toutes les informations essentielles des intitulés.
En mathématiques, ne vous arrêtez pas à la première question. Lisez l'intégralité de l'énoncé. Il arrive que la réponse à la première question se trouve dans la deuxième, et ainsi de suite. Vous ne saisirez la logique et l'objectif du problème qu'à condition d'avoir lu le sujet jusqu'au bout. Ne cloisonnez pas vos recherches dans une seule direction, alors qu'un problème de mathématiques combine la plupart du temps différents éléments du programme.
En sciences économiques, après avoir repéré les mots clés, dégagez les questions qui se posent. Puis demandez-vous : Où ? Quand ? C'est-à-dire, par exemple, délimitez la zone géographique et l'année concernées. Pour choisir entre la dissertation et la question de synthèse, vous pouvez jeter au brouillon toutes les idées qui vous viennent. Une dizaine de minutes devrait suffire à voir le sujet qui amène en vous le plus d'idées.
En philosophie, un travail de réflexion sur tous les mots clés vous évitera de partir hors sujet. Ne traduisez pas l'énoncé avec vos mots, mais questionnez-le. « Explorez » les éléments qui vont vous permettre de construire la problématique. Interrogez-vous sur les problèmes soulevés et ne vous arrêtez pas aux réponses évidentes. Poussez plus loin votre réflexion.
Une fois terminés le travail de compréhension de l'énoncé et le travail de réflexion, vous pouvez commencer votre devoir.

ÉCRIT : SAVOIR RÉDIGER ET EXPRIMER SES IDÉES

Réfléchir, argumenter, exposer ses idées avec clarté et précision : voilà ce sur quoi doit porter votre travail tout au long des années lycée. Bien sûr vous avez à mémoriser des leçons, mais il

s'agit moins d'acquérir des connaissances que de savoir réfléchir. Ainsi, en français, on vous demande d'analyser un texte, de débattre autour d'une œuvre ou de disserter avec cohérence et clarté ; en histoire et en géographie, d'analyser un document en prenant appui sur ce que vous avez appris ; en maths, l'accent est mis autant sur le raisonnement que sur le résultat final ; les sciences de la vie et de la Terre font appel à la compréhension et au raisonnement.
Il ne s'agit donc pas de recracher des connaissances toutes faites mais de les organiser, de tenir des raisonnements, de construire des plans et de les argumenter de façon claire et efficace, tout cela dans un style agréable et sans fautes d'orthographe.

TROUVER LES IDÉES ET LES STRUCTURER

Lisez et relisez le sujet avant de commencer la rédaction. Étudiez-en chaque terme et demandez-vous s'ils n'ont pas un autre sens que celui qui vous paraît évident.
Bien entendu, il ne s'agit pas de faire un simple exposé de vos connaissances, mais de faire une démonstration, de réfléchir au problème posé par le sujet. Vous allez classer vos idées, les organiser en une structure cohérente.

— Si beaucoup d'idées vous viennent à l'esprit : notez-les toutes et commencez par une première réorganisation. Barrez les idées qui n'ont pas vraiment de rapport avec le sujet. Regroupez les idées qui, à peu de chose près, ont le même sens (emploi de surligneurs). Accrochez ensemble, par des flèches, les idées voisines. Placez face à face les idées qui s'opposent. Numérotez les idées qui s'enchaînent. Dégagez un fil conducteur, un enchaînement logique des idées : gardez celles qui sont essentielles.

— Si le plan vous vient très vite, mais que vous avez du mal à développer les idées : résumez en une ou deux lignes chacune de vos idées (une idée par feuille). Explorez chaque idée comme s'il s'agissait d'un énoncé sur lequel travailler.

Quelle que soit la façon dont vous vous y prenez pour faire le plan, vérifiez sa cohérence avant de vous lancer dans l'écriture de votre devoir.

ILLUSTREZ VOS ARGUMENTS

Vous ne pouvez avancer une affirmation ou un jugement sans les appuyer sur du concret, c'est-à-dire un exemple (culture générale, actualité ou donnée chiffrée). Pour être convaincant, chaque argument doit être composé d'une idée et de son illustration. Si plusieurs exemples vous viennent, choisissez le plus pertinent.
Commencer chaque début de paragraphe par une idée et non par l'exemple.

Ne faites pas étalage de vos connaissances : partez de l'énoncé pour réfléchir. Construisez votre devoir en fonction de ce qui est demandé.
Traitez le sujet et non un autre sujet : explorez l'énoncé avant de commencer.
Traitez tout le sujet : explorez tous les termes de l'énoncé, revenez au sujet quand vous avez terminé de chercher les idées et vérifiez que vous englobez tout le sujet.
Ne débordez pas du sujet : relisez l'énoncé une fois que vous avez noté toutes les idées qui vous sont venues en tête. Barrez les idées hors sujet.

ORAL : PRÉPARATION

Comme vous vous préparez pour l'écrit, en tentant d'acquérir un style clair et précis, en apprenant à structurer un devoir, en améliorant votre écriture, vous devez vous préparer pour l'oral. Connaître son cours n'est pas tout à fait suffisant, encore faut-il savoir le présenter, vous présenter. Un candidat au bac qui s'exprime en français correct, parle avec aisance et conviction tout en regardant l'examinateur, obtiendra un, deux, voire trois points de plus. Ne prenez pas comme excuse le fait que vous êtes timide : on apprend à dominer ses émotions, assez en tout cas pour savoir s'exprimer oralement.

Plus vous prendrez la parole en des occasions diverses, plus vous acquerrez de maîtrise. Puis viendra la confiance en vous.

PRENDRE LA PAROLE TOUTE L'ANNÉE

LES EXPOSÉS

Prêtez une attention particulière au plan, que vous annoncerez. Rédigez vos notes sur un seul côté des feuilles. Usez et abusez des couleurs, des espaces. Que tout soit assez clair pour que vous puissiez consulter vos notes sans difficulté. Apprenez à parler sans les lire.

Prévoyez un texte « élastique », c'est-à-dire pensez à des développements que vous pourrez traiter ou non selon le temps. Pour les repérer facilement, écrivez-les en retrait à droite.

Si vous prenez l'habitude de travailler ainsi, votre oral de français au bac en sera facilité. Vous jetterez sur une feuille de brouillon vos idées en vrac, puis, comme pour vos exposés, vous rédigerez votre plan au recto de feuilles numérotées. Vous n'aurez plus qu'à étoffer votre plan avec les idées du brouillon.

LA LECTURE À VOIX HAUTE

Quand le professeur cherche un volontaire pour lire un texte en histoire, en littérature, proposez-vous. Faites-le également pour des comptes-rendus de lecture. Mettez du sens dans ce que vous dites.

SOIGNER SON EXPRESSION ORALE

Parlez lentement. On a tendance à parler toujours trop vite. Il faut laisser à ceux qui écoutent le temps d'assimiler l'information. Parlez distinctement. Soignez votre diction. Posez votre voix. Adaptez-la au nombre de gens qui vous écoutent. Si vous ne savez pas parler fort sans crier, travaillez votre respiration. Regardez ceux à qui vous parlez.

TRAVAILLER SA FAÇON DE PARLER

Changement de rythme, pause, force de conviction : il s'agit d'intéresser, et il n'est rien de plus terrible qu'une voix monocorde. Quelle que soit la bonne volonté des élèves, de l'enseignant ou même de l'examinateur, l'ennui finirait par les gagner.

Intervenez pendant les cours de langues. N'ayez pas honte de votre accent. Vous vous exprimerez d'autant mieux que vous parlerez plus souvent. Ne craignez pas de vous tromper : ce qui importe aux enseignants est que vous participiez.

→ VOIR FICHES ALLEMAND, ANGLAIS, ESPAGNOL ; DÉFINITION, THÉORÈME ; LEÇON (HISTOIRE, GÉOGRAPHIE, SVT) ; POUR ÊTRE BON EN MATHS ; EXPOSÉ ; LA RELAXATION

ANNEXES

NATURE ET FONCTION DES MOTS

NATURE		FONCTION
CE QU'EST LE MOT		RÔLE DU MOT DANS LA PHRASE RELATION QUI UNIT UN MOT À UN AUTRE
NOM personne animal chose	— nom commun — nom propre	sujet du verbe COD, COI, CC, c. du nom, c. d'agent c. de l'adjectif : Le chat est ivre de *colère* attribut du sujet : C'est mon *chat* attribut du COD : Je l'ai nommé *chef* des chats apposition : Zéphirin, mon *chat*, est beau apostrophe : *Zéphirin*, veux-tu du lait ?
ARTICLE C'est un **DÉTERMINANT**	— défini (le, la, les) contracté (au...) élidé (l') — indéfini (un...) — partitif (du, de la...)	détermine le nom
ADJECTIF C'est un **DÉTERMINANT**	— démonstratif (ce, cet, ces...) — possessif (mon, ton...) — indéfini (aucun, tel, nul...) — exclamatif (quel !...) — interrogatif (quel ?...) — numéral cardinal (deux...)	détermine le nom
ADJECTIF QUALIFICATIF qualifie la personne, l'animal, la chose		épithète du nom : un *gros* chat attribut du sujet : Le chat est *gros* attribut du COD : Je le trouve *gros* apposition : *Furieux*, le chat miaule
PRONOM remplace un nom	— personnel (je, me, moi...) — possessif (le mien...) — démonstratif (celui, celle...) — interrogatif (qui, que, où...) — indéfini (certain, chacun...) — relatif (qui, que, quoi, dont...)	mêmes fonctions que le nom

VERBE	— transitif direct (admet un COD) — transitif indirect (admet un COI) — intransitif (sans complément)	Pas de fonction s'il est conjugué : il est le centre de la proposition **infinitif :** sujet : *jouer* est merveilleux COD : le chat aime *jouer* COI : Il ne pense qu'à *jouer* Attribut : Son rêve est de *jouer* Compl. de nom : L'envie de *jouer* Compl. de l'adjectif : Heureux de *jouer* Compl. circonstanciel : Il a passé une heure sans *jouer* **Participe présent :** Compl. circonstanciel : *En jouant*, il est tombé
ADVERBE invariable	adverbe ou locution adv. de négation (non, ne pas...) de temps (hier, tout de suite...) de lieu (là, loin...) de manière (heureusement...) de quantité (trop, peu...)	précise le sens — du verbe : Le chat mange *trop* — de l'adjectif : Le chat est *trop* gros — de l'adverbe : Le chat court *trop* vite Sujet : *Rien* n'est impossible à mon chat Compl. circonstanciel : *Hier*, le chat a mangé
PRÉPOSITION mot de liaison	préposition (à, dans, par, pour, en, vers, avec, de, sans, sous...) locution prépositive (au-dessus de, de façon à...)	Introduit un complément Le chat *de* Léon
CONJONCTION mot de liaison	**DE COORDINATION** (mais, ou, et, donc, or, ni, car)	Fait une jonction. Relie deux mots ou deux propositions de même fonction (et souvent de même nature) Le chat est beau *mais* gros
	DE SUBORDINATION (pour que, quand, comme...)	Fait une jonction. Subordonne une proposition à la principale (plus rarement à une autre subordonnée) *Quand* le chat dort, les souris dansent
INTERJECTION	(Oh ! ho ! Aïe ! Hein ?)	Pas de rôle grammatical Exprime regret, joie, admiration, surprise...

	100 000	10 000	1000	100	10
LONGUEUR	100 km	10 km	1 km	hm	dam
MASSE	100 kg (q)	10 kg	kg	hg	dag
CAPACITÉ	100 kl	10 kl	kl	hl	dal
	x10 ←	x10 ←	x10 ←	x10 ←	x10 ←

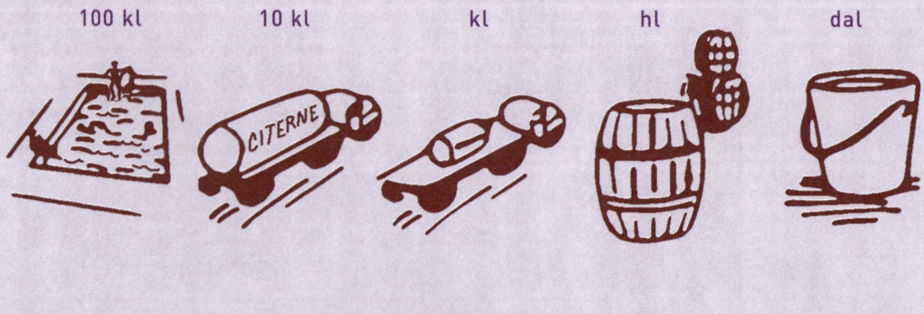

DES MESURES

1	0,1	0,01	0,001
m 	dm 	cm 	mm 
g 	dg 	cg 	mg 
l 	dl 	cl 	ml 
UNITÉ	→ :10	→ :10	→ :10

INDEX DES FICHES

FICHES ÉLÈVE

FICHES PARENT

BIBLIOGRAPHIE

ASTOLFI J.-P., *L'École pour apprendre*, ESF, 1992

BACHELARD G., *La Formation de l'esprit scientifique*, Vrin, 1938

BENTOLILA A., *De l'illettrisme en général et de l'école en particulier*, Plon, 1996

BERTHOZ A., *Le Sens du mouvement*, Odile Jacob, 1997

BINET A., *L'Étude expérimentale de l'intelligence*, Schleicher, 1903

BARTH B.-M., *L'Apprentissage de l'abstraction*, Retz, 1987

BARTH B.-M., *Le Savoir en construction*, Retz/Nathan, 1993

BARUK S., *C'est-à-dire en mathématiques ou ailleurs*, Seuil, 1993

BARUK S., *Dictionnaire de mathématiques élémentaires*, Seuil,1992

BONNET C., GHIGLIONE R. et RICHARD J.-F., *Traité de psychologie cognitive*, Dunod, 1989

BRUNER J., *Le Développement de l'enfant. Savoir faire, savoir dire*, PUF, 1983

BRUNER J., *Car la culture donne forme à l'esprit*, Eshel, 1991

BUZAN T., *Une tête bien faite*, Éditions d'organisation, 1979

CHARMEUX É., *Apprendre à lire : échec à l'échec*, Milan, 1987

CHARMEUX É., *Savoir lire au collège*, Cedic, 1985

De BONO E., *Réfléchir mieux*, Éditions d'organisation, 1985

DELANNOY C. et PASSEGAND J.-C., *L'intelligence peut-elle s'éduquer ?* Hachette, 1992

DE VECCHI G., *Aider les élèves à apprendre*, Hachette, 1992

DOLTO F., *L'échec scolaire. Essais sur l'éducation*. Ergo Press, 1989

DOLTO F. et DOLTO-TOLITCH C., *Paroles pour adolescents. Le complexe du homard*, Hatier, 1989

DORTIER J.-F. (coord.), *Le Cerveau et la Pensée*, Sciences humaines, 1998

ECCLES J.-C., *Évolution du cerveau et création de la conscience*, Fayard, 1992

EDELMAN G.-M., *Biologie de la conscience*, Odile Jacob, 1992

FAYOL Michel, *Le Nombre et l'enfant*, Delachaux et Niestlé, 1990

FEUERSTEIN R., RAND Y. HOFFMAN M., MILLER R., *Instrumental enrichment*, University Park Press, 1980

GALLIEN M.-P., *Libérer l'imagination*, Bayard-Centurion, 1993

GARDNER H., *Les Intelligences multiples*, Retz, 2004

GELBERT G., *Le Cerveau des illettrés*, Odile Jacob, 1998

GIORDAN A., *Apprendre*, Belin, 2004

GREENSPAN S., *L'esprit qui apprend*, Odile Jacob, 1998

HADJI C., « Vers une neuropédagogie », in *Cahiers pédagogiques*, Apprendre 2, 1990

HASKELL R.E., *Transfer of learning. Cognition, instruction and reasoning*, Academic Press, 2001

JACQUARD A., *Éloge de la différence*, Seuil, 1981

JEANNEROD M., *Le Cerveau intime*, Odile Jacob, 2002

LABORIT H., *L'Inhibition de l'action*, Masson, 1981

LABORIT H., *L'Esprit du grenier*, Grasset et Fasquelle, 1992

LA GARANDERIE A. (de), *Pour une pédagogie de l'intelligence*, Le Centurion, 1991

LEBRUN A., *Du trop de réalité*, Stock, 2000

LIEURY A., *Mémoire et réussite scolaire*, Dunod, 1993

MERLEAU-PONTY M., *Phénoménologie de la perception*, Gallimard, 1945

MEIRIEU P., *Apprendre... oui, mais comment ?* ESF, 1987

MONTESSORI M., *L'Enfant*, Desclée de Brouwer,1930

MORIN E., *Introduction à la pensée complexe*, ESF, 1990

OBERTO V. et SOTTO A., *Dénouer l'échec scolaire*, Desclée de Brouwer 2004

PANACCIO C., *Le Discours intérieur, de Platon à G. d'Ockham*, Seuil, 1999

PERRENOUD P., *Métier d'élève et sens du travail scolaire*, ESF, 1994

PIAGET J., INHELDER B., *L'Image mentale chez l'enfant*, PUF, 1966

RANCIÈRE J., *Le Maître ignorant*, Fayard, 1987

RODARI G., *Grammaire de l'imagination*, Rue du Monde, 1997

SAUVAGEOT B. et METELLUS J., *Vive la dyslexie*, Nil, 2002

SERRES M., *Le Tiers-Instruit*, François Bourin,1991

TAURISSON A., *Pensée mathématique et gestion mentale*, Bayard, 1993

TROCMÉ-FABRE H., *J'apprends donc je suis*, Éditions d'organisation, 1987

VYGOTSKY L.S., *Pensée et Langage*, Éditions sociales, 1985

WILLIAMS L., *Deux cerveaux pour apprendre,* Éditions d'organisation, 1986

« Les Représentations mentales », *Les Cahiers pédagogiques*, n° 312, mars 1993

Ressource Internet :
www.cafepedagogique.net

TABLE DES MATIÈRES

Imprimé en France par I.M.E. - 25110 Baume-les-Dames
Dépôt légal n° 77188/08/2006 - Collection n° 01 - Edition n° 02
17/0954/2